华中科技大学民族精神研究院主持

国家教育部重大攻关项目"弘扬和培育民族精神研究"成果

民族精神研究丛书

主编：杨叔子 刘献君 欧阳康

民族精神研究丛书

杨叔子 刘献君 欧阳康 主编

社会理想与精神追求
——民族精神的实证研究

雷 洪 主编

人民出版社

总　序

杨叔子　欧阳康　刘献君

中华民族精神是中华民族在数千年历史发展中形成的以爱国主义为核心的团结统一、爱好和平、勤劳勇敢、自强不息的伟大精神。在发生亘古未有之巨变的近现代,中华民族精神一方面经受了巨大的挑战,显示出强大的生命力,但同时也得到了新的磨炼、丰富和扩展。在当今全球化的时代背景下,国家之间的竞争已不仅仅是经济实力的竞争,同时更是文化实力的竞争。一个民族,没有强大的科学技术,一打就垮;没有民族精神和文化,不打自垮。先进生产力的发展离不开先进的文化,而先进文化归根到底依赖于并体现于文化精神的先进。在全面实现小康社会的伟大历史征程中,在贯彻落实科学发展观的伟大社会实践中,中国特色的社会主义文化建设尤其应当把民族精神的培育和弘扬作为重中之重。江泽民在中国共产党第十六次全国代表大会上所作的报告中指出:"面对世界范围各种思想文化的相互激荡,必须把弘扬和培育民族精神作为文化建设极为重要的任务,纳入国民教育全过程,纳入精神文明建设全过程,使全体人民始终保持昂扬向上的精神状态。"为此,2003年教育部设立了哲学社会科学重大攻关项目"弘扬与培育民族精神研究"课题,华中科技大学组队申报获得成功。至承担课题后,又组成了课题组,课题组成员围绕如何弘扬与培育中华民族精神这一时代课题,从理论、历史、现实、比较、对策等不同角度进行了一系列深入的研究和考证。经过多年的精心组织、分工合作、联合攻关形成了本套丛书,集中反映了我们在这方面所取得的具有学术和应用价值的初步研究成果。

一

民族精神是一个民族在长期共同生活和实践中逐步形成和培育起来的,并通过他们特定的社会行为方式表现出来的思想观念、价值信念、性格与心理的总和。作为一种特定的文化现象,民族精神是一个民族共同的思想品格、价值取向和道德规范的综合体现,是被高度综合和概括了的一个民族的共同的精神品质和风貌。中国传统文化博大精深,源远流长,勤劳善良的劳动人民在长期的社会生产实践中逐渐形成了一系列优秀的文化传统和文化精神。在此基础上也形成了以爱国主义为核心,以团结统一、爱好和平、勤劳勇敢、自强不息为主要内容的中华民族精神。仁民爱物、忧乐天下、自强不息、与时偕行是中华民族精神的精髓。在全球化浪潮中,现代文明的示范影响早已突破商品生产和贸易往来,渗透到社会生活的方方面面,人们在日常生活中所接受的已不仅仅是本国本民族的文化传统和生活习俗,而且有来自世界各地的文化和信息。伴随文化交流而来的文化渗透,必然产生对民族文化的冲击,对于各民族的价值体系、思维方式、伦理观念、国民品性以及审美情趣,都会产生难以估量的影响。厘定固有民族精神的优秀因子,汲取其他民族精神的合理因素,凝聚中华民族的新的精神形态,是实现中华民族的伟大复兴并跻身世界伟大民族之林的必然要求。

开展民族精神研究具有深远的理论意义和实践意义。首先,该研究将有助于提高全体国民对民族精神重要性的认识,自觉地用民族精神指导、规范、激励自己的思想、意志和行动,成为合格的有美德的公民。其次,该研究有助于在经济全球化背景下,强化凝聚民族精神、加强民族认同的时代感和紧迫性,以爱国主义精神支持和激励民族的团结和国家的统一。最后,该研究有助于为精神文明建设提供根本的着眼点、新的思路和具体落实措施,从制度和规则上保障转变社会风气,有效地服务于全面建设小康社会,使物质文明、精神文明和政治文明及其制度建设协调发展,并为人类走出精神的低迷、形成新的文明做出贡献。

根据我们的考察,以往的研究成果虽取得了有目共睹的成绩,但还存在着严重的不足之处:

一是缺乏系统性。研究者往往仅仅从自己所在的学科出发来开展研究,而缺乏对于这个宏大课题的整体关照,少有从整体上去把握弘扬和培育民族精神这个论题的应有广度和深度。实际上,"弘扬和培育民族精神"这个论题是一个有自己理论体系的重大课题,从概念内涵、基本原理、基本规律到研究路径,应该是多层的立体的。

　　二是缺乏实证性。没有或少有关于民族精神现状的严密和求实的社会调查作为理论研究的支撑,因此研究难以深入,突出表现在论题和论证存在"泛化"倾向。如论证有一定的广度而深度欠缺,纵向谈论较多而横向比较研究很少。概而论之的多,深入具体分析的少。

　　三是缺乏比较性。对于国外和海外如何培育和弘扬民族精神不甚了解,缺乏多种参照系,也就难以更加科学合理地把握我们自身的民族精神。

　　四是缺乏时代性。对于如何在经济全球化和世界一体化的全新时代背景下培育和弘扬中华民族精神缺乏足够的关照。

　　五是缺乏建构性。对于如何科学合理和有效地弘扬中华民族精神缺乏具体和系统的探讨,缺乏对策性的建议,从而难以在实践中发挥积极作用。

　　有鉴于此,进一步开展弘扬与培育民族精神的研究就具备了现实的可能性和较大的探索空间。

二

　　我们的研究目标是:在认真学习吸取已有研究成果的基础上,努力克服在理论研究和实践运作中尚存的问题,科学地运用马克思主义哲学的基本理论和方法,立足于对世界格局、时代精神、中国特色的全面把握和深刻理解,以理论与实证、历史与现实、批判与继承、比较与借鉴相结合的方法,确立合理可行的研究思路和构架,围绕弘扬和培育民族精神的主题展开系列研究,构建和完善中华民族精神研究的理论体系,探索和寻求弘扬培育民族精神的实施策略和有效路径,为弘扬培育民族精神的实践提供理论与制度、机制上的支持。为此,我们分别从以下方面进行了深入细致的研究:

理论研究。旨在通过多学科交叉与综合基础上的学理性研究来奠定民族精神研究的学术和理论基础,其基本内容可概括为民族精神与民族生存、民族精神与民族文化以及民族精神与现代人的生存境遇三个部分。

历史研究。旨在以中华民族精神的起源、演化和发展进程为主线,通过深入研究来揭示中华民族精神发展的历史命脉和内在逻辑。

实证研究。目的是通过严密科学和广泛合理的社会调查统计和资料分析,展现当代中国人的精神生态,把握当前中国公众对中华民族精神的认同状况,揭示在民族精神的弘扬与发展实践中尚存的问题。

比较研究。我们力求以开阔的国际化视野将中华民族精神的弘扬与培育置于全球性的文化和精神碰撞之中,通过对跨国跨境不同文化和民族精神的比照和研究,尝试从海外境外寻求思想和学术借鉴,以推动中华民族精神的不断发展与创新。

对策研究。这是本课题研究的落脚点和归宿,旨在通过深入的历史与现实、理论与实践研究,探索有效弘扬民族精神的基本途径与方法。

三

本课题组自 2004 年年初启动"弘扬与培育民族精神研究"

课题后,专门成立了国内首家民族精神研究院,下设若干研究所,集中学校和海内外专家协同攻关;开设了"弘扬与培育民族精神"系列学术讲座,宣传造势,形成良好的学术和社会氛围;召开了"弘扬和培育民族精神"课题开题报告会和"全球化与民族精神"国际学术研讨会等,广泛开展国际和国内学术交流;在《华中科技大学学报》(社会科学版)开设了"民族精神研究"专栏,自2004年第1期开始到现在持续刊登本专题论文,已发表了近百篇相关专题学术论文。在进行学术研究的同时,我们根据国家教育部关于将中华民族精神教育贯穿在国民教育的全过程的要求,编辑出版了《中华民族精神教育读本》系列教材,分为小学版(含拼音版)、初中版、高中版,由华中科技大学出版社出版,力图将学术研究成果转化为教材和教学内容。教材已于2007年春季开始在湖北省部分中小学使用,迄今已印刷发行15万册,产生了较大的社会影响。

我们把弘扬与培育民族精神的研究从学理、实证、比较、对策等四个主要方面设立了相应的课题组,在课题负责人的带领下开展协同研究,取得了丰硕的和有价值的研究成果,形成了目前这5本学术专著。通过研究,在以下方面取得了一定突破:

其一,从人类生存的视角考察了民族精神与民族生存的相互关系;科学界定了民族精神的本质属性和文化内涵;探讨了民族精神与意识形态的关系;揭示了民族精神的道德支撑及其形而上学本质。

其二,探索了民族精神在表现方式上的多样性及其和时代内涵的统一性;揭示了民族精神与时代精神的关联;阐明了民族精神的相对稳定性及其与时俱进的变化性之间的关系。

其三,勾勒出比较清晰的民族精神的内容体系;系统阐述了民族精神与民族文化、哲学的民族精神与文化的民族精神之间的关系;全面把握中华民族精神的核心内容与构成要素、传统形态及其现代转换。

其四,探讨了中华民族精神与其他民族精神间的良性互动问题;分析了不同文化传统和民族精神比较研究的必要性和可能性;指出了民族精神比较研究中的误区并对民族精神比较研究中的若干前提性问题进行了反思;对与中华民族未来发展走向密切相关的东西方民族国家的不同文化传统和民族精神进行了较为细致深入的比较研究。

其五,结合实证研究手段,通过全面系统、科学合理的社会调查及其数据分析,揭示了当代中国人的精神生态和新时期的社会意识状况,为探索弘扬与培育中华民族精神的现实途径提供了可靠和有效依据。

其六,积极探索新时期培育与弘扬中华民族精神的有效途径和方法建议;把弘扬民族精神作为全面建设小康社会和人的自由全面发展的必要精神条件,为全面建设小康社会寻求理论资源和动力。

其七,研究了全球化进程中民族的自我认同和民族凝聚问题;为民族成员提供自觉弘扬、培育坚守民族精神的明确目标;同时提出了适应新的时代的以继承民族文化核心理念为基础的现代民族精神系统。

通过研究我们清醒地认识到,正如马克思所言,理论的难题无非是实践难题的一种观念表现。对于任何可能把理论难题探讨引向神秘主义的东西,都应当在实践中和对实践的合理理解中得到科学的解答。面对经济全球化和世界一体化的挑战，当代中华民族的民族精神应该而且必将在社会主义市场经济和现代化建设的实践中得以振兴、提升和发扬光大。当代中国特色社会主义建设的伟大实践不仅是民族精神的学术研究活动，更是中华民族精神的弘扬与培育最为丰厚的思想源泉和不竭的发展动力。

四

经过多年的精心研究，课题组成员积极探索了民族精神从理论走向实践的有效路径。但由于以下原因，本课题研究还需继续推进：第一，民族精神是一个非常重大和复杂的问题，具有很强的跨学科、跨地域和跨文化性，需要更加深入持久的研究；第二，从中央到民众对这个问题的认识与认同都在不断的深化和发展之中，尤其是社会主义核心价值体系构建和建设中华民族共有精神家园问题的提出，对于民族精神研究提出了更高的要求；第三，弘扬民族精神是一个涉及面很广、实践性很强、政策性很强的任务，需要更加全面深入的研究和探讨；第四，我们的学术平台刚刚搭建起来，学术队伍刚刚整合起来，学术研究的水平还有待提高，以推出更有分量的成果。

为此，我们准备在以下方面继续开展相关研究：一是继续深入开展理论研究，尤其是深入开展民族精神与社会主义和谐文化、民族精神与社会主义核心价值体系、民族精神与中华民族共有精神家园相关性研究。二是继续在民族精神层面开展国际学术对话与交流，积极学习借鉴其他国家开展民族精神教育的经验和办法,加强中华民族精神的国际宣传与交流,提升我国的国际影响力和竞争力。三是加强研究成果在实际中的推广应用。四是认真总结弘扬和培育民族精神的实践经验,在合适的时候推出适合大学生和各方面各层次人员需要的民族精神教育读本。五是开展民族精神与科技文化沟通与交融的理论与实践研究,探讨在现代条件下全层次有效开展民族精神教育的科学合理途径。

弘扬与培育民族精神是一个重大的研究课题,涉及的领域广泛,需要多方面的紧密合作。除课题组成员外,在课题设计和研究过程中,国内外、校内外的众多学者都不同程度地以各种方式参与其中,有的还参加了有关书稿的撰写,在此一并表示衷心谢意。课题的研究进展还得益于众多的博士生、硕士生的不断加盟,他们有的帮助搜集资料和翻译论文,还有的以此为题撰写学位论文。本丛书饱含着他们的汗水、辛劳和智慧。我们衷心希望,本丛书的出版不仅有助于民族精神研究的深化,而且能够对中华民族精神在当代中国与世界的弘扬有所助益。

人民出版社的领导和编辑为本丛书的出版费心谋划,特别是哲学编辑室的陈亚明主任、夏青编辑等同仁们的努力,促成本丛书顺利出版。在此表示由衷的敬意和谢忱。

目　录

绪　言

一、研究目的与调查内容

(一)研究目的

民族精神是一个民族赖以生存和发展的精神支柱,中华民族上下五千年的历史一直闪耀着民族精神的崇高力量。1840 年以来,中华民族在抗击帝国主义侵略,寻求国家、民族独立的道路中,在寻求和运用马克思主义的过程中,所形成的中华民族精神,是实现中华民族伟大历史使命的力量源泉。

马克思认为民族精神是融入社会历史之中的,民族精神作为民族自觉和民族解放的精神载体,同样承载着社会主义与共产主义的伟大历史目标。毛泽东指出:我们这个民族有数千年的历史,有它的特点,有它的许多珍贵品质。毛泽东从中国革命经历中体验并在思想和理论上概括出中华民族精神的两大精髓:一是永不屈服的革命精神;二是自力更生、艰苦奋斗的自强不息的精神。他还强调在革命历程中逐步形成的井冈山精神、长征精神、延安精神、西柏坡精神、白求恩精神、张思德精神、愚公移山精神、南泥湾精神等革命精神,都是伟大民族精神的一部分。

1978 年我国改革开放以来,中华民族精神在实践中得以弘扬和提升。邓小平建设有中国特色的社会主义理论作为中国化了的马克思主义,成为中华民族精神的内在支柱,改革、开放、创新、追寻和创造现代化成为中华民族的时代性主题,它们与新科技革命、知识经济和全球化历史趋势相契合,使中华民族精神得以发展。

江泽民同志尤其强调培育和弘扬民族精神对于中华民族的特殊意义。他指出:"一个民族,一个国家,如果没有自己的精神支柱,就等于没有灵魂,就会失去凝聚力和生命力。有没有高昂的民族精神,是衡量一个国家综合国力强弱的一个重要尺度。"①

党的十六大报告中,将中华民族精神精辟地概括为"以爱国主义为核心的团结统一、爱好和平、勤劳勇敢、自强不息"的精神。这是古往今来千千万万中国人奋发向上、不屈不挠的精神支柱,是中华民族优秀文化传统的基本价值取向。这种民族精神内含着巨大的历史震撼力和时空穿透力,其所包含的合理性的价值取向,闪耀着人文精神的光辉,同时也具有重要的现实效应。

一个民族其民族精神的载体,是这个民族的人民;一个民族其民族精神的内涵,是经过这个民族人民的认可的;一个民族其民族精神的现实效应,是在这个民族人民的社会生活中展现的。那么,目前我国人民对悠久的民族精神内涵的理解和认可如何? 在共同生活中展现了什么样的品格状态呢? 这正是本书研究的目的,即试图通过考察我国公众对民族精神内涵的认可状况、在生活中表现出的品格状态,来了解、分析、概括中华民族精神的现实状况。

(二)调查内容

根据党的十六大报告中关于民族精神的界定,参考以前学术界对民族精神的相关研究成果,秉持兼顾历史性与时代性、抽象性与实在性的原则,

---

① 江泽民:《在全国抗洪抢险总结表彰大会上的讲话》,人民出版社 1998 年版。

我们将民族精神的内涵分解为 12 种社会观念, 即国家观、和平(战争)观、民族观、集体(个人)观、责任、义务观、人生观、幸福观、劳动观、奋斗观、诚信观、人际观、社会发展观。在此基础上经操作化选择和设计出有代表性的测量指标, 构成调查问卷。操作化和设计力求有利于被调查者对问题意义的了解, 最大限度保证和提高调查的可操作性和获得资料的真实性。

国家观考察的是: 1. 谁代表国家; 2. 国家利益的重要性。

和平(战争)观考察的是: 1. 对国家统一的态度; 2. 对和平(战争)的态度。

民族观考察的是: 1. 中华民族有哪些最重要的美德; 2. 中华民族有哪些劣根性; 3. 中华民族是否有统一的民族精神; 4. 有没有必要发扬中华民族精神; 5. 对民族英雄的认可; 6. 对我国各民族平等的态度; 7. 对我国现行民族政策的态度。

集体(个人)观考察的是: 1. 对集体力量的判断; 2. 对个人与他人的关系的看法; 3. 为集体做事的倾向; 4. 对集体利益与个人利益的重要性的看法, 对他人利益与个人利益的关系的看法; 5. 对奉献的认识和行为倾向。

责任、义务观考察的是: 1. 对人生在世的责任和义务的认可; 2. 法律责任、义务意识。

人生观考察的是: 对人生意义的选择。

幸福观考察的是: 1. 对人生幸福的选择; 2. 对生活幸福度的自我感受。

劳动观考察的是: 1. 对劳动的价值的看法; 2. 对劳动的意义的看法; 3. 劳动的成就。

奋斗观考察的是: 1. 对努力、奋斗的看法; 2. 获得财富过程的选择; 3. 对竞争意义、竞争规则的见解。

诚信观考察的是: 1. 对目前社会诚信状况的判断; 2. 对诚信条件(或对象)的选择; 3. 对人际间信任的态度; 4. 个人最信任哪些人。

人际观考察的是: 1. 对人际意义的认知; 2. 对人际的基本态度; 3.

对帮助他人的态度。

社会发展观考察的是：对社会科学发展观的理解。

因本次调查的对象涉及六种类型人群（小学生、中学生、大学生、农村居民、城市居民和知识分子），因此，调查中根据不同调查对象的具体特点，增加设计了一部分考察更加贴近调查对象实际生活的方面。

调查问卷根据以上内容设计。

（三）研究报告

不言而喻，无论是党和政府的路线、方针、政策还是公众舆论，无论是学术研究还是文学艺术创作，无论是国家、集体的活动还是老百姓的日常生活，无论是历史的记载还是现实的述说，也无论是社会制度方面还是非制度化方面，几乎无一例外都是重视、认可、崇尚和赞美中华民族精神的。但是，迄今尚未有任何人以任何一种方式，真实和具体反映或展示我国人民实际存在和认可的民族精神状态，即在共同的日常生活中实际体现的民族精神。而本书正是通过实证研究的方法，考察我国人民或公众在共同的日常生活中存在的民族精神状态。本书似一份蓝皮书，它首次展现普通人民存在的和认可的真实民族品格，展现蕴涵在人民生活中的中华民族精神的现实状态，即真实的、具体的、活生生的民族品格和精神。研究报告的内容极为丰富，不仅展现人们对国家、对民族及生活认识和行为倾向的方方面面，也显示不同类型、不同人群认识和行为倾向的特点和差异。作为对我们这个民族在这个时代的精神的重要记载，本书将具有长远的历史价值。我们相信，中华民族精神的时代现实状态，将会有更多的展现和记载，本研究报告是这个时代中华民族精神记载的开篇。

当然，相对于13亿中国人而言，我们在本书中所调查的数千人是极为有限和微弱的，但是这数千人都是普通的老百姓，他们在社会生活中是与13亿人民融为一体的。毫无疑问，本书展现和记载我国人民的民族品格和精神状态是真实的，但由于多种（抽样方法、调查对象特征、调查设计等）原因，若对本书的数据进行推论，则是需要相当谨慎的。

二、调查方法与调查对象

（一）调查方法

因本次调查内容较为广泛、调查对象人数多的特点，主要采取入户问卷调查的方法，调查员入户到调查对象家中，请调查对象当场自填问卷后当场回收，调查员对由于受教育程度低自填问卷有困难的调查对象则进行相应的帮助。

同时，为了更加深入了解调查对象对民族精神的认知、态度和行为倾向，对问卷调查中发现的"典型"进行个案访谈调查。个案访谈对象选择的原则是：对问卷调查的内容感兴趣且愿意谈个人相关见解者，对问卷调查内容的某方面有特别见解者，个人经历有特点者等。访谈内容均围绕"民族精神"的主题，对问卷中的一些问题进行深入挖掘。访谈调查中调查员当场记录。

（二）调查对象选择与抽样

考虑到公众在年龄、职业、受教育程度、生活社区等方面的异质性，也由于经费的有限，为使调查对象尽可能有广泛的代表性，首先将调查对象分为六类人群：大学生、中学生、小学生、农村居民、城市居民和知识分子。其中：三类学生人群均界定为在校学生；农村居民界定为目前主要生活在农村、18岁以上非在校学生的居民；城市居民界定为目前主要生活在城市、18岁以上非在校学生的居民；知识分子界定为具有博士学位或副高级以上职称者。

问卷调查对象采取多阶段立意配额抽样方法。第一阶段，依据地理方位及经济发展水平，在全国范围内选取陕西、黑龙江、广东、湖北、北京和上海6个具有代表性的省和直辖市；第二阶段，每个省或直辖市选取省会城市或直辖市一个城区以及一个中等城市（或地区）或区；第三阶段，每个城市、地区或区选择两个街道和两个乡镇;第四阶段,每个街道选取四个社区居委会,每个乡镇选取四个行政村,选择社区居委会时考虑社区的地理位置特征、居住居民的就业等特征,选择行政村时考虑生产方式、经济收入水平、地区位置等特征;第五阶段,每个社区居委会和行政村按照偶遇抽样的方法各选取30个调查对象。

为保证调查问卷的有效数,调查中每个省或直辖市设计的抽样阶段及(有效)样本数如下:

1. 市、地区(区)

省会市或直辖市一个城区,一个中等市或地区或郊区

2. 街道、乡(镇)

每市或城区2个街道　2×2　共4个

每市或地区或郊区2个乡(镇)　2×2　共4个

3. 社区居委会、行政村

每街道4个社区居委会　4×4　共16个

每乡(镇)4个行政村　4×4　共16个

4. 调查对象人数(最低有效问卷数)

每社区居委会30人　30×16　城市共480人

每行政村30人　30×16　农村共480人

合计:960人

设计调查抽样的样本总共为5760人,其中每个市或直辖市的一个区的小学生和中学生各50人、大学生和高级知识分子各30人、农村居民和城市居民各160人;性别比为100:110,性别误差3%左右;年龄方面,农村、城市居民中20—39岁、40—59岁分别为45%左右;另外,每个市或直辖市的区需至少覆盖小学3个以上,中学5个以上,大学3个以上,工矿企业8个以上。

个案访谈调查对象的选择:每个市或直辖市的一个区访谈至少10人;其中小学生、大学生、知识分子各1人,中学生、农村居民、城市居民各2人,机动1人。在6个省或直辖市的区,全部个案访谈对象设计共计120人。

（三）调查组织

本次调查由华中科技大学社会学系主任雷洪教授主持和组织。参加调查的组成人员是：社会学系的 12 位教师及本校大学生调查研究中心的一位教师共计 13 人，社会学系硕士研究生 30 人、三年级本科生 74 人、本校大学生调查研究中心学生 24 人，师生总计 141 人。为实施调查成立了 6 个调查队，每个调查队 20 余人，负责实施一个省或直辖市的调查。

2004 年 7 月 9 日召开调查动员大会，民族精神研究课题组负责人之一欧阳康教授亲临作动员，全体参与调查的师生参加了动员会。7 月 9—10 日进行了调查内容、调查技巧的培训，并分 6 个调查队进行了进一步的组织和准备工作。

（四）调查实施过程

北京调查过程：北京调查队由社会学系教师张小山、郑丹丹带队，19 位硕士生和本科生参加了调查。地点选在朝阳区和昌平区。7 月 12 日到达北京，7 月 13 日开始调查，先在朝阳区调查，而后赴昌平区，调查历时 10 天。

上海调查过程：上海调查队由大学生调查研究中心教师魏平和社会学系教师魏科科带队，24 位学生参加了调查。地点选在长宁区。7 月 14 日到达上海，7 月 15 日开始调查，调查历时 10 天。

广东调查过程：广东调查队由社会学系教师朱玲怡、周清平带队，19 位本科生和硕士生参加了调查。地点选在广州市和佛山市。7 月 12 日到达广州，开始调查任务。7 月 16 日，去佛山进行调查。调查历时 10 天。

陕西调查过程：陕西调查队由社会学系教师吴中宇、陈恢忠、鄢庆丰带队，22 位本科生和硕士生参加了调查。地点选在西安市和延安市。7 月 11 日到达西安后即展开城市居民调查，7 月 14 日到达延安，7 月 16 日完成两个城区共计八个社区、两个乡镇共计八个村的调查。7 月 16 日晚返回西安市，7 月 17—19 日完成西安市两个乡镇共计八个村的调查。调查历时 9 天。

黑龙江调查过程：黑龙江调查队由社会学系教师雷洪、高顺文带队，24

位本科生和硕士生参加了调查。地点选在哈尔滨市和大庆市。7 月 16 日到达哈尔滨,历时 4 天的调查之后,20 日赴大庆,同样历时 4 天,7 月 24 日返回哈尔滨。实际调查历时 8 天。

湖北调查过程:湖北调查队由社会学系教师孙秋云、李少文带队,20 位本科生和硕士生参加了调查。地点选在武汉市和恩施市。7 月 9 下午开始在武汉市进行调查,历时 5 天的调查之后,7 月 14 日到达恩施市,7 月 15 日开始进行调查,7 月 20 日调查结束。实际调查历时 11 天。

(五)问卷调查资料分析

问卷调查的数据处理由经过专门培训的 30 名硕士研究生承担。首先统一进行问卷整理、编号,核查问卷的有效性,剔除无效(180 个变量中,未回答、回答不清楚的变量超过 3 个)问卷;然后用 FOX6.0 进行录入,并查错,历时 6 天时间;最后用 SPSS 软件进行统计分析,主要采用描述统计、双变量(交互分类)描述统计、双变量相关性统计分析以及量表赋分法进行统计分析。

个案访谈资料以一个访谈对象的访谈记录内容为一个个案进行整理,选择和归纳每个个案中最具有典型意义的内容,并归纳出最典型的结论、观点等。

(六)问卷调查样本概况

为保证调查问卷的有效数,实施调查中将设计数增加 5%—10%,经剔除极少量无效问卷后,调查收回实际有效问卷共 6241 份。调查对象(见表 0-2-1)中的性别比为 100:118,男性比率偏高;汉族占绝大部分;年龄在 10—19 岁的比率较大,近 85% 的调查对象没有宗教信仰;小学生、中学生各占 10% 左右,大学生和知识分子分别占 6% 左右,农村居民和城市居民分别占总数的 30% 左右;共覆盖了学校、企业、事业、机关 1324 个单位;六个省(直辖市)调查地点的人数比较均衡,省(直辖市)人数之间的比率最大相差 2.5%。

调查的城市居民、农村居民和知识分子共 4421 人,其中中共党员和共青团员各约占 20%;未婚者约为 1/4。

表 0－2－1　问卷调查对象概况

		%	人数			%	人数
性别	男性	54.0	3371	民族	汉族	93.6	5844
	女性	45.7	2851		少数民族	6.1	379
	不清	0.3	19		不清	0.3	18
	合计	100.0	6241		合计	100.0	6241
年龄	10 岁以下	2.3	144	调查覆盖单位	小学	22.4	297
	10—19 岁	23.7	1478		中学	25.7	340
	20—29 岁	25.1	1564		大学	8.2	108
	30—39 岁	19.4	1209		企业、事业、机关单位	43.7	579
	40—49 岁	15.7	978		合计	100.0	1324
	50—59 岁	8.1	505	各调查地点人物	北京	17.2	1076
	60 岁及以上	5.8	363		上海	18.1	1132
	合计	100.0	6241		广东	16.1	1006
调查人群类型	小学生	10.8	674		陕西	17.0	1056
	中学生	11.7	728		黑龙江	15.6	974
	大学生	6.7	418		湖北	16.0	997
	农村居民	32.2	2012		合计	100.0	6241
	城市居民	32.8	2049	城市居民、农村居民、知识分子的政治面貌	中共党员	18.0	791
	知识分子	5.8	360		共青团员	20.1	881
	合计	100.0	6241		群众	60.4	2644
宗教信仰	无	83.3	5201		民主党派成员	1.5	64
	佛教	7.9	490		合计	100.0	4380
	基督教	4.1	258	城市居民、农村居民、知识分子的婚姻状况	未婚	25.8	1138
	天主教	0.9	55		已婚	71.8	3161
	伊斯兰教	0.8	51		离异	1.5	66
	道教	0.8	51		丧偶	0.9	39
	其他宗教	0.4	26				
	不清	1.8	109				
	合计	100.0	6241		合计	100.0	4404

注：极个别调查对象填写的问卷中曾涂改，致使性别、民族比较模糊，难以辨认；少数调查对象不
　　愿透露自己的宗教信仰。这些情况属归为不清楚。

　　实际调查的对象多于设计样本481人；性别比高于设计样本性别比；年龄结构、六种人群基本符合设计样本。

　　实际调查的对象，在年龄结构、在校学生比率、城市居民与农村居民比率等方面，与全国人口结构有较大差异；但对于大、中、小在校学生，城市居民，农村居民，知识分子六种人群而言，有较好的代表性。

第一章

中国公众体现的民族精神概况

一、公众的国家观与和平（战争）观

（一）认同中央政府是国家代表的人最多

表 1 - 1 - 1　对国家代表的认同

	%	人数
中央政府	37. 1	2280
老百姓自己	27. 6	1695
中国共产党中央委员会	21. 5	1321
不知道	9. 4	576
各级党政领导	3. 7	230
民主党派中央组织	0. 8	50
合计	100. 0	6152

调查结果(见表1-1-1)显示:对于谁是国家的代表,被调查者中首先认同中央政府的比率最高,但只占1/3;其次是认同老百姓自己;有两成的人认同中国共产党中央委员会;有近一成的人不知道谁代表国家;认同各级党政领导或者民主党派中央组织的比率均非常小。

（二）认可国家利益的重要性

表1-1-2　国家利益的重要性　（%）

	非常重要	比较重要	一般	不太重要	不重要	合　计
国家利益	81.9	11.8	5.1	0.6	0.6	100(6166人)
集体利益	43.8	40.6	12.3	2.2	1.2	100(5971人)
家庭利益	45.4	32.9	18.5	2.5	0.7	100(6001人)
个人利益	36.1	26.4	22.7	9.4	5.4	100(5994人)

　　调查结果（见表1-1-2）表明：关于国家利益、集体利益、家庭利益和个人利益的重要性，认为国家利益非常重要的比率最高，认为重要（非常重要和比较重要，下同）的达93.7%；85%左右的人认为集体利益和家庭利益非常重要；有60%以上的人认为个人利益也重要。显然，公众认可国家利益的重要性高于认可集体、家庭和个人利益的重要性，40%的公众认为国家利益比集体、家庭、个人利益重要。

（三）对国家统一的态度坚定

表1-1-3　对国家统一的态度　（%）

	非常赞成	比较赞成	一般	不太赞成	不赞成	合　计
台湾、新疆、西藏是我国不可分割的部分	82.7	9.7	4.8	1.1	1.7	100(6165人)
一旦台湾分裂应该以武力保卫祖国统一	54.5	19.5	8.3	9.5	8.2	100(6066人)
国家兴亡，每个人都有责任	79.8	13.6	4.3	1.2	1.1	100(6085人)

　　调查结果（见表1-1-3）发现：有92.4%以上的人赞成"台湾、新疆、西藏是我国不可分割的部分"；近75%的人赞成"一旦台湾分裂应该以武力保卫祖国统一"；近95%的人赞成"国家兴亡，每个人都有责任"。可见，90%以上的公众对国家统一的态度是坚定的。但是我们也应注意到：对于台湾

分裂时以武力保卫祖国统一,有 17.7% 的公众其态度是不赞成的。

(四)坚持和平的立场坚定

表 1-1-4　和平观念　(%)

	非常赞成	比较赞成	一般	不太赞成	不赞成	合　计
一个强大的中国不会构成对世界和平的威胁	54.5	20.1	12.6	6.5	6.3	100(6022 人)
各国之间的矛盾都应该用和平方式解决	66.3	18.8	8.5	4.3	2.1	100(6054 人)

调查结果(见表 1-1-4)表明:有近 75% 的人赞成"一个强大的中国不会构成对世界和平的威胁",显然,大多公众反对"中国威胁论"的论调。有85% 以上的人赞成"各国之间的矛盾都应该用和平方式解决",只有 6.3% 的人反对。这说明:大多公众爱好和坚持和平、反对战争的立场坚定。

二、公众的民族观

(一)认可的民族美德

表 1-2-1　中华民族有哪些民族美德

	%	N(人次)		%	N(人次)
热爱祖国	75.8	4690	好学上进	20.1	1241
爱好和平	60.1	3720	勇敢	18.2	1125
团结统一	54.8	3393	淳朴敦厚	16.8	1040
勤劳	52.3	3236	热情好客	16.5	1023
尊老爱幼	50.8	3146	礼尚往来	15.6	963
艰苦奋斗	39.2	2423	乐观豁达	14.0	869
自强不息	37.3	2310	先天下之忧而忧	12.7	787

注:此问题回答可选择 1—5 项。

调查结果(见表1-2-1)发现:人们对我国民族的美德认可度最高(约75%)的是"热爱祖国";排在前5位且50%以上的人认可的是"热爱祖国"、"爱好和平"、"团结统一"、"勤劳"和"尊老爱幼";30%—40%的人认可的是"艰苦奋斗"、"自强不息";10%—20%的人认可的是"好学上进"、"勇敢"、"淳朴敦厚"、"热情好客"、"礼尚往来"、"乐观豁达"以及"先天下之忧而忧"。党的十六大报告提出:中华民族形成了以爱国主义为核心的团结统一、爱好和平、勤劳勇敢、自强不息的伟大民族精神,由以上调查结果显示,党中央关于我国民族精神的论断符合民意,反映了中华民族的主体精神和优良品德。

(二)指责的民族"劣根性"

表1-2-2　中华民族有哪些民族劣根性

	%	N(人次)		%	N(人次)
迷信	62.9	3890	懒惰	29.8	1841
自私	43.7	2699	愚昧无知	29.5	1824
爱面子	38.9	2407	安于现状	27.9	1725
内耗(窝里斗)	35.0	2161	不尊重个人	25.7	1591
僵化、守旧	34.8	2154	凡事退让	21.5	1329
崇洋媚外	31.0	1918	独断专行	19.4	1200

注:此问题回答可选择1—5项。

在一定历史时期,任何一个民族都可能有其落后性的一面,这种落后性方面被俗称为"劣根性"。调查结果(见表1-2-2)表明:对我国民族"劣根性",公众中最多指责的是"迷信",约占到60%;排在前五位且1/3以上的人指责的是"迷信"、"自私"、"爱面子"、"内耗(窝里斗)"、"僵化、守旧";20%—30%的人指责的是"崇洋媚外"、"懒惰"、"愚昧无知"、"安于现状"、"不尊重个人"、"凡事退让"、"独断专行"。

由此看来,较多公众认可的我国民族的美德、指责的我国民族的"劣根性"是比较一致的。但我们也注意到:公众对我国民族的某些特征的看法不一致。例如:20.1%的人认为具有好学上进的美德,但有34.8%的人指责僵化、守旧;52.3%的人认为具有勤劳的美德,但也有29.8%的人指责懒惰;等等。当然,无论如何我们都要发扬公众认可的民族美德的那些方面,避免和扬弃公众指责的民族"劣根性"的那些方面。

(三)认可中华民族具有统一的民族精神

表1-2-3　中华民族是否有统一的民族精神

	有	没有	不知道	合计
%	72.1	12.7	15.2	100
人数	4460	785	942	6188

我国是一个多民族的国家,在长期的历史过程中,各民族人民朝夕相处,共同生活,文化相互融合。我国这样一个多民族的国家,是否有统一的民族精神呢? 调查结果(见表1-2-3)表明:70%以上的人认为我国有统一的民族精神,10%左右的人认为没有,还有15%左右的人表示不知道。可见,大部分公众肯定我国有着统一的民族精神。

表1-2-4　有没有必要发扬中华民族精神

	有必要	没必要	说不清	合计
%	90.8	1.7	7.5	100
人数	5634	107	464	6207

调查结果(见表1-2-4)还表明:尽管有1/4的公众未肯定中华民族有统一的民族精神,但90%以上的人认为有必要发扬中华民族精神。可见,对党中央提出弘扬中华民族精神,我国公众是认可和接受的。弘扬中华民族精神,必定会加强各民族、各阶层的团结,推动我国的社会发展。

(四)认可三位民族英雄、榜样

表 1-2-5　对民族英雄、榜样的认可　（％）

	非常赞成	比较赞成	一般	不太赞成	不赞成	合计
林则徐是民族英雄	74.1	16.1	7.1	1.4	1.3	100(6044 人)
岳飞是民族英雄	68.5	16.5	9.1	2.7	3.2	100(6015 人)
今天雷锋仍是所有人学习的榜样	59.9	24.6	11.2	2.9	1.4	100(6128 人)

民族英雄、榜样是一个民族的先进分子和优秀代表,几千年来的不同历史时期,我国都产生了许多的民族英雄和榜样。调查发现(见表 1-2-5):85％以上的公众都认可林则徐、岳飞这两位历史人物是民族英雄。但我们注意到:作为历史民族英雄,认可林则徐的比率高于认可岳飞的比率。有85％左右的人赞成今天雷锋仍然是所有人学习的榜样,可见目前广大公众仍认可雷锋是当代人的榜样,雷锋的精神仍被人们所称赞。

(五)民族平等是普遍的观念

表 1-2-6　民族平等观念　（％）

	非常赞成	比较赞成	一般	不太赞成	不赞成	合计
我国 56 个民族无论大小是平等的一家人	77.0	14.5	5.4	1.7	1.4	100(6078 人)

调查结果(见表 1-2-6)表明:有超过九成的人赞成"我国 56 个民族无论大小是平等的一家人"。可见,民族平等是公众普遍的观念。

（六）赞成国家的民族政策

表1-2-7 对民族政策的看法 （%）

	非常赞成	比较赞成	一般	不太赞成	不赞成	合计
国家应当继续推行优先照顾少数民族发展的政策	45.7	27.8	16.2	5.8	4.5	100(6070人)

调查结果（见表1-2-7）显示：近1/4的人赞成"国家应当继续推行优先照顾少数民族发展的政策"，不赞成的人为10%左右。这说明公众普遍认可多年来我国政府一贯推行的民族政策。

三、公众的集体（个人）观

（一）认可集体力量的价值

表1-3-1 对个人力量与集体力量价值的看法 （%）

	非常赞成	比较赞成	一般	不太赞成	不赞成	合计
集体的力量大于个人的力量	60.7	27.2	8.3	1.5	1.3	100(6164人)
一个篱笆三个桩，一个好汉三个帮	46.5	30.3	15.5	4.3	3.4	100(6112人)

调查结果（见表1-3-1）显示：近90%的人赞成"集体的力量大于个人的力量"；75%以上的人赞成"一个篱笆三个桩，一个好汉三个帮"。这说明大多公众普遍认可集体力量的价值，也认为个人的力量有赖于集体的力量。

（二）肯定个人与他人的相互关系

表 1-3-2 对个人与他人关系的看法 （%）

	非常赞成	比较赞成	一般	不太赞成	不赞成	合计
我为人人，人人为我	47.9	26.3	15.6	5.1	5.1	100(6162人)
各人自扫门前雪，莫管他人瓦上霜	7.7	8.5	17.6	28.9	37.3	100(6066人)
任何时候个人的要求都应得到尊重	34.1	25.1	19.8	12.9	8.1	100(6137人)

在生活中人们经常遇到的是自己与他人的关系，这是个人与集体关系中最为直接的一个方面。调查结果（见表 1-3-2）显示：近 3/4 的人赞成"我为人人，人人为我"，2/3 的人不赞成"各人自扫门前雪，莫管他人瓦上霜"。那么大多数人肯定个人与他人之间是一种相互关系、互惠关系，人们都应该为他人、关心他人，反对对他人的漠视或冷漠。调查结果还显示：约60%的人赞成"任何时候个人的要求都应得到尊重"，由此反映出目前公众鲜明的个人意识，对个人尊重的要求。

（三）大多倾向于为集体做事

表 1-3-3 为集体做事的倾向

	%	N(人次)		%	N(人次)
乐于去做	65.3	4039	对自己有利就去做	11.2	693
只要安排我去做就去做	38.3	2366	不能做自己的事就不去做	6.5	405
大家都去做我也去做	16.6	1027	能不做就尽量不做	5.6	348

注：此问题回答可选择 1—2 项。

日常生活中，人们会经常面临同时有集体的事和个人的事，甚至做集体的事与做个人的事发生矛盾或冲突，在这种情况下，人们是否愿意为集体做事,其行为倾向如何呢? 调查中了解"如果放下自己的事情为集体做些事,通常情况下会怎么做",调查结果是(见表1-3-3):60%以上的人表示"乐于去做",是一种主动行为的倾向;近40%的人表示"只要安排我去做就去做",是一种被动的主观愿意的倾向;不到20%的人表示"大家都去做我也去做",是一种从众的倾向;1/4的人表示"对自己有利就去做"或"不能做自己的事就不去做"或"能不做就尽量不做",显然是一种逃避的倾向。这说明公众中的大多数人即使是在牺牲自己利益的情况下,也倾向于愿意为集体做事,由此反映出:多数人是将集体利益置于个人利益之上的。

(四)注重他人利益,关注个人利益

表1-3-4　对个人利益与他人利益的关系的态度　(%)

	非常赞成	比较赞成	一般	不太赞成	不赞成	合计
毫不利己,专门利人	48.9	27.8	12.6	4.8	5.9	100(6136人)
利人利己	48.9	27.8	12.6	4.8	5.9	100(6136人)
只要不损害他人的利益可以追求自己的利益	38.0	33.5	20.3	5.1	3.1	100(6056人)
主观为自己,客观为别人	36.1	34.5	17.8	6.0	5.6	100(6083人)
做人做事要考虑自己的利益	13.5	22.4	29.7	19.1	15.3	100(6031人)
人不为己,天诛地灭	11.4	11.9	21.3	19.1	36.3	100(6020人)
损人利己	3.1	4.0	7.7	18.0	67.2	100(6069人)
损人不利己	4.7	5.6	10.0	14.2	65.5	100(5929人)
个人利益要服从集体利益	13.7	18.7	31.6	18.6	17.4	100(5972人)

调查结果(见表1-1-2)显示:大多公众认为集体、家庭、个人的利益都重要,但认为集体利益重要的人的比率(84.4%)高于认为个人利益重要的人的比率(62.5%);不过,只有约1/3的人明显赞成个人利益要服从集体利益,有近30%的人不赞成个人利益要服从集体利益。但人们在日常生

活中直接面对的更多的是自己与他人的利益,因此,调查中我们了解了人们对自己与他人利益之间关系的态度,调查结果(见表1-3-4)发现:人们的态度大致有四类:第一类,将他人利益放在个人利益之上,76.7%的人赞成"毫不利己,专门利人";第二类,将他人利益与个人自己利益并重,但不损害他人利益,76.7%的人赞成"利人利己",71.5%的人赞成"只要不损害他人的利益可以追求自己的利益",70.7%的人赞成"主观为自己,客观为别人";第三类,强调个人利益,35.9%的人赞成"做人做事要考虑自己的利益",23.3%的人赞成"人不为己,天诛地灭";第四类,为个人利益可以损害他人利益,7.1%的人赞成损人利己。显然,第一、二类人的态度,均属可正确处理个人与他人之间的利益,假如将持这两类态度的人合并,那么公众中至少有2/3以上的人可以正确处理个人与他人的利益关系,从而也基本可以正确处理个人与集体之间的利益关系。

(五)愿意进行奉献

表1-3-5 对奉献的认识 (%)

	非常赞成	比较赞成	一般	不太赞成	不赞成	合计
不计报酬的奉献太难做到	17.8	25.6	29.3	13.7	13.6	100(6060人)
见义勇为牺牲自己的生命是不值得的	11.4	13.3	24.2	23.2	27.9	100(6036人)

表1-3-6 对奉献的行为倾向

	非常愿意	比较愿意	可能愿意可能不愿意	不太愿意	不愿意	说不清	合计
%	61.6	25.6	7.2	0.9	1.2	3.5	100
人数	3797	1577	446	51	74	216	6166

　　奉献,是近年来公众、媒体经常的话题,当然,奉献是分为不同层次的,从力所能及的奉献到奉献最宝贵的生命。此次调查中了解公众对奉献的一些看法和行为倾向。调查结果(见表1-3-5)表明:对于不计报酬的奉献

是否难以做到,43.4%的人赞成这是难以做到的,27.2%的人不赞成这是难以做到的,可见公众的看法分歧较大。无论认为奉献是否难以做到,人们是否愿意奉献呢?调查中询问:假如有很多钱,是否愿意拿出一定的钱赞助慈善事业、希望工程或贫困的人?调查的结果(见表1-3-6)是:近90%的人表示愿意,10%左右的人不确定,只有2%的人表示不愿意。由此看来,在力所能及时,绝大多数人愿意为社会作奉献。那么,人们对于贡献生命这种最高境界的奉献精神的看法如何呢?调查的结果(见表1-3-5)是:近1/4的人认为"见义勇为牺牲自己的生命是不值得的",而超过50%的人认为是值得的。由此看来,公众中认为奉献难的人超过认为不难的人;无论认为奉献是否难,绝大多数人愿意做力所能及的奉献;一半的人认同奉献生命的价值和高尚品质。由此,当前有必要进一步提倡和强化市场经济社会中的奉献精神,鼓励和支持各种各样的奉献行为。

四、公众的责任、义务观

(一)认为人生有多种责任、义务

调查结果(见表1-4-1)表明:关于人生的责任和义务,人们认为责任和义务大(很大或者比较大,下同)的,比率排在前5位的依次是"对自己的家人"、"对自己的工作"、"对自己做的事情"、"对自己的国家"和"对信任自己的人";排在后5位的依次是"对社会中所有的人"、"对自己的领导"、"对自己的同事或同学"、"对自己的亲戚"和"对自己居住的社区"。如果将责任、义务的对象进行区分,调查结果分别显示了人们对自己、对周围的人以及对国家、对集体的责任和义务观。对自己的责任、义务方面:约4/5的人认为是做的事情、工作、自己;对周围人的责任、义务方面:90%的人认为是家人,70%—80%的人认为是信任自己的人、有困难的人,40%—60%的人认为是朋友、亲戚、领导、社会中所有的人、同事或同学;在国家、集体方面,80%的人认为是国家,70%的人认为是家乡,50%—60%的人认为是劳动集体或学校、居住的社区。

表1-4-1 对人生责任、义务的认可 （%）

	很大	较大	一般	较小	很小	不知道	合计
对自己的家人	66.7	24.6	7.3	0.7	0.2	0.5	100(6166人)
对自己做的事情	57.8	25.1	12.8	2.2	0.9	1.2	100(6092人)
对自己的工作	56.3	27.8	11.5	1.7	1.3	1.4	100(6090人)
对自己的国家	55.4	22.9	15.3	3.0	1.5	1.9	100(6113人)
对自己	54.5	20.1	20.6	2.8	0.8	1.2	100(6094人)
对信任自己的人	40.4	35.2	19.2	2.4	1.4	1.4	100(6043人)
对自己的家乡	38.9	30.2	23.4	4.2	1.6	1.7	100(6060人)
对有困难的人	36.4	31.0	25.9	3.7	1.4	1.6	100(6064人)
对自己的劳动集体或学校	32.0	31.1	28.4	4.4	2.1	2.0	100(6002人)
对自己居住的社区	27.9	29.6	32.1	6.2	2.1	2.1	100(6036人)
对自己的朋友	25.1	34.6	33.6	4.2	1.2	1.3	100(6078人)
对自己的亲戚	23.8	33.4	37.1	3.9	1.0	0.8	100(6071人)
对自己的领导	22.7	24.7	34.3	8.6	6.5	3.2	100(6029人)
对社会中所有的人	19.7	17.6	40.4	12.3	5.6	4.4	100(5982人)
对自己的同事或同学	19.5	29.0	41.1	6.4	2.6	1.4	100(6083人)

将被调查者的结果进行赋分量化,分析其均值和众数,分析结果(见表1-4-2)显示:均值为4分及以上的有"对自己的家人"、"对自己做的事情"、"对自己的工作"、"对自己的国家"、"对自己"和"对信任自己的人"等6项;均值为3.5—4分的有"对自己的家乡"、"对有困难的人"、"对自己的劳动集体或学校"、"对自己的朋友"、"对自己的亲戚"、"对自己居住的社区"、"对自己的同事或同学"等7项;均值为3—3.5分的有"对自己的领导"和"对社会中所有的人"。这说明公众对这15方面都倾向于认为责任和义务"很大"和"较大"。从众数显示的结果来看,众数为5(很大)的有9个:国家、家庭、自己、自己的事、自己的工作、信任自己的人、自己的家乡、有困难的人、自己的劳动集体或学校;众数为4(比较大)的是自己的朋友;众数为3(一般)的有5个:亲戚、居住的社区、同事或同学、领导、所有的人。

表1-4-2　对人生责任义务认可的均值和众数特征

	均值	众数	N(人次)
对自己的家人	4.55	5	6166
对自己做的事情	4.33	5	6092
对自己的工作	4.32	5	6090
对自己的国家	4.22	5	6113
对自己	4.21	5	6094
对信任自己的人	4.07	5	6043
对自己的家乡	3.96	5	6060
对有困难的人	3.92	5	6064
对自己的劳动集体或学校	3.80	5	6002
对自己的朋友	3.75	4	6078
对自己的亲戚	3.73	3	6071
对自己居住的社区	3.69	3	6036
对自己的同事或同学	3.52	3	6038
对自己的领导	3.39	3	6029
对社会中所有的人	3.20	3	5982

注:1. 赋分方法:"很大"为5分,"较大"为4分,"一般"为3分,"很小"为2分,"没有"为1分,"不知道"为0分。

　2. 均值为每项的所有个案得分之和除以个案数。

以上分析结果表明:第一,公众普遍认为人生有多种责任和义务,即普遍具有鲜明和比较强烈的责任、义务意识;第二,公众普遍认为对自己、自己的事、自己的工作、自己的家人责任、义务最大,我们注意到,认为对家人责任、义务大的比率超过对自己责任大的比率;第三,公众普遍认可对自己国家有很大或较大的责任和义务;第四,公众中认为对自己周围的人、自己的劳动集体、学校、社区等的责任和义务大的比率,低于认为对自己、家庭、国家的责任和义务大的比率。

(二)普遍明确的法律责任、义务观念

调查中我们用一个抽象和一个具体的问题考察公众的法律责任、义务观

念。调查结果(见表1-4-3)表明:有近90%的人赞成"遵守国家法律是公民的基本责任和义务",赞成"依法纳税是公民应尽的义务",这说明公众普遍具有法律观念,明确公民的法律责任和义务,认可公民应遵守国家的法律。

表1-4-3 责任、义务观 (%)

	非常赞成	比较赞成	一般	不太赞成	不赞成	合计
遵守国家法律是公民的基本责任和义务	67.9	21.9	7.6	1.5	1.1	100(6144人)
依法纳税是公民应尽的义务	64.7	22.4	9.3	1.8	1.8	100(6150人)

五、公众的人生观与幸福观

(一)比较积极的人生观

表1-5-1 对人生意义的选择

	%	N(人次)
为自己的进步、发展而奋斗	57.3	3558
为国家而奋斗	56.3	3496
为自己的幸福而奋斗	49.5	3071
为家庭而奋斗	49.4	3064
为父母而奋斗	36.1	2242
为民族而奋斗	33.8	2099
为自己的工作而奋斗	32.3	2006
为集体而奋斗	25.9	1610
为自己的荣誉而奋斗	20.1	1250
为自己的金钱、财产而奋斗	12.8	792
为自己的权力而奋斗	9.2	569
为自己来世而奋斗	8.9	555

注:此问题回答可选择1—5项。

　　人生在世什么是最有意义的呢？调查结果（见表1-5-1）显示：人们选择的比率由高到低是：近60%的人认为是"为自己的进步、发展而奋斗"、"为国家而奋斗"；近一半的人认为是"为自己的幸福而奋斗"、"为家庭而奋斗"；30%—40%的人认为是"为父母而奋斗"、"为民族而奋斗"、"为自己的工作而奋斗"；仅有不到10%的人认为是"为自己的权力而奋斗"、"为自己来世而奋斗"。如果将人生意义的指向分为个人（自己）、家庭、国家（社会）这三方面，那么，在个人（自己）方面：为进步、发展、幸福的占50%—60%，为工作、荣誉的占20%—30%，为金钱、财产、权力、来世的仅占约10%；在家庭（父母）方面：为家庭的高于为父母的比率；为国家（社会）方面：为国家的比率（约60%）最高，其次是为民族（约35%），再次是为集体（约25%）。显然，大多公众有着较为积极的人生观。

（二）中肯、实际的幸福观

　　调查中以询问什么样的人是幸福的人来考察公众的幸福观，调查结果（见表1-5-2）表明：公众中选择的比率排在前五位的是："有和睦圆满家庭的人"、"自己和家人身体健康的人"、"有知识的人"、"勤劳的人"和"事业有成就的人"；排在后五位的是"容易满足的人"、"有权的人"、"子孙满堂的人"、"有很多钱的人"和"会享受的人"。从中我们发现：幸福的指向明显在精神方面的占有相当的比率，约50%的认为是有知识；约25%的人认为是感觉到自己幸福、有追求；约15%的人认为是没有做过亏心事、容易满足。如果将幸福的指向分为社会（他人）、家庭（成员）、个人三个方面，在社会（他人）方面：有20%—30%的人认为是为社会奉献、经常帮助别人；在家庭方面：60%—70%的人认为是有和睦圆满家庭、自己和家人身体健康，有10%—20%的人认为是有满意伴侣、子孙满堂；在个人利益方面，只有约10%的人认为是有权、有很多钱、会享受，这表明我国大部分公众的幸福观是中肯、实际的。

表1-5-2 对"什么样的人是幸福的人"的看法

	%	N(人次)
有和睦圆满家庭的人	66.8	4151
自己和家人身体健康的人	56.6	3515
有知识的人	49.9	3099
勤劳的人	40.7	2530
事业有成就的人	35.6	2210
为社会奉献的人	30.4	1890
感觉到自己幸福的人	26.3	1631
有追求的人	25.2	1564
经常帮助别人的人	24.9	1544
有满意伴侣的人	21.2	1315
没有做过亏心事的人	17.3	1072
容易满足的人	15.6	966
有权的人	12.7	788
子孙满堂的人	12.1	750
有很多钱的人	11.5	716
会享受的人	6.7	413

注:此问题回答可选择1—5项。

(三)对幸福的自我感觉是实际、踏实的

表1-5-3 对幸福的自我感受

	非常幸福	比较幸福	一般	不太幸福	不幸福	说不清	合计
%	27.8	41.7	21.6	3.1	2.9	2.9	100
人数	1723	2579	1339	188	182	176	6188

公众对目前自己的生活是否感觉幸福呢? 调查结果(见表1-5-3)表明:自我感觉是幸福的近70%;感觉一般的占20%左右,只有不到10%的人感觉不幸福或说不清。不言而喻,人们的生活中总是有这样那样的困难、辛劳、不惬意、不满意,但调查结果显示:大多公众对自己生活的感觉、体验是

实际和踏实的,由此感觉自己的生活称得上是幸福的。

六、公众的劳动观与奋斗观

(一)正确的劳动观

表1-6-1 劳动价值、意义的观念 (%)

	非常赞成	比较赞成	一般	不太赞成	不赞成	合计
劳动只有分工不同无贵贱之分	52.8	23.5	13.2	5.4	5.1	100(6081人)
人生在世就该劳动	49.4	29.1	15.0	3.9	2.6	100(6094人)
不劳而获是可耻的	49.3	20.6	14.0	6.9	9.2	100(6085人)
不劳动不得食	45.1	25.4	12.2	7.3	10.0	100(6081人)
劳动是为了赚钱	18.2	23.9	23.6	17.3	17.8	100(6099人)
劳动、工作很累,是痛苦的	10.6	11.2	19.1	25.5	33.6	100(6110人)
学习紧张、辛苦,是难受的	9.2	13.2	19.2	24.4	34.0	100(6066人)
如果已经很有钱就不需要劳动、工作了	5.7	5.8	9.4	25.9	53.2	100(6049人)

劳动是人们日常生活中不可缺少的内容,对劳动如何理解呢? 调查结果(见表1-6-1)显示:赞成的比率排在前3位的是"人生在世就该劳动"、"劳动只有分工不同无贵贱之分"、"不劳动不得食";排在后3位的是"学习紧张、辛苦,是难受的"、"劳动、工作很累,是痛苦的"、"如果已经很有钱就不需要劳动、工作了"。调查结果显示了人们对劳动价值的认识、对劳动意义的理解及劳动的感受。在劳动价值方面:70%以上的人赞成"不劳动不得食",但有17.3%的人不赞成;35%的人不赞成"劳动是为了赚钱",但有41%的人赞成;近80%的人不赞成"如果已经很有钱就不需要劳动、工作了",但有近12%的人赞成。在劳动意义方面,70%以上的人赞成"人

生在世就该劳动"、"不劳而获是可耻的"。在劳动感受方面，近60%的人不赞成"劳动、工作很累，是痛苦的"、"学习紧张、辛苦，是难受的"。这说明我国多数公众充分肯定劳动的价值和意义，热爱劳动，具有正确的劳动观念。

（二）认可人生应努力奋斗

表1-6-2　对奋斗的看法　（%）

	非常赞成	比较赞成	一般	不太赞成	不赞成	合计
自强不息的人是值得敬佩的人	67.7	22.1	7.0	1.6	1.6	100(6138人)
谋事在人、成事在天	31.7	25.7	20.6	10.4	11.6	100(6093人)

人类改造自然、改造社会的活动都是能动的、主观的过程，人们的工作、生活终会遇到困难，那么公众如何看待主观的努力、奋斗呢？调查结果（见表1-6-2）显示：约90%的人赞成"自强不息的人是值得敬佩的人"；2/3的人赞成"谋事在人、成事在天"，但也有约二成的人不赞成，这说明多数公众认可人生要努力、要奋斗，要主动充分发挥人的主观能动性的作用。

（三）认可依靠自己的劳动和才能获得财富

在市场经济条件下，在鼓励一部分人先富起来的社会氛围中，财富是人们的普遍追求，致富是人们的相同目标。那么个人如何获得财富呢？调查结果（见表1-6-3）表明：近90%的人认为"靠自己的劳动"，80%以上的人认为"靠自己的知识、能力、特长"；近一半的人认为"靠运气、机会"；近10%的人认为"靠家庭"、"靠权力"、"靠关系"；认为"靠投机取巧"、"靠菩萨、上帝、老天"的比率很低。显然，大多公众认为获得财富是依靠自己的劳动和才能，并不是依靠权力、关系、投机取巧等。由此，公众充分肯定了致富途径必须具有正当性、合法性，从而也否定了那些以敛财、欺诈、制假等违法获取金钱的行为。

表1-6-3　对获得财富途径的认可

	%	N(人次)
靠自己的劳动	88.7	5470
靠自己的知识、能力、特长	82.1	5069
靠运气、机会	45.8	2827
靠家庭	13.0	804
靠权力	9.9	612
靠关系	9.6	590
靠投机取巧	5.3	330
靠菩萨、上帝、老天	2.4	150

注:此问题回答可选择1—3项。

(四)肯定竞争的意义和公平规则

表1-6-4　对竞争意义、价值、规则的见解

	赞成		不赞成		人数
	%	人数	%	人数	
竞争要公平	93.7	5634	6.3	378	6012
要有竞争,也要互相帮助	91.0	5373	9.0	532	5905
竞争中要讲良心、讲道理	90.8	5401	9.2	545	5946
要有竞争才能推进社会发展	88.1	5255	11.9	711	5966
竞争要按规则	86.8	5078	13.2	770	5848
不要竞争,要互相帮助	41.2	2413	58.8	3448	5861
既然竞争就可以不择手段	11.7	678	88.3	5107	5785

　　市场经济的法则之一是竞争,人们要奋斗就会有竞争。公众对竞争的见解如何呢?调查结果(见表1-6-4)表明:85%以上的人赞成"竞争要公平"、"要有竞争,也要互相帮助"、"竞争中要讲良心、讲道理"、"要有竞争才能推进社会发展"、"竞争要按规则";约40%的人赞成"不要竞争,要互相帮助";只有10%左右的人赞成"既然竞争就可以不择手段"。显然,公众

对竞争意义、竞争规则以及竞争与互相帮助的关系的观点是明确的,近90%的人肯定竞争的意义——推进社会发展;90%左右的人肯定竞争的规则是讲良心、讲道理、按规则的,只有少数人认为既然竞争就可以不择手段;对竞争与互相帮助的关系,90%以上的人认为要有竞争、也要互相帮助,但2/5的人认为不要竞争,要互相帮助。这说明:大多数公众肯定竞争的积极和巨大的社会意义,认可竞争的公平性规则,也重视竞争中的相互帮助。我们注意到:对竞争与互相帮助的关系,公众中强调互相帮助比肯定竞争的人比率更高。

七、公众的诚信观与人际观

(一)对诚信普遍性的评价不太高

表1-7-1　对诚信普遍性的评价

	大家都讲	多数人讲	大约一半人讲	只少数人讲	大家都不讲	合计
%	10.1	38.4	21.5	21.0	2.0	100
人数	622	2374	1324	1295	126	6159

近年来,关于诚信状况,是媒体的热点话题,是老百姓、企业、政府关注的热门问题,也是学术界关注的热门课题。公众如何评价目前我国的诚信状况呢? 调查结果(见表1-7-1)是:约10%的人认为"大家都讲",近40%的人认为"多数人讲",约20%的人认为"大约一半人讲",约20%的人认为"只少数人讲",还有极少数人认为"大家都不讲"。由此看来,公众中约50%者肯定目前诚信的普遍性;约1/5人只部分肯定诚信的普遍性;近1/4的人基本否定诚信的普遍性,可见,公众对诚信普遍性的评价不太高。

（二）多数人认为讲诚信是无条件的

表1-7-2　对诚信对象或条件的选择

	%	人　数
对无论是否讲诚信的人都讲	69.1	4178
对讲诚信的人讲,对不讲的人也不讲	24.4	1478
现在大家都不怎么讲诚信,没必要讲	2.3	141
其他	3.2	193
任何情况下都应该讲诚信	1.0	60
合计	100	6050

　　公众对目前诚信的普遍性评价不太高,那么又如何看待人们是否应该讲诚信呢？调查中通过考察针对不同诚信状况的对象是否应该讲诚信,来了解公众对讲诚信的条件的看法。调查结果(见表1-7-2)表明:约70%的人认为"对无论是否讲诚信的人都讲",约1/4的人认为"对讲诚信的人讲,对不讲的人也不讲",只有2.3%的人认为"现在大家都不怎么讲诚信,没必要讲"。显然,公众中70%以上的人认为讲诚信是无条件的,即无论在何种情况下,无论他人如何,自己都应讲诚信。这是真正的诚信,诚信是可以实现的。约1/4的人认为讲诚信应是条件对等的,即对讲诚信的人讲,对不讲诚信的人也不讲。这在日常生活中是很难把握的,人们之间不免会产生相互猜疑、试探,相互的诚信是很难实现的;极个别人认为没有必要讲诚信,但预置了一个条件——他人不讲诚信,那么本质上仍是认为讲诚信是有条件的,但是如果主观上不准备讲诚信,无论如何都是对社会诚信的破坏。

（三）对人际间信任的心态自相矛盾

　　对讲诚信是否要有条件,其中一个重要因素是对人际间相互信任的态度如何。公众对人际间的信任究竟持怎样的态度呢？调查结果(见表1-7-3)显示:约90%的人赞成"人与人之间应该互相信任";80%以上的人赞成"害人之心不可有,防人之心不可无"。显然,大多公众对人际间信任的心态是自相矛盾的:一方面认为人们之间应该互相信任,那么其关键是对他人的信任;另一方面又认为应有防人之心,那么其实质是对他人缺乏信任。这可能展现了目前大多数公众的真实心态,即态度中认知与行为倾向的矛盾。

表1-7-3　对人际间信任的态度　　(%)

	非常赞成	比较赞成	一般	不太赞成	不赞成	合　计
人与人之间应该互相信任	60.2	28.1	9.0	1.6	1.1	100(6128人)
害人之心不可有,防人之心不可无	53.6	30.5	10.9	2.9	2.1	100(6109人)

(四)最信任的人是自己和父母

表1-7-4　对最信任的人的选择

	%	N(人次)		%	N(人次)
自己	78.8	4873	亲戚	15.3	944
父母	76.7	4745	同学	15.0	926
配偶	40.4	2499	领导	9.4	584
朋友	34.0	2105	同事	5.5	342
子女	30.8	1908	邻居	4.8	297
老师	27.5	1701	老乡	3.1	190

注:此问题回答可选择1—5项。

既然大多公众对人际的信任心态是矛盾的,存在"防人"之心态,那么有无最信任的人?最信任哪些人呢?调查中我们列举了日常生活中接触的熟人或认识的人,考察人们一般信任哪几类人。调查结果(见表1-7-4)表明:可将公众选择的最信任的人分为四个层次:3/4以上的人信任自己和父母;40%—25%的人信任配偶、子女、朋友、老师;15%左右的人信任亲戚、同学;不到10%的人信任领导、同事、邻居、老乡。显然,这与费孝通先生提出的"差序格局"规律有一定的吻合性,但我们注意到:对配偶信任的人超过对子女信任的人；对朋友信任的人超过对子女信任的人；对老师信任的人超过对亲戚信任的人。

考虑到调查对象小、中、大学三类学生尚无配偶和子女，将三类学生调查对象样本删除后再进行了一次分析，其结果是：信任父母的为74.3%、信任配偶的为52.3%、信任子女的为41%，显然，信任配偶和信任子女的比率上升了10%左右，那么信任子女的比率超过了信任朋友的比率。

（五）认可人际的重要意义，待人态度友善

表1-7-5　对人际的意义和态度　（%）

	非常赞成	比较赞成	一般	不太赞成	不赞成	合　计
人人都应该尊重别人	68.0	24.3	6.1	1.0	0.6	100(6119人)
人与人之间的友谊是很珍贵的	68.0	23.6	6.8	1.1	0.5	100(6114人)
良好人际关系在生活中很重要	64.2	25.3	8.0	1.4	1.1	100(6127人)
人与人之间应该互相团结、合作	63.9	27.1	7.4	1.0	0.6	100(6113人)
人与人之间应互相宽容	62.5	29.7	6.3	0.8	0.7	100(6123人)
人与人交往应该礼尚往来	41.1	29.2	19.1	6.2	4.4	100(6086人)

日常生活中人人都需与他人交往，人们之间的人际关系是社会中的必然和普遍的现象。公众如何看待人际关系呢？调查结果（见表1-7-5）显示：几乎90%以上的人都赞成"人人都应该尊重别人"、"人与人之间的友谊是很珍贵的"、"良好人际关系在生活中很重要"、"人与人之间应该互相团结、合作"、"人与人之间应互相宽容"；70%的人赞成"人与人交往应该礼尚往来"。由此看来，公众中大部分人认可良好人际关系在生活中的重要性、珍贵性；赞成在人际交往中尊重他人、宽容、团结、合作的友善态度。我们注意到：公众中赞成人际间礼尚往来这种交往方式的比率，低于赞成人际间友善态度的比率。

（六）赞成应尽力帮助别人

表1-7-6　对帮助他人的态度　（%）

	非常赞成	比较赞成	一般	不太赞成	不赞成	合计
别人在困难时自己应尽力帮助	59.6	29.9	8.8	0.7	1.0	100(6172人)
帮助别人要看对自己是否有利	8.2	11.2	16.5	29.7	34.4	100(6048人)

　　日常生活中，人们都会遇到一些困难、问题，个人面对这些困难、问题有时是力不从心的，那么当他人遇到困难时是否应该予以帮助呢？调查结果（见表1-7-6）表明：近90%的人赞成"别人在困难时自己应尽力帮助"；近2/3的人不赞成"帮助别人要看对自己是否有利"，只有约20%的人赞成。可见，公众中大多数赞成应该帮助他人，且其中2/3的人认为帮助他人不能计较自己的得失。

八、公众的社会发展观

表1-8-1　对社会发展的理解

	%	N(人次)		%	N(人次)
国家经济发展	63.2	3923	环境与经济协调发展	37.9	2351
国家教育水平提高	62.2	3859	人们生活环境好	36.8	2285
国家科学、技术发展	57.5	3569	人们收入增加	34.1	2117
人们生活水平提高	57.3	3547	社会能持续发展	29.7	1843
综合国力提高	46.9	2909	无论哪方面只要增长	11.3	702

注：此问题回答本题为任选。

　　如何发展？是我国社会现阶段面临的重要问题。自党中央提出科学发展观,提出发展是党执政兴国的第一要务,深受理论界、学术界和社会各界的赞同和拥护,那么公众如何理解社会发展观呢? 调查结果(见表1－8－1)表明:公众理解的社会发展,依比率排在前四位的是"国家经济发展"、"国家教育水平提高"、"国家科学、技术发展"、"人们生活水平提高";排在后四位的是"人们生活环境好"、"人们收入增加"、"社会能持续发展"、"无论哪方面只要增长"。在社会综合方面,近一半人认为是综合国力,近40%的人认为是环境与经济协调,近30%的人认为是能持续发展;在老百姓关心的方面,近60%的人认为是生活水平,30%—40%的人认为是生活环境和收入。依据公众认可度最高的且比率有约60%的人认可的,代表社会发展的是"国家科学、技术发展"、"人们生活水平提高"、"综合国力提高"。可见我国较多公众部分理解了科学发展观的含义。我们注意到:公众中对社会发展认可最高的仍是经济发展方面。

第二章

公众国家观与和平
（战争）观的差异分析

一、不同性别者的国家观与和平（战争）观比较

（一）认同中央政府是国家代表的男性多于女性

表 2 - 1 - 1　不同性别者对国家代表的认同　（%）

	男	女	合计
中央政府	40.1	33.4	37.1(2272)
中国共产党中央委员会	21.0	22.1	21.5(1318)
民主党派中央组织	0.7	0.9	0.8(50)
各级党政领导	3.4	4.1	3.7(229)
老百姓自己	26.7	28.6	27.6(1690)
不知道	8.1	10.9	9.4(576)
合计	100(3322)	100(2813)	100(6135)
$\chi^2 = 36.852$	df = 5	p = 0.000	$\lambda = 0.006$

　　分析结果（见表 2 - 1 - 1）显示：对于"谁是国家的代表"，两性均认同中央政府的比率最高，但男性高于女性；其次是认同老百姓自己，但女性略高

于男性;两性认同比率最低的均为民主党派中央组织,但女性略高于男性。可见,两性对国家代表的认同存在细微差别,其中认同中央政府是国家代表的男性多于女性。

(二)不同性别者均认可国家利益的重要性

表2－1－2　不同性别者对国家利益重要性的看法　(%)

	男	女	合计
非常重要	82.4	81.1	81.9(5031)
比较重要	11.1	12.7	11.8(727)
一般	4.9	5.3	5.1(313)
不太重要	0.9	0.4	0.6(39)
不重要	0.7	0.5	0.6(38)
均值	1.26	1.26	1.26
合计	100(3331)	100(2817)	100(6148)
$\chi^2 = 11.947$	df = 4	p = 0.018	λ = 0.000

注:1.“非常重要”、“比较重要”、“一般”、“不太重要”和“不重要”分别赋分为1、2、3、4、5。
　2. 均值计算方法为剔除缺省值之后所有个案得分相加所得的总分除以有效个案。
　3. 均值越小表示越认可重要,均值越大表示越不认可重要。
　4. 类似的表相同。

分析结果(见表2－1－2)表明:对于“国家利益的重要性”,两性认可非常重要的比率均为最高;认可重要(非常重要或比较重要,下同)的比率均在90%以上,其中女性略高于男性;两性认可不重要的比率不到1%,其中男性略高于女性。可见,不同性别者对国家利益重要性的看法比较一致,均认可国家利益的重要性。

(三)对国家统一的态度男性比女性略显坚定

1. 男性更赞成台湾新疆西藏是我国不可分割的部分

表 2-1-3　不同性别者对台湾新疆西藏是我国不可分割部分的态度　（%）

	男	女	合计
非常赞成	86.0	78.8	82.6(5085)
比较赞成	7.5	12.2	9.7(595)
一般	3.9	5.8	4.8(295)
不太赞成	0.7	1.5	1.1(65)
不赞成	1.8	1.7	1.8(108)
均值	1.25	1.35	1.29
合计	100(3338)	100(2810)	100(6148)
$\chi^2 = 63.363$	df = 4	p = 0.000	λ = 0.036

注:1. "非常赞成"、"比较赞成"、"一般"、"不太赞成"和"不赞成"分别赋分为1、2、3、4、5。

2. 均值计算方法为剔除缺省值之后所有个案得分相加所得的总分除以有效个案。

3. 均值越小表示越赞成,均值越大表示越不赞成。

4. 类似的表格相同。

分析结果(见表2-1-3)表明:非常赞成"台湾新疆西藏是我国不可分割部分"的两性比率均为最高;赞成(非常赞成或比较赞成,下同)的两性比率均在90%以上,但男性略高于女性;不赞成(不太赞成和不赞成)的两性比率均不到4%,男性略低于女性,且均值低于女性。可见,不同性别者对"台湾新疆西藏是我国不可分割部分"的认可略有差别,男性赞成的比率略高于女性,也比女性的态度更为坚定。

2. 男性更多赞成台湾分裂时应该以武力保卫祖国统一

分析结果(见表2-1-4)显示:非常赞成"一旦台湾分裂应该以武力保卫祖国统一"的两性比率均为最高,但赞成的男性比率较女性比率高12.5%;不赞成的女性比率比男性比率高3.3%,均值女性明显低于男性。可见,不同性别者对于"一旦台湾分裂应该以武力保卫祖国统一"的认可存在一定差异,男性赞成的比率高于女性。

表2-1-4　不同性别者对一旦台湾分裂应该以武力保卫祖国统一的态度　(%)

	男	女	合计
非常赞成	62.4	45.0	54.5(3295)
比较赞成	17.2	22.1	19.5(1178)
一般	6.1	10.9	8.3(503)
不太赞成	7.6	11.9	9.5(579)
不赞成	6.7	10.0	8.2(494)
均值	1.79	2.20	1.97
合计	100(3287)	100(2762)	100(6049)
$\chi^2 = 193.141$	df = 4	p = 0.000	$\lambda = 0.051$

3. 男性略更多赞成国家兴亡每个人都有责任

分析结果(见表2-1-5)显示:非常赞成"国家兴亡每个人都有责任"的两性比率均为最高,但赞成的男性比率略高于女性比率;不赞成的女性比率略高于男性比率。可见,不同性别者对"国家兴亡,每个人都有责任"的认可略有差别,男性赞成的比率略高于女性。

表2-1-5　不同性别者对国家兴亡每个人都有责任的态度　(%)

	男	女	合计
非常赞成	81.3	78.0	79.7(4843)
比较赞成	12.5	14.7	13.6(820)
一般	4.2	4.4	4.3(260)
不太赞成	1.1	1.4	1.3(77)
不赞成	0.9	1.4	1.1(67)
均值	1.28	1.33	1.30
合计	100(3284)	100(2783)	100(6067)
$\chi^2 = 12.812$	df = 4	p = 0.012	$\lambda = 0.003$

(四)男性和女性都坚持和平的立场

1. 男性更赞成一个强大的中国不会构成对世界和平的威胁

分析结果(见表2－1－6)显示:非常赞成"一个强大的中国不会构成对世界和平的威胁"的两性比率均为最高,但赞成的男性比率略高于女性比率;不赞成的女性比率略高于男性比率。可见,不同性别者对"一个强大的中国不会构成对世界和平的威胁"的认可稍有差别,男性赞成的比率略高于女性赞成的比率。

表2－1－6　不同性别者对一个强大的中国不会构成世界和平威胁的态度　(%)

	男	女	合计
非常赞成	56.9	51.6	54.5(3274)
比较赞成	19.7	20.5	20.1(1206)
一般	11.8	13.6	12.6(757)
不太赞成	5.8	7.4	6.5(391)
不赞成	5.8	6.9	6.3(378)
均值	1.84	1.97	1.90
合计	100(3268)	100(2738)	100(6006)
$\chi^2 = 20.926$	df = 4	p = 0.000	$\lambda = 0.002$

2. 女性更赞成各国间的矛盾都应该用和平方式解决

分析结果（见表2－1－7）显示:非常赞成"各国之间的矛盾都应该用和平方式解决"的两性比率均为最高,赞成的女性比率略高于男性比率;不赞成的男性比率略高于女性比率。可见,不同性别者对"各国之间的矛盾都应该用和平方式解决"的认可稍有差别,赞成的女性比率略高于男性比率。

表2-1-7　不同性别者对各国间的矛盾都应该用和平方式解决的态度　(%)

	男	女	合计
非常赞成	65.0	67.7	66.3(4001)
比较赞成	19.0	18.5	18.8(1136)
一般	8.4	8.6	8.5(514)
不太赞成	5.1	3.4	4.3(260)
不赞成	2.4	1.7	2.1(127)
均值	1.61	1.53	1.57
合计	100(3281)	100(2757)	100(6054)
$\chi^2 = 15.221$	df = 4	p = 0.004	$\lambda = 0.000$

二、不同年龄者的国家观与和平(战争)观比较

(一)年龄越大越认同中央政府是国家代表

表2-2-1　不同年龄者对国家代表的认同　(%)

	10岁以下	10—19岁	20—29岁	30—39岁	40—49岁	50—59岁	60岁以上	合计
中央政府	18.3	23.9	37.3	41.6	45.6	44.5	49.7	37.1(2280)
中国共产党中央委员	31.0	19.0	18.8	20.1	24.4	31.4	22.8	21.5(1321)
民主党派中央组织	0.7	1.2	1.0	0.4	0.6	0.4	0.6	0.8(50)
各级党政领导	4.2	3.7	4.4	3.6	3.8	2.8	2.3	3.7(230)
老百姓自己	20.4	39.8	32.2	23.3	18.4	14.9	16.4	27.5(1695)
不知道	25.4	12.4	6.3	11.0	7.2	6.0	8.2	9.3(576)
合计	100(142)	100(1463)	100(1540)	100(1197)	100(960)	100(497)	100(353)	100(6152)
$\chi^2 = 440.367$		df = 30		p = 0.000		G = -0.050	

分析结果(见表2-2-1)显示:对于"谁是国家的代表",10岁以下的公众认同中国共产党中央委员的比率最高,其次是不知道,再次是认同老百姓自己;其他年龄段的公众认同中央政府的比率最高,而且年龄越大认同中央政府的比率越高;各年龄段的公众认同民主党派中央委员的比率均为最低。可见,不同年龄者对国家代表的认同有差异,年龄越大越认同中央政府是国家代表,即越能够准确认定国家的代表性主体。

(二)年长者相对更认可国家利益的重要性

表2-2-2　不同年龄者对国家利益重要性的看法　(%)

	10岁以下	10—19岁	20—29岁	30—39岁	40—49岁	50—59岁	60岁以上	合计
非常重要	79.0	82.6	79.5	79.9	82.8	88.8	85.3	81.9(5048)
比较重要	11.9	11.7	15.2	12.4	10.1	6.5	6.9	11.8(727)
一般	5.6	4.8	4.3	6.4	5.7	3.2	6.3	5.1(314)
不太重要	1.4	0.6	0.7	0.5	0.7	0.9	0.9	0.6(39)
不重要	2.1	0.3	0.3	0.8	0.7	0.6	0.6	0.6(38)
均值	1.36	1.25	1.27	1.30	1.27	1.18	1.24	1.26
合计	100(143)	100(1472)	100(1546)	100(1192)	100(966)	100(498)	100(349)	100(6166)
$\chi^2=69.704$			df=24			p=0.000　G=-.050		

分析结果(见表2-2-2)显示:对于"国家利益的重要性",各年龄段者认可非常重要的比率均为最高;认可重要的比率均在90%以上,其中60岁以上年龄段者认可重要的比率最高(95.3%),10岁以下者认可重要的比率最低(90.9%);而且年长者的比率高于年青人的比率。各年龄段者认可不重要的比率由高到低排在前三位的依次是:10岁以下者、30—39岁和40—49岁。可见,不同年龄者对国家利益重要性的认同存在一定的差异性,年长者相对年青者更认同国家利益的重要性。

(三)年龄越大对国家统一的态度越坚定

1. 10岁以下者对台湾新疆西藏是我国不可分割部分的认可最低

分析结果(见表2-2-3)显示:非常赞成"台湾新疆西藏是我国不可分

割部分"的各年龄段者比率均为最高;50—59 岁年龄段者赞成的比率最高(96.7%),10 岁以下者赞成的比率最低(83.2%),10 岁以上者认可重要的比率都高于 10 岁以下者的比率。各年龄段者不赞成的比率由高到低排在前三位的依次是:10 岁以下者、10—19 岁和 60 岁以上者。可见,不同年龄者对"台湾新疆西藏是我国不可分割部分"的态度存在一定差异性,年龄越大赞成的比率越高。我们注意到 10 岁以下者态度的比率明显低于其他各年龄段者的比率,因此对儿童加强祖国领土完整的教育是非常必要的。同时分析显示:年龄与对"台湾新疆西藏是我国不可分割的部分"的态度(通过检验)可能有相关性。

表 2-2-3 不同年龄者对台湾新疆西藏是我国不可分割的部分的态度 (%)

	10 岁以下	10—19 岁	20—29 岁	30—39 岁	40—49 岁	50—59 岁	60 岁以上	合计
非常赞成	66.9	75.0	83.5	86.2	85.8	89.8	87.4	82.8(5097)
比较赞成	16.3	13.2	10.0	7.6	7.8	6.9	7.1	9.9(599)
一般	7.7	7.3	3.8	3.9	4.4	2.8	4.4	4.8(296)
不太赞成	3.5	1.8	1.2	0.7	0.4	0.6	0.3	1.1(65)
不赞成	5.6	2.7	1.5	1.6	1.6	0.9	1.8	2.4(108)
均值	1.65	1.44	1.27	1.24	1.24	1.14	1.21	1.29
合计	100(142)	100(1465)	100(1544)	100(1195)	100(971)	100(498)	100(350)	100(6165)
$\chi^2 = 148.484$			df = 24			p = 0.000		G = -.227

2. 年龄越大越赞成台湾分裂时应该以武力保卫祖国统一

表 2-2-4 不同年龄者对台湾分裂应该以武力保卫祖国统一的态度 (%)

	10 岁以下	10—19 岁	20—29 岁	30—39 岁	40—49 岁	50—59 岁	60 岁以上	合计
非常赞成	41.7	36.9	54.6	62.1	62.5	67.0	87.3	54.5(3303)
比较赞成	26.6	23.3	19.6	17.3	18.2	17.6	7.1	19.5(1182)
一般	9.4	13.5	7.8	6.1	6.3	4.6	4.4	8.3(505)
不太赞成	8.6	13.6	11.5	8.0	6.5	3.7	0.3	9.5(579)
不赞成	13.7	12.7	6.5	6.5	6.5	7.1	0.9	8.2(497)
均值	2.26	2.42	1.96	1.79	1.76	1.66	1.72	1.98
合计	100(139)	100(1454)	100(1533)	100(1178)	100(943)	100(482)	100(337)	100(6066)
$\chi^2 = 348.914$			df = 24			p = 0.000		G = -.241

分析结果(见表2－2－4)显示:非常赞成"一旦台湾分裂应该以武力保卫祖国统一"的各年龄段者比率均为最高;60岁以上者赞成的比率最高(94.4%),10—19岁者赞成的比率最低(60.2%),而且年龄越大赞成的比率越高。各年龄段者不赞成的比率由高到低排在前三位的依次是:10岁以下者、10—19岁和50—59岁。可见,不同年龄者对"一旦台湾分裂应该以武力保卫祖国统一"的态度存在一定差异性,年龄越大赞成的比率越高。同时分析显示:年龄与对"一旦台湾分裂应该以武力保卫祖国统一"的态度(通过检验)可能有相关性。

3. 10岁以下者对国家兴亡每个人都有责任的认可最低

分析结果(见表2－2－5)显示:非常赞成"国家兴亡每个人都有责任"的各年龄段者比率均为最高;50—59岁者赞成的比率最高(95.9%),10岁以下者赞成的比率最低(88.6%),10岁以上者赞成的比率都在90%以上,明显高于10岁以下者。各年龄段者不赞成的比率由高到低排在前三位的依次是:10岁以下者、10—19岁和40—49岁。可见,不同年龄者对"国家兴亡每个人都有责任"的态度存在一定差异性,我们注意到10岁以下者赞成的比率最低,显然,加强对儿童的公民国家责任教育非常必要。

表2－2－5　不同年龄者对国家兴亡每个人都有责任的态度　(%)

	10岁以下	10—19岁	20—29岁	30—39岁	40—49岁	50—59岁	60岁以上	合计
非常赞成	75.7	76.4	80.9	80.2	79.7	85.4	81.9	79.7(4855)
比较赞成	12.9	13.7	14.2	14.6	13.3	10.5	12.1	13.6(825)
一般	6.4	5.8	3.1	3.7	4.6	3.3	4.2	4.3(261)
不太赞成	2.1	2.2	0.9	0.8	1.4	0.4	1.2	1.3(77)
不赞成	2.9	1.9	0.9	0.7	1.0	0.4	0.6	1.1(67)
均值	1.44	1.40	1.27	1.27	1.30	1.20	1.26	1.30
合计	100(140)	100(1456)	100(1541)	100(1174)	100(948)	100(484)	100(342)	100(6085)
	$\chi^2=63.217$		df＝24		p＝0.000		G＝－.089	

(四)年龄越大坚持和平的立场越坚定

1. 年长者更赞成一个强大的中国不会构成对世界和平的威胁

分析结果(见表2-2-6)显示:非常赞成"一个强大的中国不会构成对世界和平威胁"的各年龄段者比率均为最高;50—59岁者赞成的比率最高(86.5%),10—19岁者赞成的比率最低(65.2%),10岁以下者和50岁以上者赞成的比率都在80%以上,明显高于其他年龄段者的比率。各年龄段者不赞成的比率由高到低排在前三位的依次是:10—19岁、20—29岁和40—49岁。可见,不同年龄者对"一个强大的中国不会构成对世界和平的威胁"的态度存在一定的差异性,年长者赞成的比率最高。同时分析显示:年龄与对"一个强大的中国不会构成对世界和平威胁"的态度(通过检验)可能有相关性。

表2-2-6　不同年龄者对一个强大的中国不会构成对世界和平威胁的态度　(%)

	10岁以下	10—19岁	20—29岁	30—39岁	40—49岁	50—59岁	60岁以上	合计
非常赞成	64.0	44.2	51.4	58.5	56.4	69.3	68.9	54.5(3282)
比较赞成	17.3	21.0	20.8	18.4	23.7	17.2	13.9	20.1(1208)
一般	10.1	16.6	13.3	11.8	10.0	8.9	8.3	12.6(760)
不太赞成	4.3	9.0	8.1	5.8	4.2	2.3	4.9	6.5(393)
不赞成	4.3	9.2	6.4	5.5	5.7	2.3	4.0	6.3(379)
均值	1.68	2.18	1.97	1.81	1.79	1.51	1.62	1.90
合计	100(139)	100(1441)	100(1525)	100(1164)	100(937)	100(482)	100(334)	100(6022)
$\chi^2=201.268$			df=24		p=0.000		G=-.172	

2. 青壮年人对各国之间的矛盾都应该用和平方式解决的认可最低

分析结果(见表2-2-7)显示:非常赞成"各国之间的矛盾都应该用和平方式解决"的各年龄段者比率均为最高;10岁以下者赞成的比率最高(90.6%),20—29岁者赞成的比率最低(79.9%),20—39岁者赞成的比率明显低于其他年龄段者的比率。各年龄段者不赞成的比率排在前三位的依次是:10 岁以下者、30—39 岁和 20—29 岁。可见,不同年龄者对"各国之间的矛盾都应该用和平方式解决"的态度存在一定的差异性,青壮年人赞成的比率最低。

表 2-2-7　不同年龄者对各国间的矛盾都应该用和平方式解决的态度　(%)

	10 岁以下	10—19 岁	20—29 岁	30—39 岁	40—49 岁	50—59 岁	60 岁以上	合计
非常赞成	73.3	70.7	59.3	63.2	68.0	72.3	74.2	66.2(4011)
比较赞成	17.3	16.3	20.6	19.9	21.4	17.5	14.5	18.8(1139)
一般	7.9	7.9	11.9	10.9	6.5	5.3	7.1	8.6(515)
不太赞成	3.2	6.1	5.7	3.1	2.6	3.1	3.0	4.3(261)
不赞成	4.3	2.0	2.5	2.9	1.5	1.8	1.2	2.1(128)
均值	1.37	1.50	1.72	1.65	1.49	1.44	1.43	1.57
合计	100(139)	100(1450)	100(1530)	100(1168)	100(945)	100(487)	100(335)	100(6054)
$\chi^2 = 112.316$		df = 24		p = 0.000			G = -.022	

三、不同民族者的国家观与和平(战争)观比较

(一)少数民族者较之汉族认同中央政府是国家代表的比率略高

表 2-3-1　不同民族者对国家代表的认同　(%)

	汉族	其他少数民族	合计
中央政府	36.7	42.1	37.0(2271)
中国共产党中央委员会	21.5	21.9	21.5(1319)
民主党派中央组织	0.8	0.8	0.8(50)
各级党政领导	3.8	3.2	3.7(230)
老百姓自己	27.8	23.7	27.6(1691)
不知道	9.4	8.3	9.4(575)
合计	100(5761)	100(375)	100(6136)
$\chi^2 = 5.819$	df = 5	p = 0.324	λ = 0.006

　　分析结果(见表2-3-1)显示:对于"谁是国家的代表",汉族和其他少数民族认同中央政府的比率均最高,但少数民族较汉族认同的比率略高;其次是认同老百姓自己;再次是认同中国共产党中央委员会;两者认同民主党派中央组织的比率均为最低。可见,不同民族者对国家代表的认同略有差异,少数民族者较之汉族认同中央政府是国家代表的比率略高。

(二)少数民族者较之汉族更认可国家利益的重要性

表2-3-2　不同民族者对国家利益重要性的看法　(%)

	汉族	其他少数民族	合计
非常重要	80.7	85.9	81.9(5034)
比较重要	11.9	10.1	11.8(726)
一般	5.2	2.1	5.1(313)
不太重要	0.6	0.8	0.6(39)
不重要	0.6	1.1	0.6(38)
均值	1.27	1.21	1.26
合计	100(5772)	100(378)	100(6150)
$\chi^2 = 10.305$	df = 4	p = 0.036	λ = 0.000

　　分析结果(见表2-3-2)表明:对于"国家利益重要性",汉族和其他少数民族认可非常重要的比率均为最高,但少数民族较汉族认可非常重要的比率略高;其次是比较重要;两者认可不重要的比率均很低。可见,不同民族者对国家利益重要性的认同略有差异,少数民族较之汉族认可重要性的比率略高。

(三)各民族对国家统一的立场一致

1. 各民族均坚持台湾新疆西藏是我国不可分割的部分

　　分析结果(见表2-3-3)显示:对于"台湾新疆西藏是我国不可分割的部分",汉族和其他少数民族非常赞成的比率均为最高,但其他少数民族较汉族非常赞成的比率略高;其赞成的比率均在90%以上。可见,不同民族者对"台湾新疆西藏是我国不可分割的部分"的立场基本一致。

表2－3－3 不同民族对台湾新疆西藏是我国不可分割的部分的态度 （%）

	汉族	其他少数民族	合计
非常赞成	82.5	85.8	82.7(5086)
比较赞成	9.9	7.5	9.7(597)
一般	4.8	4.3	4.8(64)
不太赞成	1.1	0.3	1.0(64)
不赞成	1.7	2.1	1.7(107)
均值	1.30	1.25	1.29
合计	100(5776)	100(373)	100(6149)
$\chi^2 = 5.304$	df = 4	p = 0.258	λ = 0.000

2. 各民族均赞成台湾分裂时应该以武力保卫祖国的统一

分析结果(见表2－3－4)显示:对于"一旦台湾分裂应该以武力保卫祖国统一",汉族和其他少数民族非常赞成的比率均为最高;其次是比较赞成;少数民族较汉族不认可的比率略高。可见,不同民族者与对"一旦台湾分裂应该以武力保卫祖国统一"的态度基本一致。

表2－3－4 不同民族对一旦台湾分裂应该以武力保卫祖国统一的态度 （%）

	汉族	其他少数民族	合计
非常赞成	54.5	54.5	54.5(3293)
比较赞成	19.5	19.0	19.5(1179)
一般	8.4	6.7	8.3(504)
不太赞成	9.7	7.8	9.5(578)
不赞成	7.9	12.0	8.2(496)
均值	1.97	2.04	1.98
合计	100(5676)	100(374)	100(6050)
$\chi^2 = 9.848$	df = 4	p = 0.043	λ = 0.000

3. 各民族均赞成国家兴亡每个人都有责任

分析结果(见表2－3－5)显示:对于"国家兴亡每个人都有责任",汉族

和其他少数民族非常赞成的比率均为最高,但少数民族较汉族非常赞成的
比率略高;其赞成的比率均在 90% 以上;两者认可不重要的比率均很低。
可见,不同民族者对"国家兴亡,每个人都有责任"的态度基本一致。

表 2 - 3 - 5　不同民族者对国家兴亡每个人都有责任的态度　(%)

	汉族	其他少数民族	合计
非常赞成	79.5	83.7	79.8(4842)
比较赞成	13.8	10.4	13.6(823)
一般	4.3	4.3	4.3(260)
不太赞成	1.3	0.8	1.3(77)
不赞成	1.1	0.8	1.1(66)
均值	1.31	1.25	1.30
合计	100(5694)	100(374)	100(6068)
$\chi^2 = 4.629$	df = 4	p = 0.328	$\lambda = 0.000$

(四)各民族坚持和平的立场一致

1. 各民族均赞成一个强大的中国不会构成对世界和平的威胁

表 2 - 3 - 6　不同民族对强大的中国不会构成对世界和平威胁的态度　(%)

	汉族	其他少数民族	合计
非常赞成	54.5	55.0	54.5(3272)
比较赞成	20.0	20.1	20.1(1204)
一般	12.7	11.0	12.6(759)
不太赞成	6.4	9.1	6.5(393)
不赞成	6.4	4.8	6.3(377)
均值	1.90	1.89	1.90
合计	100(5632)	100(373)	100(6005)
$\chi^2 = 6.223$	df = 4	p = 0.183	$\lambda = 0.000$

经分析(见表 2 - 3 - 6)发现:对于"一个强大的中国不会构成对世界和
平的威胁",汉族和其他少数民族非常赞成的比率均为最高;其次是比较赞

成,再次是一般;两者不赞成的比率都低。可见,不同民族者对"一个强大的中国不会构成对世界和平的威胁"的态度基本一致。

2. 各民族均赞成各国之间的矛盾都应该用和平方式解决

经分析(见表2-3-7)发现:对于"各国之间的矛盾都应该用和平方式解决",汉族和其他少数民族非常赞成的比率均为最高,但少数民族较汉族非常赞成的比率略高;其赞成的比率都在85%以上;不赞成的比率均很低且相等。可见,不同民族者对"各国之间的矛盾都应该用和平方式解决"的立场基本一致。

表2-3-7 不同民族者对各国之间的矛盾都应该用和平方式解决的态度 (%)

	汉族	其他少数民族	合计
非常赞成	66.3	67.7	66.3(4004)
比较赞成	18.9	17.1	18.8(1135)
一般	8.5	7.5	8.5(512)
不太赞成	4.2	5.6	4.3(259)
不赞成	2.1	2.1	2.1(127)
均值	1.57	1.57	1.57
合计	100(5662)	100(375)	100(6037)
$\chi^2 = 2.845$	$df = 4$	$p = 0.584$	$\lambda = 0.000$

四、不同宗教信仰者的国家观与和平(战争)观比较

(一)无宗教信仰者认可中央政府是国家代表的比率最高

分析结果(见表2-4-1)显示:对于"谁是国家的代表",无宗教信仰者、基督教者、天主教者、伊斯兰教者和佛教者对中央政府的认可最高,其次是认可老百姓自己,第三是认可中国共产党中央委员会,均在20%以上;道教和不明宗教者对中央政府的认可最高,其次是认可中国共产党中央委员

会,第三是认可老百姓自己,均在15%以上;除伊斯兰教者外,其他宗教信仰者对民主党派中央组织的认可最低,均在2.0%左右;其中伊斯兰教者无人认可各级党政领导,天主教和不明宗教者无人认可民主党派中央组织。由此可见,不同宗教者对国家代表的认可存在一定差异性,无宗教信仰者认可中央政府是国家代表的比率最高。

表2-4-1　不同宗教者对国家代表的认同　(%)

	无	基督教	天主教	伊斯兰教	佛教	道教	不明宗教	合计
中央政府	38.0	31.0	27.7	34.7	32.3	33.3	36.0	37.0(2246)
中国共产党中央委员会	21.3	19.4	20.4	24.5	20.7	31.4	36.0	21.5(1291)
民主党派中央组织	0.8	0.4	0	2.0	1.7	2.0	0	0.8(50)
各级党政领导	3.7	3.6	11.1	0	4.1	2.0	4.0	3.7(227)
老百姓自己	26.6	34.7	31.5	32.7	33.7	23.5	16.0	27.6(1666)
不知道	9.6	10.9	9.3	6.1	7.5	7.8	8.0	9.4(570)
合计	100(5140)	100(248)	100(54)	100(49)	100(483)	100(51)	100(25)	100(6050)
$\chi^2 = 50.101$		df = 30		p = 0.012		$\lambda = 0.004$		

(二)无宗教信仰者认可国家利益重要性的比率略高

分析结果(见表2-4-2)显示:对于"国家利益的重要性",不同宗教信仰者认可非常重要的比率均最高;认可重要的比率均在80%以上,认可重要的比率由高到低排在前三位的依次是:无宗教信仰者或佛教者、基督教信仰者和道教信仰者;认为不重要的比率由高到低排在前三位的依次是:不明宗教信仰者、伊斯兰教信仰者或道教信仰者;其中,天主教信仰者无人认为不重要。由此可见,不同宗教信仰者对国家利益重要性的认可有一定差异性,无宗教信仰者认可重要的比率略高。

表2-4-2 不同宗教者对国家利益重要性的看法 （%）

	无	基督教	天主教	伊斯兰教	佛教	道教	不明宗教	合计
非常重要	82.0	77.4	79.1	70.0	82.6	79.6	80.0	81.8(4958)
比较重要	12.0	12.7	7.5	16.0	11.4	8.2	0	11.9(721)
一般	4.8	7.1	13.2	10.0	5.0	8.2	16.0	5.1(310)
不太重要	0.6	1.2	0	2.0	0.6	2.0	0	0.6(39)
不重要	0.6	1.6	0	2.0	0.4	2.0	4.0	0.6(38)
均值	1.26	1.37	1.34	1.50	1.25	1.39	1.48	1.27
合计	100(5153)	100(252)	100(53)	100(50)	100(484)	100(49)	100(25)	100(6066)
$\chi^2=42.870$		df=24			p=0.010		$\lambda=0.000$	

（三）无宗教信仰者对国家统一态度的认可更坚定

1. 无宗教信仰者对台湾新疆西藏是我国不可分割部分的态度更坚定

分析结果（见表2-4-3）显示：对于"台湾新疆西藏是我国不可分割的部分"，不同宗教信仰者非常赞成的比率均为最高；赞成的比率均在75%以上，其比率由高到低排在前三位的依次是：无宗教信仰者、佛教信仰者和基督教信仰者；不赞成的比率由高到低排在前三位的依次是：道教信仰者、伊斯兰教信仰者和佛教信仰者；其中天主教信仰者和不明宗教信仰者无人不赞成。依均值是无宗教信仰者的均值最低，由此可见，不同宗教信仰者与对"台湾新疆西藏是我国不可分割的部分"的立场基本一致，但无宗教信仰者认可度最高。

表2-4-3 不同宗教者对台湾新疆西藏是我国不可分割的部分的态度 （%）

	无	基督教	天主教	伊斯兰教	佛教	道教	不明宗教	合计
非常赞成	83.4	78.8	69.8	70.6	81.7	74.0	72.0	82.5(5014)
比较赞成	9.6	11.2	15.1	13.7	9.1	14.0	4.0	9.8(592)
一般	4.4	7.2	15.1	9.8	4.7	6.0	20.0	4.8(291)
不太赞成	1.0	0.8	0	2.0	1.6	2.0	4.0	1.1(65)
不赞成	1.6	2.00	0	3.9	2.9	4.0	0	1.8(105)
均值	1.28	1.36	1.45	1.55	1.35	1.48	1.56	1.29
合计	100(5153)	100(250)	100(53)	100(51)	100(485)	100(50)	100(25)	100(6067)
$\chi^2=53.336$		df=24			p=0.001		$\lambda=0.000$	

2. 伊斯兰教、佛教信仰者赞成一旦台湾分裂应该以武力保卫祖国统一的比率最低

表 2 - 4 - 4　不同宗教者对一旦台湾分裂应该以武力保卫祖国统一的态度　(%)

	无	基督教	天主教	伊斯兰教	佛教	道教	不明宗教	合计
非常赞成	55.1	49.2	48.0	42.8	51.6	58.9	44.0	54.5(3250)
比较赞成	19.7	19.2	22.0	22.4	16.2	25.5	20.0	19.5(1166)
一般	7.9	9.6	12.0	22.4	9.6	3.9	16.0	8.3(495)
不太赞成	9.4	13.2	8.0	6.1	10.8	7.8	8.0	9.5(577)
不赞成	7.9	8.8	10.0	6.1	11.7	3.9	12.0	8.2(490)
均值	1.95	2.13	2.10	2.10	2.15	1.73	2.24	1.98
合计	100(5083)	100(250)	100(50)	100(49)	100(470)	100(51)	100(25)	100(5978)
$\chi^2 = 48.158$		df = 28		p = 0.010		$\lambda = 0.000$		

分析结果(见表 2 - 4 - 4)显示:对于"一旦台湾分裂应该以武力保卫祖国统一",不同宗教信仰者非常赞成的比率均为最高;赞成的比率均在60%以上,其比率由高到低排在前三位的依次是:道教信仰者、无宗教信仰者和天主教信仰者;不赞成的比率由高到低排在前三位的依次是:不明宗教信仰者、佛教信仰者和天主教信仰者。由此可见,不同宗教信仰者对"一旦台湾分裂应该以武力保卫祖国统一"的态度存在差异性,伊斯兰教、佛教信仰者赞成的比率最低。

3. 不同宗教信仰者对国家兴亡每个人都有责任的态度基本一致

分析结果(见表 2 - 4 - 5)显示:对于"国家兴亡每个人都有责任",不同宗教信仰者非常赞成的比率均为最高;赞成的比率均在80%以上,其比率由高到低排在前三位的依次是:道教信仰者、佛教信仰者和无宗教信仰者;不赞成的比率由高到低排在前三位的依次是:伊斯兰教信仰者、天主教信仰者和无宗教信仰者;其中道教和不明宗教信仰者无人不太赞成。由此可见,不同宗教者与对"国家兴亡每个人都有责任"的态度基本一致。

表2-4-5　不同宗教者对国家兴亡每个人都有责任的态度　（%）

	无	基督教	天主教	伊斯兰教	佛教	道教	不明宗教	合计
非常赞成	79.8	76.9	74.5	84.0	82.3	84.3	65.4	79.8(4778)
比较赞成	13.8	13.9	11.8	8.0	11.6	9.8	15.4	13.5(811)
一般	4.1	6.8	7.8	4.0	3.8	5.9	19.2	4.3(257)
不太赞成	1.3	2.0	2.0	0	0.6	0	0	1.3(77)
不赞成	1.0	0.4	3.9	4.0	1.7	0	0	1.1(65)
均值	1.30	1.35	1.49	1.32	1.28	1.22	1.54	1.30
合计	100(5084)	100(251)	100(51)	100(50)	100(475)	100(51)	100(26)	100(5988)
$\chi^2 = 40.763$		df = 24			p = 0.018		$\lambda = 0.000$	

（四）无宗教信仰者坚持和平的立场更坚定

1. 无宗教信仰者、道教信仰者更多人赞成一个强大的中国不会构成对世界和平的威胁

表2-4-6　不同宗教者对一个强大的中国不会构成对世界和平威胁的态度　（%）

	无	基督教	天主教	伊斯兰教	佛教	道教	不明宗教	合计
非常赞成	55.0	48.4	41.2	49.0	53.8	58.0	33.3	54.4(3223)
比较赞成	20.5	16.1	15.7	18.3	17.7	18.0	20.8	20.0(1187)
一般	12.1	19.4	25.5	20.4	13.6	8.0	29.2	12.7(754)
不太赞成	6.4	8.5	7.8	8.2	6.6	10.0	4.2	6.6(390)
不赞成	6.0	7.7	9.8	4.1	8.3	6.0	12.5	6.3(375)
均值	1.88	2.11	2.29	2.00	1.98	1.88	2.42	1.90
合计	100(5038)	100(248)	100(51)	100(49)	100(469)	100(50)	100(24)	100(5929)
$\chi^2 = 45.788$		df = 24			p = 0.005		$\lambda = 0.000$	

　　分析结果（见表2-4-6）显示：对于"一个强大的中国不会构成对世界和平威胁"，不同宗教信仰者非常赞成的比率均为最高；赞成的比率均在50%以上，其比率由高到低排在前三位的依次是：道教信仰者、无宗教信仰者和佛教信仰者；不同宗教信仰者不赞成的比率由高到低排在前三位的依次是：不明宗教信仰者、天主教和佛教信仰者。由此可见，不同宗教信仰者与对"一个强大的中国不会构成对世界和平威胁"的态度比较一致，但无宗

教信仰者、道教信仰者赞成的比率较高。

2. 天主教信仰者认同各国之间的矛盾都应该用和平方式解决的比率最低

分析结果(见表2-4-7)显示:对于"各国之间的矛盾都应该用和平方式解决",不同宗教信仰者非常赞成的比率均为最高;赞成的比率均在70%以上,其比率由高到低排在前三位的依次是:佛教信仰者、道教信仰者和无宗教信仰者;不同宗教者不赞成的比率由高到低排在前三位的依次是:不明宗教者、天主教信仰者和佛教信仰者,伊斯兰教信仰者无人不赞成。由此可见,不同宗教信仰者对"各国之间的矛盾都应该用和平方式解决"的态度比较一致,但天主教信仰者赞成的比率最低,依均值(最高)其认可度也最低。

表2-4-7　不同宗教者对各国之间的矛盾都应该用和平方式解决的态度　(%)

	无	基督教	天主教	伊斯兰教	佛教	道教	不明宗教	合计
非常赞成	65.6	66.7	62.0	69.3	72.8	71.4	44.0	66.3(3948)
比较赞成	19.5	16.5	10.0	8.2	14.9	14.3	24.0	18.8(1124)
一般	8.6	10.4	18.0	18.4	5.1	4.1	16.0	8.5(508)
不太赞成	4.2	5.6	6.0	4.1	4.5	8.2	8.0	4.3(257)
不赞成	2.1	0.8	4.0	0	2.8	2.0	8.0	2.1(126)
均值	1.58	1.57	1.8	1.57	1.50	1.55	2.12	1.57
合计	100(5071)	100(249)	100(50)	100(49)	100(470)	100(49)	100(25)	100(5963)
$\chi^2 = 51.662$		df = 24		p = 0.001		$\lambda = 0.000$		

五、不同人群的国家观与和平(战争)观比较

(一)知识分子中认同中央政府是国家代表的人最多

分析结果(见表2-5-1)显示:对于"谁是国家的代表",大学生、农村居民和知识分子认同中央政府的比率均相对较高,其中知识分子的比率最高,其次是认同老百姓自己;城市居民认同中央政府的比率最高,但远远低于知识分子的比率,其次是认同党中央;小学生认同老百姓自己的比率最

高,其次是认同党中央;中学生认同老百姓自己的比率最高,其次是认同中央政府。可见,不同人群对国家代表的认同有一定差异,知识分子认同中央政府是国家代表的比率最高。

表2-5-1 不同人群对国家代表认同的差异 (%)

	小学生	中学生	大学生	农村居民	城市居民	知识分子	合计
中央政府	17.7	28.3	47.6	34.2	42.3	64.8	37.0(2280)
党中央	27.5	15.3	12.6	24.1	22.7	11.5	21.5(1321)
民主党派中央组织	0.9	1.5	0.7	0.8	0.7	0.0	0.8(50)
各级党政领导	5.3	2.8	3.2	3.9	3.6	3.1	3.7(230)
老百姓自己	29.1	43.6	34.0	26.9	22.6	17.0	27.6(1695)
不知道	19.5	8.5	1.9	10.1	8.1	3.6	9.4(576)
合计	100(666)	100(720)	100(412)	100(1985)	100(2011)	100(358)	6152
$\chi^2 = 488.976$			df = 25		p = 0.000		$\lambda = 0.041$

(二)所有知识分子几乎都认可国家利益的重要性

表2-5-2 不同人群对国家利益重要性看法的差异 (%)

	小学生	中学生	大学生	农村居民	城市居民	知识分子	合计
非常重要	81.5	83.7	79.9	82.1	80.6	86.9	81.9(5048)
比较重要	11.5	11.9	16.7	10.0	12.5	12.3	11.8(727)
一般	5.1	3.7	2.9	6.3	5.6	0.8	5.1(314)
不太重要	1.2	0.4	0.5	0.8	0.5	0.0	0.6(39)
不重要	0.7	0.3	0.0	0.9	0.7	0.0	0.6(38)
均值	1.28	1.22	1.24	1.28	1.28	1.14	1.26
合计	100(669)	100(725)	100(418)	100(1976)	100(2019)	100(359)	6166
$\chi^2 = 59.257$			df = 20		p = 0.000		$\lambda = 0.004$

分析结果(见表2-5-2)显示:对于"国家利益重要性",六种人群认可

非常重要的比率均最高;认可重要的比率均在 90.% 以上,认可重要的比率
由高到低排在前三位的依次是:知识分子、中学生和大学生,知识分子较农
村居民认可重要的比率高 7.1%;认可不重要的比率由高到低排在前三位
的依次是:农村居民、城市居民和小学生;大学生和知识分子无人认可不重
要。可见,不同人群对国家利益重要性的认同有差异,知识分子(均值明显
最低)对国家利益重要性的认可度最高。

(三)知识分子、大学生坚持祖国统一的立场最坚定

表 2-5-3　不同人群对国家统一态度的差异　(%)

	小学生	中学生	大学生	农村居民	城市居民	知识分子	合计
非常赞成	38.5	50.3	77.3	62.1	68.3	77.0	62.1(3727)
比较赞成	25.3	30.6	16.5	18.8	17.3	18.4	20.3(1215)
一般	30.5	16.8	5.5	16.8	12.1	4.3	15.2(913)
不太赞成	5.4	2.0	0.7	1.7	2.1	0.3	2.1(127)
不赞成	0.3	0.3	0.0	0.6	0.2	0.0	0.3(18)
合计	100(649)	100(716)	100(417)	100(1912)	100(1954)	100(3520)	100(6000)
$\chi^2 = 396.172$		df = 20		p = 0.000		$\lambda = 0.018$	

分析结果(见表 2-5-3)显示:六种人群非常赞成国家统一的比率均
为最高;赞成的比率均在 60% 以上,赞成的比率由高到低排在前三位的依
次是:知识分子、大学生和城市居民,知识分子较小学生赞成的比率高
31.7%;不赞成的比率由高到低排在前三位的依次是:农村居民、小学生和
中学生;知识分子和大学生无人不赞成。可见,不同人群对祖国统一的态度
有差异,知识分子和大学生坚持祖国统一的立场最坚定。

(四)各种人群对坚持和平立场的理解有差异

1. 知识分子中赞成中国不会构成对世界和平威胁的人最多

分析结果(见表 2-5-4)显示:六种人群非常赞成"中国会不会构成对
世界和平的威胁"的比率均为最高;赞成的比率均在 60% 以上,赞成的比率

由高到低排在前三位的依次是:知识分子、城市居民和大学生,知识分子较小学生赞成的比率高19.6%;不赞成的比率由高到低排在前三位的依次是:小学生、中学生和农村居民。可见,不同人群对"中国会不会构成对世界和平的威胁"的态度有差异,知识分子赞成的比率最高且赞成度(均值最小)也最高。

表2-5-4　不同人群对中国不会构成对世界和平威胁的态度差异　（%）

	小学生	中学生	大学生	农村居民	城市居民	知识分子	合计
非常赞成	49.3	44.5	57.7	52.1	59.7	65.0	54.5(3282)
比较赞成	17.7	21.9	19.1	20.6	19.5	21.8	20.1(1208)
一般	14.6	17.0	13.5	12.7	10.7	9.5	12.6(760)
不太赞成	8.5	8.5	7.0	7.2	5.2	1.7	6.5(393)
不赞成	9.9	8.1	2.7	7.4	4.9	2.0	6.3(379)
均值	1.53	1.28	1.17	1.33	1.26	1.18	1.30
合计	100(649)	100(717)	100(414)	100(1920)	100(1965)	100(357)	100(6022)
$\chi^2=136.477$		df=20		p=0.000		$\lambda=0.019$	

2. 知识分子、大学生认可各国间的矛盾应该和平解决的比率最低

表2-5-5　不同人群对各国间的矛盾应该和平解决的态度的差异　（%）

	小学生	中学生	大学生	农村居民	城市居民	知识分子	合计
非常赞成	73.2	72.0	52.2	68.1	65.6	51.7	66.3(4011)
比较赞成	14.9	15.7	22.0	17.8	20.4	25.3	18.8(1139)
一般	6.8	7.1	16.5	7.8	7.5	14.6	8.5(515)
不太赞成	3.3	3.5	7.9	3.9	4.3	5.9	4.3(261)
不赞成	1.8	1.7	1.4	2.4	2.2	2.5	2.1(128)
均值	2.09	1.97	2.02	2.27	1.94	1.89	2.03
合计	100(658)	100(717)	100(418)	100(1926)	100(1979)	100(356)	100(6054)
$\chi^2=131.065$		df=20		p=0.000		$\lambda=0.003$	

分析结果(见表2-5-5)显示:六种人群非常赞成"各国间的矛盾应该和平解决"的比率均为最高;赞成的比率均在70%以上,赞成的比率由高到低排在前三位的依次是:小学生、中学生和城市居民,小学生较大学生赞成的比率高13.8%;不赞成的比率由高到低排在前三位的依次是:知识分子、

农村居民和城市居民。可见,不同人群对"各国间的矛盾应该和平解决"的态度有差异,知识分子、大学生赞成的比率最低。

六、不同地区公众的国家观与和平(战争)观比较

(一)黑龙江人中认同中央政府是国家代表的人最少

分析结果(见表2-6-1)显示:对于"谁是国家的代表",六个地区的公众认同中央政府的比率均为最高,其次是认同老百姓自己,再次是认同中国共产党中央委员会;认同中央政府的比率由高到低排在前三位的依次是:湖北人、广东人和北京人,黑龙江人的比率最低。六个地区的公众认同民主党派中央组织的比率均为最低;认同民主党派中央组织的比率由高到低排在前三位的依次是:陕西人、湖北人和北京人或广东人。可见,不同地区公众对国家代表的认同有差异,黑龙江人认同中央政府是国家代表的比率最低。

表2-6-1 不同地区公众对国家代表认同的差异 (%)

	北京人	上海人	广东人	黑龙江人	陕西人	湖北人	合计
中央政府	38.1	37.3	39.0	33.1	35.1	39.9	37.0(2280)
中国共产党中央委员会	24.7	20.0	16.4	24.0	22.3	21.2	21.5(1321)
民主党派中央组织	0.8	0.4	0.8	0.5	1.7	0.9	0.8(50)
各级党政领导	3.3	4.7	4.2	2.9	4.2	3.1	3.7(230)
老百姓自己	25.1	29.6	28.9	27.1	27.9	26.5	27.6(1695)
不知道	8.0	8.0	10.7	12.4	8.8	8.4	9.4(576)
合计	100(1055)	100(1112)	100(982)	100(1046)	100(967)	100(990)	100(6152)
$\chi^2 = 74.283$		df = 25			p = 0.000		$\lambda = 0.010$

（二）湖北人认可国家利益重要性的比率最高

分析结果（见表2－6－2）显示：对于"国家利益重要性"，六个地区公众认可非常重要的比率均为最高；认可重要的比率均在90%以上，其比率由高到低排在前三位的依次是：湖北人、上海人和广东人；认可不重要的比率由高到低排在前三位依次是：广东人、陕西人和北京人。可见，不同地区公众对国家利益重要性的认同有差异，湖北人认可国家利益重要性的比率最高。

表2－6－2　不同地区公众对国家利益重要性看法的差异　（%）

	北京人	上海人	广东人	黑龙江人	陕西人	湖北人	合计
非常重要	80.6	82.3	79.9	82.3	79.7	86.1	81.9(5048)
比较重要	12.4	11.8	13.7	10.4	12.4	10.0	11.8(727)
一般	5.6	5.1	5.4	5.3	6.3	2.9	5.1(314)
不太重要	0.7	0.4	1.0	0.5	0.8	0.5	0.6(39)
不重要	0.7	0.4	1.0	0.5	0.8	0.5	0.6(38)
均值	1.28	1.24	1.28	1.28	1.30	1.20	1.26
合计	100(1063)	100(1119)	100(978)	100(1047)	100(967)	100(992)	100(6166)
$\chi^2=41.576$		df = 20			p = 0.003		$\lambda=0.003$

（三）北京人对国家统一的态度最为坚定

分析结果（见表2－6－3）显示：对于国家统一，六个地区公众非常赞成的比率均为最高；赞成的比率均在80%以上，其比率由高到低排在前三位依次是：北京人、湖北人和陕西人；六个地区公众不赞成的比率由高到低排在前三位依次是：北京人、黑龙江人和陕西人。可见，不同地区对国家统一的态度有差异，北京人对国家统一的态度最为坚定。

表2-6-3　不同地区公众对国家统一态度的差异　(%)

	北京人	上海人	广东人	黑龙江人	陕西人	湖北人	合计
非常赞成	66.1	59.6	60.1	61.5	60.5	64.8	62.1(3727)
比较赞成	20.2	20.9	21.4	18.5	21.4	19.2	20.3(1215)
一般	11.3	17.3	16.0	16.7	15.8	14.3	15.2(913)
不太赞成	1.8	2.0	2.3	2.9	2.0	1.6	2.1(127)
不赞成	0.6	0.2	0.2	0.4	0.3	0.1	0.3(18)
合计	100(1029)	100(1071)	100(944)	100(1033)	100(941)	100(982)	100(6000)
$\chi^2=35.307$			df=20		p=0.019		$\lambda=0.007$

(四)各地区公众对坚持和平立场的理解有差异

1. 上海人认可中国不会构成对世界和平威胁的比率最高

表2-6-4　不同地区公众对中国不会构成对世界和平威胁的态度差异　(%)

	北京人	上海人	广东人	黑龙江人	陕西人	湖北人	合　计
非常赞成	57.1	59.3	53.6	56.5	46.4	53.4	54.5(3282)
比较赞成	18.4	20.2	20.3	17.8	21.6	22.2	20.1(1208)
一般	12.1	12.0	14.6	12.7	13.5	11.0	12.6(760)
不太赞成	6.1	4.9	6.6	6.3	8.6	6.8	6.5(393)
不赞成	6.3	3.6	4.9	6.7	9.9	6.6	6.3(379)
均值	1.86	1.73	1.89	1.89	2.14	1.91	1.90
合计	100(1043)	100(10777)	100(951)	100(1028)	100(943)	100(980)	100(6022)
$\chi^2=77.138$			df=20		p=0.000		$\lambda=0.012$

　　分析结果(见表2-6-4)显示:对于"中国不会构成对世界和平的威胁",六个地区公众非常赞成的比率均为最高;赞成的比率均在65%以上,其比率由高到低排在前三位的依次是:上海人、湖北人和北京人,上海人较陕西人赞成的比率高11.5%;六个地区公众不赞成的比率由高到低排在前三位的依次是:陕西人、黑龙江人和湖北人。可见,不同地区对"中国不构成对世界和平的威胁"的态度有差异,上海人赞成的比率最高。

2. 北京人对各国间的矛盾应该和平解决的赞成度最低

分析结果(见表2-6-5)显示:对于"各国间的矛盾应该和平解决",六个地区公众非常赞成的比率均为最高;赞成的比率均在80%以上,其比率由高到低排在前三位的依次是:黑龙江人、湖北人和上海人;六个地区公众不赞成的比率由高到低排在前三位的依次是:陕西人、黑龙江人和北京人;其均值最高的是北京人。可见,不同地区对"各国间的矛盾应该和平解决"的态度略有差异,北京人的赞成度最低。

表2-6-5　不同地区公众对各国间的矛盾应该和平解决的差异　(%)

	北京人	上海人	广东人	黑龙江人	陕西人	湖北人	合　计
非常赞成	62.6	69.0	62.5	73.1	62.6	67.0	66.3(4011)
比较赞成	18.8	16.9	22.7	14.5	20.2	20.3	18.8(1139)
一般	10.8	9.0	7.8	6.2	9.9	7.4	8.5(515)
不太赞成	5.4	3.9	5.1	3.7	4.3	3.5	4.3(261)
不赞成	2.4	1.2	1.9	2.5	3.0	1.8	2.1(128)
均值	1.66	1.51	1.61	1.48	1.65	1.53	1.57
合计	100(1040)	100(1086)	100(954)	100(1039)	100(947)	100(988)	100(6054)
$\chi^2 = 71.934$		df = 20			p = 0.000		$\lambda = 0.000$

第三章

公众民族观的差异分析

一、不同性别者的民族观比较

（一）不同性别者认可的民族美德略有差异

分析结果（见表3-1-1）显示：依据比率，男性认可的民族美德排在前五位的是"热爱祖国"、"爱好和平"、"勤劳"、"团结统一"、"尊老爱幼"；女性认可的民族美德排在前五位的是"热爱祖国"、"爱好和平"、"团结统一"、"尊老爱幼"、"勤劳"。男性认可的民族美德排在后五位的是"先天下之忧而忧"、"乐观豁达"、"热情好客"、"淳朴敦厚"、"礼尚往来"；女性认可的民族美德排在后五位的是"先天下之忧而忧"、"礼尚往来"、"乐观豁达"、"热情好客"、"淳朴敦厚"。其中，女性比男性认可"尊老爱幼"的比率高约5个百分点，而男性比女性认可"礼尚往来"的比率高5个百分点。可见，不同性别者认可的民族美德略有差异。

表 3-1-1　不同性别者认可的民族美德　（%）

	男	女	合计	χ^2	df	p
热爱祖国	75.0	76.6	75.8(4676)	2.044	1	0.153
团结统一	53.0	56.9	54.8(3382)	9.539	1	0.002
爱好和平	59.1	61.1	60.0(3705)	2.489	1	0.115
自强不息	37.5	37.1	37.4(2306)	0.102	1	0.749
勤劳	53.3	51.2	52.3(3229)	2.639	1	0.104
勇敢	18.5	17.8	18.2(1124)	0.497	1	0.481
乐观豁达	13.5	14.7	14.0(867)	1.729	1	0.189
敬老爱幼	48.9	53.1	50.8(3135)	11.000	1	0.001
淳朴敦厚	16.5	17.2	16.8(1038)	0.652	1	0.420
热情好客	16.3	16.8	16.6(1021)	0.274	1	0.601
礼尚往来	17.1	13.8	15.6(962)	12.184	1	0.000
好学上进	18.5	22.0	20.1(1239)	11.705	1	0.001
先天下之忧而忧	13.5	11.9	12.7(786)	3.655	1	0.056
艰苦奋斗	40.8	37.2	39.2(2415)	8.187	1	0.004

（二）不同性别者指责的民族"劣根性"有差异

分析结果（见表 3-1-2）表明：依据比率，男性和女性指责的民族"劣根性"排在前五位的均是"懒惰"、"迷信"、"僵化、保守"、"自私"、"爱面子"；男性和女性指责的民族"劣根性"排在后五位的分别是"独断专行"、"凡事退让"、"不尊重个人"、"愚昧无知"、"安于现状"和"独断专行"、"凡事退让"、"不尊重个人"、"安于现状"、"崇洋媚外"。其中，指责"独断专行"、"凡事退让"、"内耗（窝里斗）"的比率男性均比女性高 3 个百分点，指责"僵化、保守"的比率比女性高约 10 个百分点；指责"愚昧无知"、"不尊重个人"、"懒惰"、"自私"的比率女性均比男性高 3 个百分点。可见，不同性别者指责的民族"劣根性"大体上相同，但也存在一定的差异性。

表3-1-2　不同性别者指责的民族"劣根性" 　（％）

	男	女	合计	χ^2	df	p
迷信	61.9	64.0	62.9(3877)	2.945	1	0.086
愚昧无知	26.3	33.2	29.5(1817)	35.492	1	0.000
崇洋媚外	31.7	30.2	31.0(1913)	1.559	1	0.212
安于现状	27.7	28.1	27.9(1719)	0.091	1	0.763
独断专行	20.9	17.7	19.4(1198)	10.417	1	0.001
不尊重个人	24.6	27.1	25.7(1587)	4.850	1	0.028
凡事退让	22.8	19.9	21.5(1324)	7.399	1	0.007
内耗(窝里斗)	37.6	31.8	34.9(2154)	23.298	1	0.000
自私	42.6	45.0	43.7(2694)	3.700	1	0.054
爱面子	39.0	38.8	38.9(2400)	0.021	1	0.885
僵化、保守	54.2	45.8	34.9(2149)	0.022	1	0.883
懒惰	77.0	81.0	78.8(4861)	39.191	1	0.000

（三）不同性别者对中华民族统一民族精神的认可比较一致

分析结果（见表3-1-3）显示：男性和女性认为中华民族有统一的民族精神的比率基本相当，都超过了70％；男性比女性认为中华民族没有统一的民族精神的比率高约5个百分点，而女性比男性不知道的比率高约5个百分点。可见，不同性别者对中华民族有没有统一的民族精神的认知比较一致。

表3-1-3　不同性别者对中华民族有没有统一的民族精神的认知 　（％）

	男	女	合计
有	72.7	71.4	72.1(4460)
没有	14.3	10.8	12.7(785)
不知道	13.0	17.8	15.2(942)
合计	100.0(3340)	100.0(2830)	100.0(6170)
$\chi^2 = 39.343$	df = 2	p = 0.000	λ = 0.016

分析结果(见表3-1-4)表明:男性和女性认为有必要发扬中华民族精神的比率相当,都在90%以上;而且,男性和女性认为没必要发扬和说不清的比率也大致相当,其比率都非常低,两者比率之和均小于10%。可见,不同性别者对有没有必要发扬中华民族精神的认知比较一致,大多数男性公众和女性公众都认为有必要发扬中华民族精神。

表3-1-4　不同性别者对有没有必要发扬中华民族精神的认知　(%)

	男	女	合计
有必要	90.9	90.7	90.8(5634)
没必要	2.2	1.1	1.7(107)
说不清	6.9	8.2	7.5(464)
合计	100.0(3348)	100.0(2839)	100.0(6187)
$\chi^2 = 14.169$	df = 2	p = 0.001	$\lambda = 0.000$

(四)不同性别者都高度认可三位民族英雄、榜样

表3-1-5　不同性别者对林则徐是民族英雄的认可　(%)

	男	女	合计
非常赞成	76.9	70.7	74.1(4466)
比较赞成	14.8	17.5	16.1(967)
一般	5.7	8.9	7.1(430)
不太赞成	1.4	1.4	1.4(85)
不赞成	1.2	1.4	1.3(79)
合计	100(3276)	100(2751)	100(6027)
$\chi^2 = 36.090$	df = 4	p = 0.000	$\lambda = 0.013$

分析结果(见表3-1-5)显示:男性(91.7%)比女性(88.3%)认可(非常赞成和比较赞成,下同)林则徐是民族英雄的比率高约5个百分点;男性和女性不认可(不太赞成和不赞成,下同)的比率基本相当。可见,不同性别者对"林则徐是民族英雄"的认可比较一致。

表 3-1-6　不同性别者对岳飞是民族英雄的认可　（%）

	男	女	合计
非常赞成	70.5	66.0	68.4(4107)
比较赞成	15.3	18.0	16.5(994)
一般	8.2	10.1	9.1(542)
不太赞成	2.5	3.1	2.8(165)
不赞成	3.5	2.8	3.2(190)
合计	100(3261)	100(2737)	100(5998)
$\chi^2 = 21.905$	df = 4	p = 0.000	$\lambda = 0.003$

　　分析结果(见表 3-1-6)表明:男性(85.8%)和女性(84.0%)认可岳飞是民族英雄的比率基本相当,两者不认可岳飞是民族英雄的比率也大体相当。可见,不同性别者对"岳飞是民族英雄"的认可比较一致。

表 3-1-7　不同性别者对雷锋是学习榜样的认可　（%）

	男	女	总计
非常赞成	58.2	61.9	59.8(3661)
比较赞成	25.5	23.6	24.6(1502)
一般	11.2	11.3	11.3(689)
不太赞成	3.4	2.3	2.9(176)
不赞成	1.7	0.9	1.4(83)
合计	100(3300)	100(2811)	100(6111)
$\chi^2 = 18.711$	df = 4	p = 0.001	$\lambda = 0.000$

　　分析结果(见表 3-1-7)显示:男性和女性认可今天雷锋仍是所有人学习的榜样的比率都超过了 80%;男性和女性不认可雷锋仍是所有人学习的榜样的比率也大致相当。可见,不同性别者对"今天雷锋仍是所有人学习的榜样"的认可比较一致。

（五）不同性别者均具有民族平等观念

表 3-1-8　不同性别者的民族平等观念　（%）

	男	女	合计
非常赞成	76.5	77.7	77.0（4670）
比较赞成	14.9	14.0	14.5（879）
一般	5.3	5.4	5.4（323）
不太赞成	1.7	1.7	1.7（102）
不赞成	1.6	1.2	1.4（85）
合计	100（3286）	100（2774）	100（6059）
$\chi^2 = 2.254$	df.=4	p=0.689	λ=0.000

分析结果（见表 3-1-8）表明：男性和女性赞成"我国 56 个民族无论大小是平等的一家人"的比率均超过了 90%；两者不赞成的比率也大致相当，均小于 5%。可见，不同性别者都具有比较普遍的民族平等观念。

（六）不同性别者都高度认可国家的民族政策

分析结果（见表 3-1-9）显示：男性和女性对"国家应当继续推行优先照顾少数民族发展的政策"的赞成率均在 70% 以上。可见，大多数的男性公众和女性公众都比较认可我国一贯推行的民族政策。

表 3-1-9　不同性别者对民族政策的看法　（%）

	男	女	合计
非常赞成	46.9	44.3	45.6（2765）
比较赞成	27.1	28.6	27.8（1682）
一般	15.6	16.9	16.2（979）
不太赞成	5.8	5.9	5.8（355）
不赞成	4.6	4.2	4.4（268）
合计	100（3284）	100（2765）	100（6049）
$\chi^2 = 5.259$	df=4	p=0.262	λ=0.000

二、不同年龄者的民族观比较

（一）不同年龄者认可的民族美德有差异

表 3－2－1　不同年龄者认可的民族美德　（％）

	10岁以下	10—19岁	20—29岁	30—39岁	40—49岁	50—59岁	60岁以上	合计	N	χ^2	df	p
热爱祖国	86.7	81.7	69.6	70.3	79.0	77.8	79.9	75.8 (4690)	6190	98.923	6	0.000
团结统一	57.3	64.3	56.2	52.6	47.2	45.1	50.4	54.8 (3393)	6191	101.455	6	0.000
爱好和平	56.6	63.4	53.3	60.5	62.8	63.4	63.8	60.1 (3720)	6191	45.255	6	0.000
自强不息	20.3	31.4	44.7	41.5	34.5	37.6	29.8	37.3 (2310)	6191	96.550	6	0.000
勤劳	52.4	42.4	50.3	53.8	58.2	65.5	62.4	52.3 (3236)	6191	124.077	6	0.000
勇敢	41.3	22.5	17.0	15.8	15.3	15.6	15.6	18.2 (1125)	6190	86.076	6	0.000
乐观豁达	7.7	13.9	16.4	12.3	14.8	12.3	13.4	14.0 (869)	6190	16.700	6	0.010
尊老爱幼	41.5	53.7	46.7	52.6	53.7	49.1	49.3	50.8 (3146)	6187	25.865	6	0.000
淳朴敦厚	2.8	14.0	19.9	16.4	19.1	17.0	15.6	16.8 (1040)	6189	43.459	6	0.000
热情好客	19.7	18.9	16.3	15.9	16.5	11.5	15.9	16.5 (1023)	6186	16.412	6	0.012
礼尚往来	13.3	12.1	16.7	16.1	18.0	16.8	15.9	15.6 (963)	6191	21.088	6	0.002
好学上进	27.5	24.1	20.9	17.9	17.6	15.6	17.3	20.1 (1241)	6185	35.837	6	0.000
先天下之忧而忧	13.3	17.4	11.3	9.9	11.8	11.1	13.6	12.7 (787)	6189	42.080	6	0.000
艰苦奋斗	29.8	39.8	42.9	39.1	35.7	37.4	36.5	39.2 (2423)	6182	20.940	6	0.002

分析结果(见表3－2－1)表明:依据比率,10岁以下年龄段人群、10—19岁年龄段人群、20—29岁年龄段人群认可的民族美德排在前三位的都是:热爱祖国、团结统一、爱好和平;30—39岁年龄段人群、40—49岁年龄段人群、50—59岁年龄段人群、60岁以上年龄段人群认可的民族美德排在前三位的均是:热爱祖国、爱好和平、勤劳。

10岁以下年龄段人群、10—19岁年龄段人群认可的民族美德排在后三位的都是:淳朴敦厚、乐观豁达、礼尚往来;20—29岁年龄段人群认可的民族美德排在后三位的是:先天下之忧而忧、热情好客、礼尚往来;30—39岁年龄段人群、40—49岁年龄段人群认可的民族美德排在后三位的均是:先天下之忧而忧、乐观豁达、勇敢;50—59岁年龄段人群认可的民族美德排在后三位的是:先天下之忧而忧、热情好客、乐观豁达;60岁以上年龄段人群认可的民族美德排在后三位的是:乐观豁达、先天下之忧而忧、勇敢。

其中,10岁以下年龄段人群比其他年龄段人群认可热爱祖国的比率高5—15个百分点,该年龄段人群比其他年龄段人群认可勇敢的比率高20个百分点左右;10—19岁年龄段人群比其他年龄段人群认可团结统一、先天下之忧而忧的比率均高约5个百分点;青壮年(20—39岁)者较之其他年龄段者认可自强不息的比率明显高;几乎是年龄越大对勤劳认可的比率越高;10岁以下者较之其他年龄者认可淳朴敦厚的比率低10%以上;30岁以下者较之30岁以上者认可好学上进的比率高。可见,不同年龄者认可的民族美德存在一定的差异。

(二)不同年龄者指责的民族"劣根性"有差异

分析结果(见表3－2－2)显示:依据比率,10岁以下年龄段人群、10—19岁年龄段人群、40—49岁年龄段人群指责的民族"劣根性"排在前三位的都是:迷信、自私、爱面子;20—29岁年龄段人群指责的民族"劣根性"排在前三位的是:迷信、爱面子、僵化守旧;30—39岁年龄段人群、60岁以上年龄段人群指责的民族"劣根性"排在前三位的均是:迷信、内耗(窝里斗)、自私;50—59岁年龄段人群指责的民族"劣根性"排在前三位的是:迷信、自私、崇洋媚外。

表 3 - 2 - 2　不同年龄者指责的民族"劣根性"　（%）

	10岁以下	10—19岁	20—29岁	30—39岁	40—49岁	50—59岁	60岁以上	合计	N	χ^2	df	p
迷信	60.7	76.4	59.7	57.5	57.6	58.8	60.6	62.9 (3890)	6182	154.105	6	0.000
愚昧无知	25.0	33.6	26.4	24.4	32.8	32.5	31.7	29.5 (1824)	6182	43.514	6	0.000
崇洋媚外	19.3	24.5	34.4	33.8	31.4	35.6	31.2	31.0 (1918)	6183	56.311	6	0.000
安于现状	13.6	22.1	34.7	31.2	25.1	25.1	28.0	27.9 (1725)	6183	87.462	6	0.000
独断专行	15.7	14.2	15.1	19.8	25.6	32.5	24.9	19.4 (1200)	6183	131.064	6	0.000
不尊重个人	35.7	32.7	21.1	25.7	24.7	22.0	21.0	25.7 (1591)	6182	71.062	6	0.000
凡事退让	15.0	18.1	25.1	25.6	20.3	17.8	17.0	21.5 (1329)	6183	46.811	6	0.000
内耗（窝里斗）	18.6	28.8	39.0	40.3	33.6	35.4	34.6	35.0 (2161)	6182	68.016	6	0.000
自私	57.9	54.7	33.2	37.4	47.3	47.3	44.2	43.7 (2699)	6180	179.892	6	0.000
爱面子	42.1	45.0	42.0	36.5	35.3	31.3	28.0	38.9 (2407)	6180	67.875	6	0.000
僵化、守旧	24.3	34.4	39.6	35.9	31.3	31.3	30.6	34.8 (2154)	6183	33.968	6	0.000
懒惰	40.0	40.6	25.9	25.0	28.1	27.3	22.7	29.8 (1841)	6177	124.915	6	0.000

　　10岁以下年龄段人群、10—19岁年龄段人群指责的民族"劣根性"排在后三位的都是：安于现状、凡事退让、独断专行；20—29岁年龄段人群、40—49岁年龄段人群、60岁以上年龄段人群指责的民族"劣根性"排在后三位的是：独断专行、不尊重个人、凡事退让；30—39岁年龄段人群指责的民族"劣根性"排在后三位的均是：独断专行、愚昧无知、懒惰；50—59岁年龄段人群指责的民族"劣根性"排在后三位的均是：凡事退让、不尊重个人、

安于现状。

其中,50—59 岁年龄段人群比其他年龄段人群指责独断专行的比率高 7 个百分点,20—29 岁年龄段人群、30—39 岁年龄段人群比其他年龄段人群指责凡事退让的比率高 5 个百分点;20—29 岁年龄段人群比其他年龄段人群指责僵化守旧的比率高 5 个百分点;10 岁以下年龄段人群、10—19 岁年龄段人群比其他年龄段人群指责懒惰的比率均高 15 个百分点。青壮年(20—39 岁)者较之其他年龄段者指责僵化守旧、内耗(窝里斗)、安于现状的比率明显高,而指责自私的比率明显低;几乎是年龄越大对懒惰、爱面子指责的比率越低;10 岁以下者较之其他年龄者指责崇洋媚外的比率低 5% 以上;青少年(19 岁以下)者较之其他年龄段者指责不尊重个人的比率明显高。可见,不同年龄者指责的民族"劣根性"存在明显的差异。

(三)不同年龄者对中华民族精神的认可比较一致

表 3 - 2 - 3　不同年龄者对中华民族有没有统一民族精神的认知　(%)

	10 岁以下	10—19 岁	20—29 岁	30—39 岁	40—49 岁	50—59 岁	60 岁以上	合计
有	70.4	73.4	67.7	70.4	75.7	78.6	73.9	72.1 (4460)
没有	8.5	11.5	16.2	13.1	10.6	9.2	12.7	12.7 (785)
不知道	21.1	15.1	16.1	16.5	13.7	12.2	13.4	15.2 (942)
合计	100 (142)	100 (1472)	100 (1551)	100 (1197)	100 (970)	100 (498)	100 (357)	100 (6187)
$\chi^2 = 47.586$			df = 12		p = 0.000		G = −.048	

分析结果(见表 3 - 2 - 3)表明:不同年龄者认为中华民族有统一的民族精神的比率都超过了 65%,这说明不同年龄段公众对中华民族具有统一民族精神的认可度比较高;其中,20—29 岁年龄段人群比其他年龄段人群认为中华民族没有统一的民族精神的比率高;而 10 岁以下年龄段人群比其他年龄段人群不知道的比率高 5 个百分点,这可能是与该年龄段人群的生

活经历有关。总体上不同年龄段大多公众对"中华民族有没有统一的民族精神"的认可比较一致。

表3-2-4　不同年龄者对有没有必要发扬中华民族精神的认知　（％）

	10岁以下	10—19岁	20—29岁	30—39岁	40—49岁	50—59岁	60岁以上	合计
有	83.2	90.5	90.9	90.5	91.6	92.6	91.6	90.8 (5634)
没有	4.2	2.6	1.4	1.2	1.2	1.6	1.4	1.7 (107)
不知道	12.6	6.9	7.7	8.3	7.2	5.8	7.0	7.5 (464)
合计	100 (143)	100 (1472)	100 (1556)	100 (1204)	100 (971)	100 (502)	100 (357)	100 (6205)
	$\chi^2 = 26.613$		df = 12		p = 0.009		G = -.062	

分析结果（见表3-2-4）显示：不同年龄者认为有必要发扬中华民族精神的比率相当，都在80％以上，这说明不同年龄段公众对发扬中华民族精神必要性的认知度比较高；10岁以下年龄段人群较之其他年龄段人群认为没必要发扬和不知道的比率明显高，尤其是不知道的比率，比其他年龄段群体高5个百分点。总体上不同年龄者对"有没有必要发扬中华民族精神"的认知度比较一致。

（四）不同年龄者对林则徐、岳飞、雷锋的认可有明显差异

1. 青少年认可民族英雄林则徐、岳飞的比率相对低

分析结果（见表3-2-5）表明：10岁以下年龄段人群（77.8％）、10—19岁年龄段人群（85.5％）认可林则徐是民族英雄的比率均低于90％，而其他年龄段人群认可的比率均超过了90％；不同年龄段者不认可的比率大致相当。可见，不同年龄者对民族英雄林则徐的认可存在一定的差异。同时分析显示：年龄差异与对"林则徐是民族英雄"的认可可能存在（通过检验）相关性。

表 3-2-5 不同年龄者对林则徐是民族英雄的认可 （%）

	10岁以下	10—19岁	20—29岁	30—39岁	40—49岁	50—59岁	60岁以上	合计
非常赞成	57.8	68.0	74.3	78.3	74.6	81.1	80.3	74.1 (4478)
比较赞成	20.0	17.5	17.5	14.1	17.2	11.9	11.1	16.1 (971)
一般	15.6	9.9	5.8	6.0	6.2	5.7	7.1	7.1 (431)
不太赞成	2.2	2.4	1.2	0.9	0.8	0.4	1.2	1.4 (85)
不赞成	4.4	2.2	1.2	0.7	1.2	1.9	0.3	1.3 (79)
合计	100.0 (135)	100.0 (1451)	100.0 (1528)	100.0 (1174)	100.0 (943)	100.0 (480)	100.0 (333)	100.0
$\chi^2 = 120.471$		df = 24		p = 0.000		G = -.151		

表 3-2-6 不同年龄者对岳飞是民族英雄的认可 （%）

	10岁以下	10—19岁	20—29岁	30—39岁	40—49岁	50—59岁	60岁以上	合计
非常赞成	68.1	62.7	66.3	71.8	70.5	75.0	75.9	68.5 (4118)
比较赞成	14.1	18.0	17.5	15.7	17.1	14.7	10.8	16.5 (995)
一般	9.6	10.9	9.4	7.3	8.9	6.5	9.9	9.1 (545)
不太赞成	5.2	3.6	3.2	2.0	1.9	2.3	2.2	2.8 (167)
不赞成	3.0	4.8	3.6	3.2	1.6	1.5	1.2	3.2 (190)
合计	100.0 (135)	100.0 (1416)	100.0 (1518)	100.0 (1169)	100.0 (937)	100.0 (476)	100.0 (334)	100.0 (6015)
$\chi^2 = 82.184$		df = 24		p = 0.000		G = -.125		

分析结果(见表3-2-6)显示:不同年龄者认可岳飞是民族英雄的比率基本相当,均超过了80%,但中青年(20—49岁)者较之其他年龄段者认可的比率明显高;不同年龄者不认可岳飞是民族英雄的比率都小于10%,

但青少年(19岁以下)者较之其他年龄段者不认可的比率明显高。可见,不同年龄者对民族英雄岳飞的认可有明显差异。同时分析显示:年龄差异与对"岳飞是民族英雄"的认可存在(通过检验)相关性。

2. 青少年更认可雷锋是学习榜样

分析结果(见表3-2-7)表明:不同年龄者认可今天雷锋仍是所有人学习的榜样的比率均超过了75%;不同年龄者不认可雷锋仍是所有人学习的榜样的比率都低于5%。其中,10岁以下者较之其他年龄段者认可的比率(93.0%)高近5个百分点,青壮年(20—39岁)者较之其他年龄段者认可的比率明显低一些。可见,不同年龄者对"今天雷锋仍是所有人学习的榜样"的认可有差异,青少年(20岁以下者)更认可雷锋是学习榜样。

表3-2-7　不同年龄者对今天雷锋仍是所有人学习的榜样的看法　(%)

	10岁以下	10—19岁	20—29岁	30—39岁	40—49岁	50—59岁	60岁以上	合计
非常赞成	83.8	70.2	49.9	53.9	58.2	66.2	69.0	59.8 (3672)
比较赞成	9.2	17.8	29.8	28.1	27.5	23.1	18.0	24.6 (1506)
一般	4.2	9.0	9.1	12.2	10.4	6.9	8.6	11.3 (691)
不太赞成	2.1	2.0	2.1	4.1	2.8	2.6	2.9	2.9 (176)
不赞成	0.7	1.0	1.1	1.7	1.1	1.2	1.5	1.4 (83)
合计	100.0 (142)	100.0 (1452)	100.0 (1540)	100.0 (1193)	100.0 (959)	100.0 (491)	100.0 (351)	100.0 (6128)
$\chi^2 = 219.616$		df = 24		p = 0.000			G = −.049	

(五)不同年龄者均普遍具有民族平等观念

分析结果(见表3-2-8)显示:不同年龄者赞成"我国56个民族无论大小是平等的一家人"的比率均超过了80%,其中50—59岁年龄段人群比其他年龄段人群赞成民族平等观念的比率高一些;不同年龄者不赞成民族平等观念的比率大体相当。可见,不同年龄者均普遍具有民族平等观念。

表3-2-8 不同年龄者的民族平等观念 (%)

	10岁以下	10—19岁	20—29岁	30—39岁	40—49岁	50—59岁	60岁以上	合计
非常赞成	70.9	76.1	76.8	75.6	75.0	80.9	81.4	77.0 (4682)
比较赞成	12.1	11.0	15.6	15.4	17.7	13.9	10.4	14.5 (882)
一般	10.6	9.6	5.5	5.0	4.2	3.6	4.6	5.4 (326)
不太赞成	1.4	1.7	1.2	2.1	1.7	1.2	2.4	1.7 (102)
不赞成	5.0	1.6	0.9	1.9	1.4	0.4	1.2	1.4 (85)
合计	100.0 (141)	100.0 (1449)	100.0 (1538)	100.0 (1174)	100.0 (950)	100.0 (488)	100.0 (337)	100.0 (6077)
$\chi^2 = 67.848$		df = 24		p = 0.000		G = -.022		

(六)不同年龄者对国家民族政策的认可有差异

表3-2-9 不同年龄者对民族政策的看法 (%)

	10岁以下	10—19岁	20—29岁	30—39岁	40—49岁	50—59岁	60岁以上	合计
非常赞成	55.7	44.9	38.0	43.4	50.1	58.5	56.7	45.8 (2772)
比较赞成	21.4	28.9	30.3	27.0	26.7	27.8	20.0	27.8 (1686)
一般	11.4	16.3	19.7	17.0	14.8	9.1	14.5	16.2 (984)
不太赞成	7.9	6.5	6.8	6.7	4.3	2.5	4.2	5.8 (355)
不赞成	3.6	3.4	5.2	5.9	4.1	2.1	4.6	4.4 (269)
合计	100.0 (140)	100.0 (1451)	100.0 (1537)	100.0 (1168)	100.0 (949)	100.0 (486)	100.0 (335)	100.0 (6066)
$\chi^2 = 139.301$		df = 24		p = 0.000		G = -.081		

调查结果(见表3-2-9)显示:不同年龄者对"国家应当继续推行优先照顾少数民族发展的政策"的赞成率均在2/3以上,其中,50—59岁年龄段人群均比其他年龄段人群赞成的比率高;不同年龄者对国家民族政策不赞成的比率大体相当,但是青壮年(20—39岁)者较之其他年龄段者不赞成的比率明显高。可见,不同年龄者对我国一贯推行的民族政策的认可有差异。

三、不同民族者的民族观比较

(一)不同民族者认可的民族美德基本一致

表3-3-1　不同民族者认可的民族美德　(%)

	汉族	其他少数民族	合计	χ^2	df	p
热爱祖国	75.8	85.0	75.8(4690)	0.386	2	0.824
团结统一	54.8	55.6	54.8(3393)	0.113	2	0.945
爱好和平	60.3	57.4	60.1(3720)	1.868	2	0.393
自强不息	36.9	43.1	37.3(2310)	5.706	2	0.058
勤劳	52.0	55.3	52.3(3236)	2.192	2	0.334
勇敢	18.2	17.6	18.2(1125)	0.107	2	0.948
乐观豁达	14.0	13.3	14.0(869)	4.098	2	0.129
尊老爱幼	50.9	50.8	50.8(3146)	2.467	2	0.291
淳朴敦厚	16.8	17.0	16.8(1040)	2.413	2	0.299
热情好客	16.5	16.8	16.5(1023)	0.270	4	0.992
礼尚往来	15.4	17.6	15.6(963)	1.322	2	0.516
好学上进	20.0	20.7	20.1(1241)	0.132	2	0.936
先天下之忧而忧	12.9	10.4	12.7(787)	1.983	2	0.371
艰苦奋斗	39.1	41.0	39.2(2423)	0.539	2	0.764

分析结果(见表3-3-1)显示:依据比率,汉族和其他少数民族认可的民族美德排在前五位的都是:热爱祖国、爱好和平、团结统一、勤劳、尊老爱

幼。汉族认可的民族美德排在后五位的是:先天下之忧而忧、乐观豁达、礼尚往来、热情好客、淳朴敦厚;其他少数民族认可的民族美德排在后五位的是:先天下之忧而忧、乐观豁达、热情好客、淳朴敦厚、礼尚往来。可见,不同民族者认可的民族美德大体上一致,无明显差异。但我们注意到:少数民族较之汉族认可自强不息的比率高6.2%。

(二)不同民族者指责的民族"劣根性"基本一致

分析结果(见表3-3-2)表明:依据比率,汉族指责的民族"劣根性"排在前五位的是:迷信、自私、爱面子、僵化守旧、内耗(窝里斗);少数民族自责的民族"劣根性"排在前五位的是:迷信、自私、爱面子、内耗(窝里斗)、懒惰。汉族指责的民族"劣根性"排在后五位的是:独断专行、凡事退让、不尊重个人、安于现状、懒惰;少数民族指责的民族"劣根性"排在后五位的是:独断专行、凡事退让、不尊重个人、安于现状、崇洋媚外。可见,不同民族者指责的民族"劣根性"大体上一致。我们注意到:少数民族较之汉族指责愚昧无知、懒惰的比率均高约5%。

表3-3-2　不同民族者指责的民族"劣根性"　(%)

	汉族	其他少数民族	合计	χ^2	df	p
迷信	63.0	63.0	62.9(3890)	3.456	4	0.485
愚昧无知	29.3	32.8	29.5(1824)	2.731	2	0.255
崇洋媚外	31.0	30.4	31.0(1918)	0.629	2	0.730
安于现状	27.7	30.4	27.9(1725)	1.510	2	0.470
独断专行	19.3	20.6	19.4(1200)	7.574	2	0.023
不尊重个人	25.9	23.5	25.7(1591)	1.016	2	0.602
凡事退让	21.5	21.4	21.5(1329)	0.239	2	0.887
内耗(窝里斗)	34.7	37.8	35.0(2161)	2.468	4	0.650
自私	43.9	41.8	43.7(2699)	6.248	2	0.044
爱面子	38.8	39.9	38.9(2407)	1.558	4	0.816
僵化守旧	35.0	33.1	34.8(2154)	2.036	2	0.361
懒惰	29.5	34.1	29.8(1841)	3.769	4	0.438

(三)不同民族者均认为有必要发扬中华民族精神

分析结果(见表3-3-3)表明:汉族和少数民族认为中华民族有统一的民族精神的比率基本相当(只差2.8%);而汉族和少数民族认为中华民族没有统一的民族精神和不知道的比率均在15%左右。可见,不同民族者对"中华民族有没有统一的民族精神"的认知基本一致。

表3-3-3　不同民族者对中华民族有没有统一民族精神的认知　(%)

	汉族	其他少数民族	合计
有	71.9	74.8	72.1(4448)
没有	12.7	12.2	12.7(784)
不知道	15.4	13.0	15.2(940)
合计	100(5796)	100(376)	100(6172)
$\chi^2 = 1.735$	df = 2	p = 0.420	λ = 0.000

分析结果(见表3-3-4)显示:汉族和少数民族认为有必要发扬中华民族精神的比率相当,都在90%以上;而且,汉族和少数民族认为没必要发扬和不知道的比率也大致相当,其比率都非常低,两者比率之和均小于10%。可见,不同民族者对"有没有必要发扬中华民族精神"的认知大体一致,绝大多数的汉族公众和少数民族公众都认为有必要发扬中华民族精神。

表3-3-4　不同民族者对有没有必要发扬中华民族精神的认知　(%)

	汉族	其他少数民族	合计
有必要	90.7	91.5	90.8(5621)
没必要	1.8	1.1	1.7(107)
说不清	7.5	7.4	7.5(461)
合计	100(5812)	100(377)	100(6189)
$\chi^2 = 1.057$	df = 2	p = 0.589	λ = 0.000

（四）不同民族者都认可三位民族英雄、榜样

表3－3－5　不同民族者对林则徐是民族英雄的认可　（%）

	汉族	其他少数民族	合计
非常赞成	74.0	75.7	74.1(4467)
比较赞成	16.1	16.5	16.1(969)
一般	7.2	5.4	7.1(428)
不太赞成	1.4	1.9	1.4(85)
不赞成	1.3	0.5	1.3(78)
合计	100(5657)	100(370)	100(6027)
$\chi^2 = 4.145$	df = 4	p = 0.387	λ = 0.000

分析结果（见表3－3－5）显示：汉族（90.1%）和少数民族（92.2%）认可林则徐是民族英雄的比率大致相当，同时，两者不认可的比率也大体相当。可见，不同民族者对"林则徐是民族英雄"的认可基本一致，无明显差异。

表3－3－6　不同民族者对岳飞是民族英雄的认可　（%）

	汉族	其他少数民族	合计
非常赞成	68.6	67.3	68.4(4109)
比较赞成	16.6	15.9	16.5(994)
一般	9.0	8.4	9.1(540)
不太赞成	2.7	4.3	2.8(166)
不赞成	3.1	4.1	3.2(189)
合计	100(5628)	100(370)	100(5998)
$\chi^2 = 4.882$	df = 4	p = 0.306	λ = 0.000

分析结果（见表3－3－6）表明：汉族（85.2%）和少数民族（83.2%）认可岳飞是民族英雄的比率基本相当，两者不认可岳飞是民族英雄的比率也大致相当。可见，不同民族者对"岳飞是民族英雄"的认可大体一致。

表3－3－7　不同民族者对雷锋是学习榜样的认可 （％）

	汉族	其他少数民族	合计
非常赞成	59.7	62.4	59.9(3659)
比较赞成	24.6	25.6	24.6(1505)
一般	11.4	9.1	11.3(689)
不太赞成	2.9	2.1	2.9(176)
不赞成	1.4	0.8	1.4(83)
合计	100(5737)	100(375)	100(6112)
$\chi^2 = 3.997$	df = 4	p = 0.406	λ = 0.000

分析结果(见表3－3－7)显示:汉族和少数民族认可今天雷锋仍是所有人学习的榜样的比率和不认可雷锋仍是所有人学习的榜样的比率都是大致相当的。可见,不同民族者对"今天雷锋仍是所有人学习的榜样"的认可基本一致。同时分析显示:民族差异与对"今天雷锋仍是所有人学习的榜样"的认可(未通过检验)不相关。

(五)不同民族者均具有民族平等观念

表3－3－8　不同民族者的民族平等观念 （％）

	汉族	其他少数民族	合计
非常赞成	76.9	80.3	77.1(4671)
比较赞成	14.9	8.8	14.5(879)
一般	5.2	6.9	5.3(324)
不太赞成	1.7	1.9	1.7(102)
不赞成	1.3	2.1	1.4(84)
合计	100(5684)	100(376)	100(6060)
$\chi^2 = 13.125$	df = 4	p = 0.011	λ = 0.000

分析结果(见表3－3－8)显示:汉族和少数民族赞成"我国56个民族无论大小是平等"的比率均超过了85％。可见,不同民族者都具有比较普遍的民族平等观念。

(六)少数民族更赞成国家推行优先照顾少数民族发展的政策

分析结果(见表3-3-9)表明:少数民族(85.1%)比汉族(72.7%)赞成"国家应当继续推行优先照顾少数民族发展的政策"的比率高近13个百分点。可见,不同民族者对我国一贯推行的民族政策的认可有差异,少数民族更赞成国家推行有利于少数民族发展的优惠政策。

表3-3-9　不同民族者对民族政策的看法　(%)

	汉族	其他少数民族	合计
非常赞成	44.6	63.0	45.7(2765)
比较赞成	28.1	22.1	27.8(1681)
一般	16.7	8.8	16.2(981)
不太赞成	6.0	3.7	5.8(354)
不赞成	4.6	2.4	4.4(268)
合计	100(5673)	100(376)	100(6049)
$\chi^2 = 51.765$	df = 4	p = 0.000	λ = 0.000

四、不同宗教信仰者的民族观比较

(一)不同宗教信仰者认可的民族美德有差异

分析结果(见表3-4-1)显示:依据比率,无宗教信仰者、基督教信仰者、佛教信仰者、道教信仰者认可的民族美德排在前三位的均是:热爱祖国、爱好和平、团结统一;天主教信仰者认可的民族美德排在前三位的是:热爱祖国、尊老爱幼、爱好和平;伊斯兰教信仰者认可的民族美德排在前三位的是:热爱祖国、自强不息、尊老爱幼;不明宗教信仰者认可的民族美德排在前三位的是:热爱祖国、团结统一、勇敢。

表 3 - 4 - 1　不同宗教者认可的民族美德　（%）

	无	基督教	天主教	伊斯兰教	佛教	道教	不明宗教	合计	N	χ^2	df	p
热爱祖国	75.7	72.7	79.2	74.5	75.7	78.4	76.9	75.6 (4600)	6084	1.887	6	0.930
团结统一	54.1	62.9	47.2	47.1	59.8	58.8	46.2	54.8 (3334)	6085	16.200	6	0.013
爱好和平	60.1	57.0	52.8	51.0	62.2	54.9	42.3	59.9 (3645)	6085	8.757	6	0.188
自强不息	37.8	31.6	35.8	52.9	34.9	31.4	42.3	37.4 (2276)	6085	11.732	6	0.068
勤劳	53.3	44.1	47.2	49.0	47.9	47.1	46.2	52.3 (3181)	6085	14.139	6	0.028
勇敢	17.8	19.5	22.6	11.8	19.3	21.6	42.3	18.1 (1104)	6084	13.843	6	0.031
乐观豁达	13.9	13.7	15.1	15.7	13.5	17.6	26.9	14.0 (849)	6084	4.534	6	0.605
尊老爱幼	50.2	51.6	62.3	52.9	55.2	49.0	42.3	50.7 (3083)	6081	8.300	6	0.217
淳朴敦厚	17.0	13.3	24.5	7.8	17.6	13.7	3.8	16.8 (1020)	6083	11.278	6	0.080
热情好客	16.1	16.8	30.2	9.8	20.5	17.6	19.2	16.5 (1006)	6080	15.454	6	0.017
礼尚往来	15.6	11.7	22.6	19.6	14.9	13.7	15.4	15.6 (943)	6085	5.834	6	0.442
好学上进	19.9	19.9	17.0	15.7	22.0	17.6	26.9	20.0 (1205)	6079	3.107	6	0.795
先天下之忧而忧	12.4	13.3	15.1	5.9	16.0	15.7	11.5	12.7 (772)	6083	8.094	6	0.231
艰苦奋斗	38.7	39.1	41.5	45.1	42.1	47.1	44.0	39.2 (2380)	6076	4.653	6	0.589

　　无宗教信仰者、佛教信仰者认可的民族美德排在后三位的都是:先天下之忧而忧、乐观豁达、礼尚往来;基督教信仰者、道教信仰者、不明宗教信仰者认可的民族美德排在后三位的均是:礼尚往来、淳朴敦厚、先天下之忧而忧;天主教信仰者认可的民族美德排在后三位的是:先天下之忧而忧、乐观

豁达、好学上进;伊斯兰教信仰者认可的民族美德排在后三位的都是:先天下之忧而忧、淳朴敦厚、热情好客。

其中,天主教信仰者比其他宗教信仰者认可尊老爱幼、淳朴敦厚、热情好客的比率高约 10 个百分点,这可能和天主教的教义有关;伊斯兰教信仰者比其他宗教信仰者认可自强不息的比率高约 15 个百分点,伊斯兰教信仰者较之其他宗教信仰者认可先天下之忧而忧的比率低 5% 以上,可能是伊斯兰教自强不息教义的影响;不明宗教信仰者比其他宗教信仰者认可"勇敢"的比率高约 20 个百分点、比其他宗教信仰者认可"乐观豁达"的比率高近 10 个百分点、比其他宗教信仰者认可"好学上进"的比率高约 5 个百分点;不明宗教信仰者较之其他宗教信仰者认可淳朴敦厚的比率低 10% 以上。可见,不同宗教信仰者认可的民族美德存在一定的差异。

(二)不同宗教信仰者指责的民族"劣根性"有明显差异

分析结果(见表 3 - 4 - 2)表明:依据比率,无宗教信仰者、基督教信仰者、天主教信仰者、佛教信仰者、道教信仰者指责的民族"劣根性"排在前三位的均是:迷信、自私、爱面子;伊斯兰教信仰者指责的民族"劣根性"排在前三位的是:迷信、自私、懒惰;不明宗教信仰者指责的民族"劣根性"排在前三位的是:迷信、自私、内耗(窝里斗)。

无宗教信仰者、佛教信仰者指责的民族"劣根性"排在后三位的都是:独断专行、凡事退让、不尊重个人;基督教信仰者指责的民族"劣根性"排在后三位的是:独断专行、安于现状、不尊重个人;天主教信仰者指责的民族"劣根性"排在后三位的是:独断专行、僵化守旧、内耗(窝里斗);伊斯兰教信仰者指责的民族"劣根性"排在后三位的是:凡事退让、独断专行、安于现状;道教信仰者指责的民族"劣根性"排在后三位的是:内耗(窝里斗)、独断专行、凡事退让;不明宗教信仰者指责的民族"劣根性"排在后三位的是:凡事退让、懒惰、崇洋媚外。

其中,天主教信仰者比其他宗教信仰者指责凡事退让的比率高约 10 个百分点;天主教信仰者、道教信仰者比其他宗教信仰者指责爱面子的比率高约 15 个百分点；伊斯兰教信仰者比其他宗教信仰者指责懒惰的比率高近 10 个百分点；不明宗教信仰者比其他宗教信仰者指责迷信、独断专行的比率均高约 10 个百分点。伊斯兰教信仰者、不明宗教信仰者较之其他宗教信仰者指责凡事退让的比率低 10% 左右；道教信仰者较之其他宗教信仰者指责内耗（窝里斗）的比率低 10% 以上；伊斯兰教信仰者、天主教信仰者较之其他宗教信仰者指责僵化守旧的比率低 10% 以上。可见，不同宗教信仰者指责的民族"劣根性"存在明显的差异。

表 3－4－2　不同宗教者指责的民族"劣根性"　（%）

	无	基督教	天主教	伊斯兰教	佛教	道教	不明宗教	合计	N	χ^2	df	p
迷信	63.7	57.7	50.0	66.7	59.9	58.8	72.0	63.1 (3833)	6078	11.361	6	0.078
愚昧无知	29.0	32.8	38.9	39.2	32.2	25.5	28.0	29.6 (1798)	6078	8.578	6	0.199
崇洋媚外	31.5	26.1	27.8	21.6	30.8	29.4	24.0	31.1 (1890)	6079	6.567	6	0.363
安于现状	28.4	22.1	25.9	17.6	27.4	23.5	32.0	27.9 (1698)	6079	8.348	6	0.214
独断专行	19.4	15.4	20.4	17.6	20.6	13.7	28.0	19.3 (1176)	6079	5.371	6	0.497
不尊重个人	26.0	22.9	25.9	25.5	23.3	27.5	28.0	25.6 (1559)	6078	2.841	6	0.829
凡事退让	21.4	23.7	31.5	13.7	21.0	23.5	12.0	21.5 (1304)	6079	7.331	6	0.291
内耗（窝里斗）	35.7	29.2	24.1	37.3	34.3	11.8	36.0	35.0 (2130)	6078	19.804	6	0.003
自私	43.3	47.4	38.9	47.1	45.7	41.2	44.0	43.6 (2652)	6076	3.303	6	0.770
爱面子	38.8	35.6	57.4	37.3	39.5	54.9	32.0	39.0 (2370)	6076	15.732	6	0.015
僵化、守旧	35.2	32.4	22.2	21.6	36.6	29.4	32.0	34.9 (2120)	6079	10.036	6	0.123
懒惰	29.1	33.2	29.6	45.1	36.2	25.5	20.0	29.9 (1815)	6073	19.395	6	0.004

(三)不同宗教信仰者对中华民族具有统一民族精神的认知基本一致

表3-4-3　不同宗教者对中华民族有没有统一民族精神的认知　（%）

	无	基督教	天主教	伊斯兰教	佛教	道教	不明宗教	合计
有	71.9	72.7	61.9	70.0	73.3	74.0	73.1	72.0(4380)
没有	12.7	10.9	23.6	10.0	13.8	16.0	7.7	12.8(777)
不知道	15.4	16.4	14.5	20.0	12.9	10.0	19.2	15.2(928)
合计	100 (5168)	100 (256)	100 (55)	100 (50)	100 (480)	100 (50)	100 (26)	100 (6085)
	$\chi^2 = 12.329$		df = 12		p = 0.420		$\lambda = 0.000$	

　　分析结果(见表3-4-3)显示:不同宗教信仰者认为中华民族有统一的民族精神的比率都超过了60%,这说明不同宗教信仰者对中华民族具有统一民族精神的认知度较高;天主教信仰者比其他宗教信仰者认为中华民族没有统一的民族精神的比率高近10个百分点;不同宗教信仰者不知道的比率大致相当。可见,不同宗教信仰者对"中华民族有没有统一的民族精神"的认知大体一致。

表3-4-4　不同宗教者对有没有必要发扬中华民族精神的认知　（%）

	无	基督教	天主教	伊斯兰教	佛教	道教	不明宗教	合计
有	90.9	89.5	85.4	86.3	92.2	78.5	92.4	90.8(5536)
没有	1.7	1.2	5.5	3.9	1.6	7.8	3.8	1.7(106)
不知道	7.4	9.3	9.1	9.8	6.2	13.7	3.8	7.5(456)
合计	100 (5172)	100 (257)	100 (55)	100 (51)	100 (486)	100 (51)	100 (26)	100 (6098)
	$\chi^2 = 25.452$		df = 12		p = 0.013		$\lambda = 0.000$	

　　分析结果（见表3-4-4）表明:不同宗教信仰者认为有必要发扬中华民族精神的比率相当,都在75%以上,这说明,不同宗教信仰者对"有没有必要发扬中华民族精神"的认知比较一致。但我们注意到:道教信仰者比其他宗教信仰者认为没有必要发扬和不知道的比率均高约5个百

分点。

(四)不同宗教信仰者都认可三位民族英雄、榜样

分析结果(见表3－4－5)显示:基督教信仰者(83.1%)、天主教信仰者(76.5%)、道教信仰者(82.0%)认可林则徐是民族英雄的比率均小于85%,而其他宗教信仰者认可的比率均超过了90%;不同宗教信仰者不认可的比率基本相当。可见,不同宗教信仰者对"林则徐是民族英雄"的认可比较一致。

表3－4－5 不同宗教者对林则徐是民族英雄的认可 (%)

	无	基督教	天主教	伊斯兰教	佛教	道教	不明宗教	合计
非常赞成	74.4	67.3	63.7	64.0	76.6	74.0	60.0	74.1(4408)
比较赞成	16.3	15.8	12.8	26.0	14.5	8.0	28.0	16.2(963)
一般	6.8	12.1	19.1	6.0	5.3	16.0	8.0	7.0(419)
不太赞成	1.3	2.4	2.1	4.0	1.5	2.0	4.0	1.4(84)
不赞成	1.2	2.4	2.1	0	2.1	0	0	1.3(78)
合计	100(5064)	100(247)	100(47)	100(50)	100(469)	100(50)	100(25)	100(5952)
$\chi^2 = 52.986$			df = 24			p = 0.001		$\lambda = 0.000$

表3－4－6 不同宗教者对岳飞是民族英雄的认可 (%)

	无	基督教	天主教	伊斯兰教	佛教	道教	不明宗教	合计
非常赞成	68.4	65.6	54.9	61.3	73.0	70.0	60.0	68.4(4054)
比较赞成	16.8	14.9	19.6	20.4	13.3	12.0	28.0	16.5(980)
一般	8.8	12.0	15.7	16.3	8.8	14.0	8.0	9.1(536)
不太赞成	2.8	2.5	5.9	0	1.9	4.0	4.0	2.8(164)
不赞成	3.2	5.0	3.9	2.0	3.0	0	0	3.2(189)
合计	100(5039)	100(242)	100(51)	100(49)	100(467)	100(50)	100(25)	100(5923)
$\chi^2 = 30.341$			df = 24			p = 0.174		$\lambda = 0.000$

分析结果显示(见表3－4－6):不同宗教信仰者认可岳飞是民族英雄

的比率基本相当,均超过了 70%;其不认可的比率也大体相当,都低于
10%。可见,不同宗教信仰者对"岳飞是民族英雄"的认可基本一致,无明
显差异。

表3-4-7　不同宗教者对雷锋是学习榜样的认可　（%）

	无	基督教	天主教	伊斯兰教	佛教	道教	不明宗教	合计
非常赞成	58.9	61.5	70.3	68.0	66.9	63.8	50.0	59.4(3604)
比较赞成	25.2	23.7	13.0	22.0	20.8	27.7	29.2	24.7(1484)
一般	11.5	10.4	13.0	8.0	9.6	8.5	12.5	11.4(680)
不太赞成	3.0	2.4	0	0	2.1	0	8.3	3.0(174)
不赞成	1.4	2.0	3.7	2.0	0.6	0	0	1.5(83)
合计	100 (5121)	100 (249)	100 (54)	100 (50)	100 (480)	100 (47)	100 (24)	100 (6025)
	$\chi^2 = 30.946$		df = 24			p = 0.155		$\lambda = 0.000$

分析结果(见表3-4-7)显示:不同宗教信仰者认可今天雷锋仍是所
有人学习的榜样的比率基本相当,均超过了 80%;不同宗教信仰者不认可
雷锋仍是所有人学习榜样的比率也大致相当,均小于 8%。可见,不同宗教
信仰者对"今天雷锋仍是所有人学习的榜样"的认可基本一致。

（五）不同宗教信仰者均具有民族平等观念

表3-4-8　不同宗教者的民族平等观念　（%）

	无	基督教	天主教	伊斯兰教	佛教	道教	不明宗教	合计
非常赞成	76.7	78.0	66.7	72.0	82.5	73.5	61.6	77.0(4609)
比较赞成	15.0	12.4	15.7	10.0	11.7	10.2	23.1	14.6(872)
一般	5.3	5.6	13.7	14.0	3.4	10.2	11.5	5.4(322)
不太赞成	1.7	2.4	3.9	2.0	0.9	6.1	0	1.7(100)
不赞成	1.3	1.6	0	2.0	1.5	0	3.8	1.3(80)
合计	100 (5087)	100 (250)	100 (51)	100 (50)	100 (470)	100 (49)	100(26)	100 (5983)
	$\chi^2 = 44.853$		df = 24			p = 0.155		$\lambda = 0.000$

分析结果(见表 3 - 4 - 8)显示:不同宗教信仰者赞成"我国 56 个民族无论大小是平等的一家人"的比率均超过了 80%;不同宗教信仰者不认可民族平等观念的比率大致相当,都小于 5%。其中,佛教信仰者比其他宗教信仰者赞成民族平等观念的比率高。可见,不同宗教信仰者对民族平等观念的认可比较一致。

(六)不同宗教信仰者对国家民族政策的认可度均比较高

表 3 - 4 - 9　不同宗教者对民族政策的看法　(%)

	无	基督教	天主教	伊斯兰教	佛教	道教	不明宗教	合计
非常赞成	45.2	45.4	56.8	60.0	48.4	54.0	32.0	45.7(2729)
比较赞成	28.1	26.9	21.6	26.0	25.2	22.0	32.0	27.8(1654)
一般	16.5	17.3	15.7	10.0	14.6	14.0	20.0	16.2(977)
不太赞成	5.8	6.4	3.9	2.0	6.8	6.0	12.0	2.8(350)
不赞成	4.4	4.0	2.0	2.0	5.1	4.0	4.0	4.4(264)
合计	100 (5076)	100 (249)	100 (51)	100 (50)	100 (473)	100 (50)	100 (25)	100 (5974)
$\chi^2 = 44.853$		df = 24			p = 0.155		$\lambda = 0.000$	

分析结果(见表 3 - 4 - 9)显示:除不明宗教信仰者外,其他宗教信仰者赞成国家应当继续推行优先照顾少数民族发展的政策的比率均在 73% 以上,其中,伊斯兰教信仰者比其他宗教信仰者赞成国家民族政策的比率(86.0%)都高;不同宗教信仰者不赞成国家民族政策的比率大致相当,都小于 10%。可见,不同宗教信仰者对我国一贯推行的民族政策的认可大体一致。

五、不同人群的民族观比较

（一）六种人群认可的民族美德有差异

表3-5-1　六种人群认可的民族美德　（%）

	小学生	中学生	大学生	农村居民	城市居民	知识分子	合计	N	χ^2	df	p
热爱祖国	84.7	80.9	59.3	77.2	75.1	63.1	75.8 (4690)	6190	135.136	5	0.000
团结统一	63.9	64.6	40.7	57.3	53.2	29.2	54.8 (3393)	6191	185.824	5	0.000
爱好和平	63.6	63.7	48.6	61.1	60.6	51.0	60.1 (3720)	6191	44.138	5	0.000
自强不息	20.4	38.3	51.7	33.4	41.0	51.5	37.3 (2310)	6191	176.017	5	0.000
勤劳	47.1	39.6	56.0	52.9	54.6	66.6	52.3 (3236)	6191	90.923	5	0.000
勇敢	28.9	20.7	17.7	15.6	17.0	13.9	18.2 (1125)	6190	69.668	5	0.000
乐观豁达	8.5	18.0	20.8	10.3	16.4	16.2	14.0 (869)	6190	76.212	5	0.000
尊老爱幼	51.6	51.9	39.5	54.1	50.7	43.2	50.8 (3146)	6187	38.867	5	0.000
淳朴敦厚	7.7	16.6	26.3	15.6	18.0	22.6	16.8 (1040)	6189	79.073	5	0.000
热情好客	19.0	20.2	17.3	17.7	13.5	14.2	16.5 (1023)	6186	26.770	5	0.000
礼尚往来	11.0	13.5	24.9	14.5	15.4	24.5	15.6 (963)	6191	64.448	5	0.000
好学上进	22.9	27.3	19.9	17.4	19.6	17.3	20.1 (1241)	6185	37.901	5	0.000
先天下之忧而忧	16.5	17.0	8.4	12.2	12.0	8.9	12.7 (787)	6189	34.309	5	0.000
艰苦奋斗	33.1	42.3	41.1	40.5	38.0	41.5	39.2 (2423)	6182	17.392	5	0.004

分析结果(见表3-5-1)显示:依据比率,小学生、中学生、农村居民认可的民族美德排在前三位的都是:热爱祖国、团结统一、爱好和平;大学生认可的民族美德排在前三位的是:热爱祖国、勤劳、自强不息;城市居民认可的民族美德排在前三位的是:热爱祖国、爱好和平、勤劳;知识分子认可的民族美德排在前三位的是:勤劳、热爱祖国、自强不息。

小学生认可的民族美德排在后三位的是:淳朴敦厚、乐观豁达、礼尚往来;中学生认可的民族美德排在后三位的是:礼尚往来、淳朴敦厚、先天下之忧而忧;大学生、知识分子认可的民族美德排在后三位的均是:先天下之忧而忧、热情好客、勇敢;农村居民认可的民族美德排在后三位的是:乐观豁达、先天下之忧而忧、礼尚往来;城市居民认可的民族美德排在后三位的是:先天下之忧而忧、热情好客、礼尚往来。

其中,小学生比其他人群认可勇敢的比率高近10个百分点;大学生、知识分子比其他人群认可自强不息、礼尚往来的比率高近10个百分点;大学生比其他人群认可淳朴敦厚的比率高约5个百分点;知识分子比其他人群认可勤劳的比率高10个百分点;大学生、知识分子较之其他人群认可热爱祖国、团结统一、爱好和平、尊老爱幼的比率均低10%以上;小学生、中学生较之其他人群认可勤劳的比率明显低;小、中学生比大学生对勇敢认可的比率低。可见,不同人群认可的民族美德存在明显的差异。

(二)六种人群指责的民族"劣根性"有差异

分析结果(见表3-5-2)表明:依据比率,小学生指责的民族"劣根性"排在前三位的是:迷信、自私、懒惰;中学生、农村居民指责的民族"劣根性"排在前三位的均是:迷信、自私、爱面子;大学生指责的民族"劣根性"排在前三位的是:内耗(窝里斗)、爱面子、安于现状;城市居民指责的民族"劣根性"排在前三位的是:迷信、自私、内耗(窝里斗);知识分子指责的民族"劣根性"排在前三位的是:内耗(窝里斗)、迷信、崇洋媚外。

表3－5－2　六种人群指责的民族"劣根性"　（%）

	小学生	中学生	大学生	农村居民	城市居民	知识分子	合计	N	χ^2	df	p
迷信	73.7	77.3	45.3	65.8	58.5	43.3	62.9 (3890)	6182	236.711	5	0.000
愚昧无知	31.7	35.3	21.3	30.4	29.1	20.6	29.5 (1824)	6182	41.697	5	0.000
崇洋媚外	15.3	31.9	42.3	28.0	34.7	41.1	31.0 (1918)	6183	140.770	5	0.000
安于现状	11.6	28.7	45.9	23.6	32.2	35.6	27.9 (1725)	6183	203.501	5	0.000
独断专行	15.0	14.4	13.2	21.7	21.9	18.1	19.4 (1200)	6183	45.529	5	0.000
不尊重个人	41.8	26.4	26.1	22.3	22.4	32.5	25.7 (1591)	6182	123.220	5	0.000
凡事退让	15.6	19.1	25.4	24.0	21.6	18.3	21.5 (1329)	6183	29.205	5	0.000
内耗（窝里斗）	20.4	32.7	52.0	28.6	38.1	64.2	35.0 (2161)	6182	295.537	5	0.000
自私	60.2	52.6	31.8	43.8	39.8	30.0	43.7 (2699)	6180	160.775	5	0.000
爱面子	41.6	45.7	49.9	37.9	35.4	33.6	38.9 (2407)	6180	53.082	5	0.000
僵化、守旧	24.6	42.3	45.0	33.8	33.6	39.7	34.8 (2154)	6183	73.578	5	0.000
懒惰	47.0	36.1	19.7	28.0	28.5	14.2	29.8 (1841)	6177	175.048	5	0.000

　　小学生指责的民族"劣根性"排在后三位的是:安于现状、独断专行、崇洋媚外;中学生、农村居民、城市居民指责的民族"劣根性"排在后三位的均是:独断专行、凡事退让、不尊重个人;大学生指责的民族"劣根性"排在后三位的是:独断专行、懒惰、愚昧无知;知识分子指责的民族"劣根性"排在后三位的是:懒惰、独断专行、凡事退让。

　　其中,小学生、中学生比其他人群指责迷信的比率高近10个百分点;小学生比其他人群指责不尊重个人、懒惰的比率高约10个百分点;大学生、知识分子比其他人群指责崇洋媚外的比率高10个百分点;大学生比其他人群指责安于现状的比率高约10个百分点;大学生、知识分子比其他人群指责内耗(窝里斗)的比率高约15个百分点;学生公众(小、中、大学生)较之非学生公众(农村、城市居民,知识分子)指责爱面子的比率明显高;中学生、大学生比其他人群指责僵化守旧的比率明显高;大学生、知识分子比其他人群指责迷信、愚昧无知的比率都明显低。可见,不同人群指责的民族"劣根性"存在一定的差异。

(三)小学生对中华民族统一民族精神的认可相对较低

分析结果(见表3-5-3)显示:不同人群认为中华民族有统一民族精神的比率都超过了65%,这说明不同人群对中华民族具有统一民族精神的认知度均比较高;大学生比其他人群认为中华民族没有统一民族精神的比率高近5个百分点,可能是由于新时期大学生价值观有一定转变而引发其对社会有不同看法的缘故;小学生比其他人群不知道的比率高,可能是由于该人群年龄小、接受知识少的缘故。可见,不同人群对中华民族有没有统一民族精神的认知有差异。

表3-5-3　六种人群对中华民族有没有统一民族精神的认知　(%)

	小学生	中学生	大学生	农村居民	城市居民	知识分子	合计
有	74.6	75.0	65.2	74.0	69.9	71.1	72.1(4460)
没有	7.8	11.8	22.2	10.5	13.7	18.9	12.7(785)
不知道	17.6	13.2	12.6	15.5	16.4	10.0	15.2(942)
合计	100(969)	100(727)	100(414)	100(1991)	100(2027)	100(359)	100(6187)
$\chi^2 = 84.326$		df = 10		p = 0.000		$\lambda = 0.010$	

分析结果(见表3-5-4)表明:除了小学生,其他人群认为有必要发扬中华民族精神的比率都超过了90%;并且小学生比其他人群认为没有必要发扬和不知道的比率都明显高,可能由于小学生年龄小,对发扬中华民族精神的内涵了解不是太深刻的缘由。可见,不同人群对发扬中华民族精神的

必要性的认知存在一定的差异。

表3-5-4　六种人群对有没有必要发扬中华民族精神的认知　（%）

	小学生	中学生	大学生	农村居民	城市居民	知识分子	合计
有	86.5	93.0	90.8	90.4	91.8	90.8	90.8(5634)
没有	3.9	1.8	2.4	1.8	0.9	0.8	1.7(107)
不知道	9.6	5.2	6.8	7.7	7.3	8.4	7.5(464)
合计	100(669)	100(727)	100(413)	100(2003)	100(2035)	100(358)	100(6205)
$\chi^2 = 41.150$		df = 10			p = 0.000		λ = 0.005

（四）六种人群对三位民族英雄、榜样的认可有差异

表3-5-5　六种人群对林则徐是民族英雄的认可　（%）

	小学生	中学生	大学生	农村居民	城市居民	知识分子	合计
非常赞成	58.9	75.7	80.6	72.1	78.2	79.0	74.1(4478)
比较赞成	19.1	15.2	13.9	16.9	14.8	17.3	16.1(971)
一般	14.8	5.8	3.8	8.5	5.2	3.1	7.1(431)
不太赞成	3.4	1.8	1.2	1.2	1.0	0.6	1.4(85)
不赞成	3.8	1.5	0.5	1.3	0.8	0.0	1.3(79)
合计	100(650)	100(722)	100(418)	100(1921)	100(1975)	100(358)	100(6044)
$\chi^2 = 189.270$		df = 20			p = 0.000		λ = 0.019

　　分析结果（见表3-5-5）表明：小学生（78%）比其他人群认可林则徐是民族英雄的比率低10个百分点，该人群比其他人群不认可的比率高5个百分点，其原因可能是小学生对林则徐这个历史人物的了解还不是太多。可见，不同人群对民族英雄林则徐的认可有差异。

　　分析结果（见表3-5-6）显示：除了小学生（78.5%），其他人群认可岳飞是民族英雄的比率均超过了80%；大学生比其他人群不认可岳飞是民族英雄的比率明显高。可见，不同人群对民族英雄岳飞的认可存在一定的差异。

表3-5-6　六种人群对岳飞是民族英雄的认可　（%）

	小学生	中学生	大学生	农村居民	城市居民	知识分子	合计
非常赞成	58.7	68.7	67.2	68.4	72.1	67.2	68.4(4118)
比较赞成	19.8	14.6	14.3	16.4	16.6	17.4	16.5(995)
一般	13.4	7.9	7.3	9.8	7.6	9.8	9.1(545)
不太赞成	3.8	3.5	5.6	2.5	1.9	2.8	2.8(167)
不赞成	4.3	5.3	5.6	2.9	1.8	2.8	3.2(190)
合计	100(651)	100(719)	100(413)	100(1917)	100(1958)	100(357)	100(6015)
$\chi^2 = 96.267$		df = 20		p = 0.000		$\lambda = 0.012$	

表3-5-7　六种人群对今天雷锋仍是所有人学习的榜样的看法　（%）

	小学生	中学生	大学生	农村居民	城市居民	知识分子	合计
非常赞成	78.9	68.4	24.4	63.4	56.6	36.4	59.8(3672)
比较赞成	12.2	19.1	37.1	23.6	26.6	38.1	24.6(1506)
一般	6.5	9.0	22.4	9.1	12.6	17.0	11.3(691)
不太赞成	1.8	1.8	3.9	2.6	3.0	6.3	2.9(176)
不赞成	0.6	1.7	2.2	1.3	1.2	2.3	1.4(83)
合计	100(660)	100(722)	100(415)	100(1975)	100(2004)	100(352)	100(6128)
$\chi^2 = 354.731$		df = 20		p = 0.000		$\lambda = 0.021$	

分析结果(见表3-5-7)表明:大学生比其他人群认可今天雷锋仍是所有人学习的榜样的比率(61.6%)低约15个百分点;不同人群不认可的比率都低于10%,但知识分子较之其他人群不认可的比率明显高。可见,不同人群对今天雷锋仍是所有人学习的榜样的认可存在差异。

(五)六种人群的民族平等观念略有差异

分析结果(见表3-5-8)显示:不同人群赞成"我国56个民族无论大小是平等"的比率均超过了85%,其中,小学生(85.8%)比其他人群赞成民族平等观念的比率低;不同人群不认可民族平等观念的比率都在10%以下,但小学生比其他人群不认可民族平等观念的比率高5个百分点。可见,不同人群对民族平等观念的认可略有差异。

表 3－5－8　六种人群的民族平等观念　（%）

	小学生	中学生	大学生	农村居民	城市居民	知识分子	合计
非常赞成	72.7	83.2	74.8	76.0	78.0	75.1	77.0(4682)
比较赞成	13.1	10.2	17.3	14.9	15.0	17.6	14.5(882)
一般	7.8	4.9	6.0	5.2	4.7	5.6	5.4(326)
不太赞成	2.6	1.1	1.4	2.1	1.4	1.1	1.7(102)
不赞成	3.8	0.6	0.5	1.8	0.9	0.6	1.4(85)
合计	100(655)	100(719)	100(416)	100(1941)	100(1988)	100(358)	100(6077)
$\chi^2 = 81.332$		df = 20			p = 0.000		λ = 0.007

（六）六种人群对国家民族政策的认可略有差异

表 3－5－9　六种人群对民族政策的看法　（%）

	小学生	中学生	大学生	农村居民	城市居民	知识分子	合计
非常赞成	49.7	44.7	39.2	46.9	45.1	44.7	45.7(2772)
比较赞成	26.3	28.2	32.9	25.8	28.6	29.9	27.8(1686)
一般	13.3	16.5	18.8	14.9	17.3	19.3	16.2(984)
不太赞成	6.7	6.7	4.8	6.5	5.2	3.9	5.9(355)
不赞成	4.0	3.9	4.3	5.9	3.8	2.2	4.4(269)
合计	100(655)	100(721)	100(416)	100(1928)	100(1988)	100(358)	100(6066)
$\chi^2 = 48.567$		df = 20			p = 0.000		λ = 0.009

分析结果（见表 3－5－9）表明:不同人群赞成国家应当继续推行优先照顾少数民族发展的政策的比率均在70%以上,其中,小学生(76.0%)比其他人群赞成国家民族政策的比率高;不同人群不赞成国家民族政策的比率大体相当,都在10%左右。可见,不同人群对我国一贯推行的民族政策的认可略有差异。

六、不同地区公众的民族观比较

(一)六个地区公众认可的民族美德有差异

表 3-6-1　六个地区公众认可的民族美德　（％）

	北京人	上海人	广东人	黑龙江人	陕西人	湖北人	合计	N	χ^2	df	p
热爱祖国	77.1	69.4	75.9	80.2	74.8	77.4	75.8 (4690)	6190	37.873	5	0.000
团结统一	53.4	50.2	58.5	59.0	53.5	54.5	54.8 (3393)	6191	23.556	5	0.000
爱好和平	59.6	55.8	60.3	64.8	61.3	59.0	60.1 (3720)	6191	19.069	5	0.002
自强不息	37.9	37.6	42.6	32.5	36.6	36.9	37.3 (2310)	6191	23.149	5	0.000
勤劳	50.0	52.1	52.1	49.6	49.4	60.8	52.3 (3236)	6191	37.528	5	0.000
勇敢	18.6	18.6	20.1	16.1	18.7	16.9	18.2 (1125)	6190	7.136	5	0.211
乐观豁达	15.8	16.2	14.8	11.2	12.5	13.4	14.0 (869)	6190	16.565	5	0.005
尊老爱幼	52.8	46.7	48.4	54.9	51.8	50.6	50.8 (3146)	6187	18.612	5	0.002
淳朴敦厚	19.2	15.7	17.6	13.0	19.4	16.0	16.8 (1040)	6189	21.868	5	0.001
热情好客	17.1	16.4	17.3	12.6	19.9	16.0	16.5 (1023)	6186	20.505	5	0.001
礼尚往来	18.4	14.0	15.8	12.0	18.3	15.0	15.6 (963)	6191	24.972	5	0.000
好学上进	18.8	20.2	23.1	18.7	20.7	19.0	20.1 (1241)	6185	9.084	5	0.106
先天下之忧而忧	11.5	12.1	14.9	10.9	14.2	12.8	12.7 (787)	6189	11.140	5	0.049
艰苦奋斗	35.7	36.9	43.3	37.1	43.6	39.2	39.2 (2423)	6182	24.804	5	0.000

分析结果(见表3-6-1)显示:依据比率,北京人、广东人、黑龙江人、陕西人认可的民族美德排在前三位的都是:热爱祖国、爱好和平、团结统一;上海人、湖北人认可的民族美德排在前三位的均是:热爱祖国、爱好和平、勤劳。

北京人认可的民族美德排在后三位的是:先天下之忧而忧、乐观豁达、热情好客;上海人认可的民族美德排在后三位的是:先天下之忧而忧、礼尚往来、淳朴敦厚;广东人认可的民族美德排在后三位的是:乐观豁达、先天下之忧而忧、热情好客;黑龙江人、陕西人、湖北人认可的民族美德排在后三位的均是:先天下之忧而忧、乐观豁达、礼尚往来。

其中,黑龙江人较上海人认可热爱祖国的比率高10%以上,广东人较黑龙江人认可自强不息的比率高10个百分点以上,这体现出不同经济发展水平地区公众对热爱祖国、自强不息的认可有差异;湖北人较其他地区公众认可勤劳的比率高约10个百分点;上海人、广东人较其他地区公众认可尊老爱幼的比率明显低,几乎是经济发展水平越高,认可尊老爱幼的比率越低;北京人、陕西人较其他地区公众认可淳朴敦厚、礼尚往来的比率明显高,可能北方人豪放的性格而使其更倾向于欣赏淳朴敦厚、礼尚往来的民风、民俗;广东人、陕西人较其他地区公众认可先天下之忧而忧、艰苦奋斗的比率明显高,可能是由于广东人在改革开放时期拼搏进取的创业经历和陕西人在陕北特殊地理环境中所磨炼出来的不屈的生活品质而分别造就了两个地区公众高度的忧患意识和艰苦奋斗的拼搏精神。可见,不同地区公众认可的民族美德存在明显差异。

(二)六个地区公众指责的民族"劣根性"有差异

分析结果(见表3-6-2)表明:依据比率,北京人、上海人、陕西人、湖北人指责的民族"劣根性"排在前三位的均是:迷信、自私、爱面子;广东人指责的民族"劣根性"排在前三位的是:迷信、僵化守旧、自私;黑龙江人指责的民族"劣根性"排在前三位的是:迷信、自私、愚昧无知。

表 3-6-2　六个地区公众指责的民族"劣根性"　（%）

	北京人	上海人	广东人	黑龙江人	陕西人	湖北人	合计	N	χ^2	df	p
迷信	61.5	57.2	65.6	67.9	61.9	63.9	62.9 (3890)	6182	31.046	5	0.000
愚昧无知	31.7	27.7	24.1	38.3	26.7	27.9	29.5 (1824)	6182	62.249	5	0.000
崇洋媚外	33.8	30.8	32.7	30.0	28.8	30.0	31.0 (1918)	6183	8.464	5	0.132
安于现状	26.4	29.1	29.4	22.1	31.8	29.2	27.9 (1725)	6183	28.716	5	0.000
独断专行	20.0	16.4	18.2	23.1	20.0	18.8	19.4 (1200)	6183	17.380	5	0.004
不尊重个人	23.6	26.7	25.2	27.8	28.1	23.0	25.7 (1591)	6182	11.972	5	0.035
凡事退让	21.5	20.1	21.1	17.9	25.1	23.7	21.5 (1329)	6183	19.703	5	0.001
内耗（窝里斗）	37.9	40.6	35.5	30.7	31.6	32.9	35.0 (2161)	6182	34.504	5	0.000
自私	43.9	43.2	38.7	50.7	43.2	41.9	43.7 (2699)	6180	32.578	5	0.000
爱面子	38.7	42.3	36.4	30.7	42.3	43.5	38.9 (2407)	6180	51.005	5	0.000
僵化、守旧	30.4	37.2	39.2	33.1	37.0	32.5	34.8 (2154)	6183	25.828	5	0.000
懒惰	29.3	28.8	24.8	35.5	30.0	30.2	29.8 (1841)	6177	28.586	5	0.000

北京人、上海人、湖北人指责的民族"劣根性"排在后三位的均是：独断专行、凡事退让、不尊重个人；广东人、陕西人指责的民族"劣根性"排在后三位的都是：独断专行、凡事退让、愚昧无知；黑龙江人指责的民族"劣根性"排在后三位的是：凡事退让、安于现状、独断专行。

其中，黑龙江人、北京人比其他地区公众指责愚昧无知的比率明显高；陕西人比其他地区公众指责崇洋媚外的比率明显低；陕西人较黑龙江人指责安于现状的比率高约 10 个百分点，可能是陕西地区较之黑龙江地区的自然资源相对缺乏,所以陕西人要求经济开放和改变现状的愿望更加强烈,因而指责安于现状的比率也相对较高;黑龙江人比其他地区公众指责凡事退让、爱面子的比率明显低,可能是黑龙江公众受讲义气、不计较个人得失的东北人的豪情文化影响的缘故;上海人较黑龙江人指责内耗(窝里斗)的比率高约10个百分点,可能是上海地区较之黑龙江地区的经济发展速度快,因而上海人更深刻地认识到内部协调、众志成城的团队精神的重要性;黑龙江人较上海人指责自私、懒惰的比率高约10个百分点,可能是这两个地区地域文化差异的缘故。可见,不同地区公众指责的民族"劣根性"存在明显差异。

(三)六个地区公众对中华民族统一民族精神的认知略有差异

表3-6-3　六个地区公众对中华民族有没有统一民族精神的认知　(%)

	北京人	上海人	广东人	黑龙江人	陕西人	湖北人	合计
有	74.6	75.0	65.2	74.0	69.9	71.1	72.1(4460)
没有	7.8	11.8	22.2	10.5	13.7	18.9	12.7(785)
不知道	17.6	13.2	12.6	15.5	16.4	10.0	15.2(942)
合计	100(969)	100(727)	100(414)	100(1991)	100(2027)	100(359)	100(6187)
$\chi^2 = 49.835$		df = 10		p = 0.000		$\lambda = 0.010$	

分析结果(见表3-6-3)显示:不同地区公众认为中华民族有统一民族精神的比率都超过了65%,这说明不同地区公众对中华民族具有统一民族精神的认知度都比较高;广东人比其他地区公众认为中华民族没有统一民族精神的比率高约5个百分点,可能是随着广东地区经济的迅速发展,公众对中华民族统一民族精神看法多元化的缘故;不同地区公众不知道中华民族有统一民族精神的比率大致相当,都在20%以下,而北京人、陕西人、黑龙江人比其他地区公众不知道的比率略高,可能是这些地区公众对中华民族统一精神的内涵不是太了解的缘故。可见,不同地区公众对中华民族有没有统一民族精神的认知存在一定差异。

表3-6-4 六个地区公众对有没有必要发扬中华民族精神的认知 （%）

	北京人	上海人	广东人	黑龙江人	陕西人	湖北人	合计
有	86.5	93.0	90.8	90.5	91.8	90.8	90.8(5634)
没有	3.9	1.8	2.4	1.8	0.9	0.8	1.7(107)
不知道	9.6	5.2	6.8	7.7	7.3	8.4	7.5(464)
合计	100(669)	100(727)	100(413)	100(2003)	100(2035)	100(358)	100(6205)
$\chi^2 = 17.476$		df = 10		p = 0.064		$\lambda = 0.000$	

分析结果(见表3-6-4)表明:除了北京人之外,其他地区公众认为有必要发扬中华民族精神的比率都超过了90%,这说明不同地区对发扬中华民族精神必要性的认知度均比较高;不同地区公众认为没必要发扬和不知道的比率大体相当,均在10%以下,上海人比其他地区公众不知道的比率明显低,可能是上海人人口素质方面相对较高的缘故。可见,不同地区公众对发扬中华民族精神必要性的认知有差异。

（四）六个地区公众对三位民族英雄、榜样的认可比较一致

表3-6-5 六个地区公众对林则徐是民族英雄的认可 （%）

	北京人	上海人	广东人	黑龙江人	陕西人	湖北人	合计
非常赞成	77.5	74.4	72.2	74.9	68.1	76.9	74.1(4478)
比较赞成	14.1	16.8	17.3	14.8	19.1	14.7	16.1(971)
一般	5.6	7.3	7.5	6.7	9.0	6.8	7.1(431)
不太赞成	1.1	0.6	1.7	1.8	2.2	1.1	1.4(85)
不赞成	1.7	0.9	1.3	1.8	1.6	0.5	1.3(79)
合计	100(1041)	100(1084)	100(954)	100(1039)	100(951)	100(975)	100(6044)
$\chi^2 = 50.291$		df = 20		p = 0.000		$\lambda = 0.005$	

分析结果(见表3-6-5)表明:不同地区公众认可林则徐是民族英雄的比率均在80%以上,这说明不同地区公众对林则徐是民族英雄的认可度都比较高,其中,除了广东人、黑龙江人、陕西人之外,其他三个地区公众认可林则徐是民族英雄的比率都超过了90%;不同地区不认可林则徐是民族

英雄的比率大体相当。这说明不同地区公众对民族英雄林则徐的认可比较一致。

表3－6－6　六个地区公众对岳飞是民族英雄的认可　（％）

	北京人	上海人	广东人	黑龙江人	陕西人	湖北人	合计
非常赞成	71.1	72.5	62.1	72.5	64.0	67.4	68.4(4118)
比较赞成	14.8	15.5	20.1	14.5	18.1	16.7	16.5(995)
一般	8.5	8.0	10.1	7.9	12.0	8.2	9.1(545)
不太赞成	2.2	2.1	3.8	2.4	2.2	4.0	2.8(167)
不赞成	3.4	1.9	3.8	2.7	3.7	3.7	3.2(190)
合计	100(1034)	100(1077)	100(948)	100(1030)	100(950)	100(976)	100(6015)
$\chi^2 = 65.692$		df = 20		p = 0.000		$\lambda = 0.012$	

分析结果(见表3－6－6)显示:不同地区公众认可岳飞是民族英雄的比率均超过了80％,其中,黑龙江人(87％)比其他地区公众认可的比率明显高;广东人比其他地区公众不认可岳飞是民族英雄的比率高。可见,不同地区公众对民族英雄岳飞的认可比较一致。

表3－6－7　六个地区公众对今天雷锋仍是所有人学习的榜样的看法　（％）

	北京人	上海人	广东人	黑龙江人	陕西人	湖北人	合计
非常赞成	57.7	55.9	55.0	70.4	60.2	60.4	59.9(3672)
比较赞成	24.4	26.2	26.1	18.6	24.8	24.8	25.5(1506)
一般	12.8	12.9	12.9	7.5	11.6	10.5	11.3(691)
不太赞成	3.2	3.3	3.3	2.0	2.4	3.5	2.9(176)
不赞成	1.9	1.7	1.7	1.5	1.0	0.8	1.4(83)
合计	100(1050)	100(1107)	100(969)	100(1047)	100(965)	100(990)	100(6128)
$\chi^2 = 83.670$		df = 20		p = 0.000		$\lambda = 0.016$	

分析结果(见表3－6－7)表明:不同地区公众认可今天雷锋仍是所有人学习的榜样的比率均超过了80％,其中,黑龙江人(88.9％)比其他地区公众认可的比率高;不同地区公众不认可今天雷锋仍是所有人学习的榜样

的比率大致相当,均在5%以下。可见,不同地区对今天雷锋仍是所有人学习的榜样的认可比较一致。

(五)六个地区公众均具有民族平等观念

表3－6－8　六个地区公众的民族平等观念　(%)

	北京人	上海人	广东人	黑龙江人	陕西人	湖北人	合计
非常赞成	77.1	79.0	72.8	81.3	73.2	78.2	77.0(4682)
比较赞成	12.9	13.7	17.9	12.9	15.2	14.8	14.5(882)
一般	6.7	5.0	5.9	3.4	7.3	4.1	5.4(326)
不太赞成	1.8	1.5	1.9	1.3	2.1	1.5	1.7(102)
不赞成	1.5	0.8	1.5	1.1	2.2	1.4	1.4(85)
合计	100(1052)	100(1087)	100(961)	100(1044)	100(947)	100(987)	100(6077)
$\chi^2 = 50.801$		df = 20		p = 0.000		$\lambda = 0.009$	

调查结果(见表3－6－8)显示:不同地区公众赞成我国56个民族无论大小是平等的比率均超过了88%,其中,黑龙江人(94.2%)、湖北人(93.0%)比其他地区公众赞成民族平等观念的比率明显高;不同地区公众不赞成民族平等观念的比率也大体相当。可见,不同地区公众对民族平等观念的认可比较一致。

(六)六个地区公众对国家民族政策的认可略有差异

分析结果(见表3－6－9)表明:除了广东人之外,其他地区公众赞成国家应当继续推行优先照顾少数民族发展的政策的比率均在70%以上,其中,上海人、湖北人较其他地区公众赞成国家民族政策的比率明显高;不同地区公众不赞成国家民族政策的比率大体相当,都在15%左右,上海人较其他地区公众不赞成的比率明显低。可见,不同地区公众对我国一贯推行的民族政策的认可略有差异。

表3-6-9 六个地区公众对民族政策的看法 （%）

	北京	上海	广东	黑龙江	陕西	湖北	合计
非常赞成	45.5	46.3	39.2	50.3	42.3	50.0	45.7(2772)
比较赞成	25.7	29.9	29.0	24.5	31.0	26.8	27.8(1686)
一般	16.5	15.9	20.0	15.0	17.2	13.0	16.2(984)
不太赞成	5.9	5.3	7.4	6.0	5.2	5.4	5.9(355)
不赞成	6.4	2.6	4.4	4.2	4.3	4.8	4.4(269)
合计	100(1051)	100(1086)	100(955)	100(1040)	100(949)	100(989)	100(6066)
$\chi^2 = 71.528$		df = 20			p = 0.000		$\lambda = 0.011$

第四章

公众集体（个人）观的差异分析

一、不同性别者的集体（个人）观比较

调查结果显示：不同性别公众的集体（个人）观并不存在显著差异，性别与其集体（个人）观不相关。从总体上看，男性、女性公众均对集体主义的认知较深刻，行为上也体现出较高的集体主义和奉献的倾向。

（一）不同性别者对集体力量价值认可程度均很高

分析结果（见表4－1－1）表明：男性、女性中赞成（包括非常赞成和比较赞成，下同）"集体的力量大于个人的力量"的人数比率很高，均超过88%，其中女性的比率较男性只高0.9%；不赞成（包括不太赞成和不赞成，下同）的男性、女性比率很低，均不足4%，其中男性比率较女性高1.1%。可见，不同性别者均认可集体力量价值。

表4-1-1　性别与对"集体的力量大于个人的力量"的认可　（%）

	非常赞成	比较赞成	一般	不太赞成	不赞成	合计
男	60.7	27.6	8.3	1.8	1.6	100(3321)
女	61.0	28.2	8.5	1.5	0.8	100(2826)
合计	60.9	27.9	8.3	1.6	1.3	100(6164)
$\chi^2 = 13.947$		df = 4		p = 0.067		$\lambda = 0.000$

分析结果（见表4-1-2）显示：男性、女性中赞成"一个篱笆三个桩，一个好汉三个帮"的比率相当，均占77%左右；不赞成的男性比率较之女性高1.9%。可见，不同性别者对此的认可基本一致。

表4-1-2　性别与对"一个篱笆三个桩，一个好汉三个帮"的认可　（%）

	非常赞成	比较赞成	一般	不太赞成	不赞成	合计
男	46.9	29.6	15.0	4.4	4.1	100(3289)
女	46.2	31.1	16.1	4.1	2.5	100(2806)
合计	46.6	30.2	15.5	4.3	3.4	100(6112)
$\chi^2 = 15.707$		df = 4		p = 0.003		$\lambda = 0.000$

（二）不同性别者均肯定个人与他人的相互关系

分析结果（见表4-1-3）显示：男性、女性中赞成"我为人人，人人为我"的比率均很高，超过73%，女性稍高于男性（0.9%）；不赞成的比率均很低，不足11%，男性稍高于女性（1.4%）。可见，不同性别者对"我为人人，人人为我"的认知大体一致。

表4-1-3　性别与对"我为人人，人人为我"的认知　（%）

	非常赞成	比较赞成	一般	不太赞成	不赞成	合计
男	48.3	25.5	15.4	5.4	5.4	100(3320)
女	47.3	27.4	15.9	4.9	4.5	100(2825)
合计	47.9	26.4	15.6	5.1	5.0	100(6162)
$\chi^2 = 6.315$		df = 4		p = 0.189		$\lambda = 0.000$

分析结果(见表4-1-4)显示:男性、女性中赞成"各人自扫门前雪,莫管他人瓦上霜"的比率均较低,不足17%,男性的稍高(0.7%);不赞成的比率均较高,超过65%,女性的稍高(2.2%)。可见,不同性别者与对"各人自扫门前雪,莫管他人瓦上霜"的认知基本一致。

表4-1-4　性别与对"各人自扫门前雪,莫管他人瓦上霜"的认知　(%)

	非常赞成	比较赞成	一般	不太赞成	不赞成	合计
男	8.2	8.3	18.3	28.8	36.4	100(3258)
女	7.2	8.6	16.8	29.2	38.2	100(2791)
合计	7.7	8.5	17.6	29.0	37.2	100(6066)
$\chi^2 = 5.569$		df = 4		p = 0.234		$\lambda = 0.000$

分析结果(见表4-1-5)表明:男性、女性中赞成"任何时候个人的要求都应得到尊重"的比率均较高,超过58%;不赞成的比率均相对较低,不足22%。可见,不同性别者对"任何时候个人的要求都应得到尊重"的认知大体一致。

表4-1-5　性别与对"任何时候个人的要求都应得到尊重"的认知　(%)

	非常赞成	比较赞成	一般	不太赞成	不赞成	合计
男	33.6	25.4	19.6	12.7	8.7	100(3303)
女	34.6	24.8	20.0	13.1	7.5	100(2817)
合计	34.1	25.1	19.8	12.9	8.2	100(6137)
$\chi^2 = 4.226$		df = 4		p = 0.376		$\lambda = 0.000$

(三)不同性别者均倾向于为集体做事

分析结果(见表4-1-6)显示:女性中选择"乐于为集体做事"的比率超过67%,比男性高3.4%。可见,不同性别者主动为集体做事的行为倾向比较一致。

女性中选择"大家都去做我也去做"的比率均不足17%,比男性高

0.5%。可见,不同性别者"大家都去做我也去做"的行为倾向基本一致。

女性中选择"只要安排我去做就去做"的比率占40%,比男性高3.2%。可见,不同性别者"只要安排我去做就去做"的行为倾向大体一致。

男性中选择"对自己有利就去做"的比率超过12%,比女性高3.1%。可见,不同性别者这种逃避为集体做事的倾向比较一致。

男性中选择"不能做自己的事就不去做"的比率占7%,比女性高0.9%。可见,不同性别者的"不能做自己的事就不去做"行为倾向大体一致。

男性中选择"能不做就尽量不做"的不足7%,比女性高1.7%。可见,不同性别者这种逃避为集体做事的倾向比较一致。

表4-1-6 性别与为集体做事行为倾向 (%)

	男	女	总计(N)	χ^2	df	p	λ
乐于去做	63.7	67.1	65.2(4023)	7.862	1	0.05	0.000
大家都去做我也去做	16.4	16.9	16.6(1025)	0.312	1	0.577	0.000
只要安排我去做就去做	36.8	40.0	38.3(2360)	6.665	1	0.010	0.000
对自己有利就去做	12.6	9.5	11.2(691)	14.764	1	0.000	0.000
不能做自己的事就不去做	7.0	6.1	6.6(405)	2.100	1	0.147	0.000
能不做就尽量不做	6.4	4.7	5.6(346)	8.949	1	0.003	0.000

(四)不同性别者大多坚持集体主义利益取向

1. 男性、女性大多认可个人利益要服从集体利益

分析结果(见表4-1-7)显示:在个人利益与集体利益关系上,女性中赞成个人利益要服从集体利益的比率超过67%,比男性高2.6%;不赞成的比率均很低,不足10%。可见,不同性别者对"个人利益要服从集体利益"的取向基本一致。

表4-1-7 性别与"个人利益要服从集体利益"取向 （%）

	非常赞成	比较赞成	一般	不太赞成	不赞成	合计
男	37.3	33.1	20.5	5.6	3.5	100(3260)
女	38.9	34.1	20.1	4.2	2.7	100(2778)
合计	38.0	33.6	20.3	5.0	3.1	100(6038)
$\chi^2 = 11.353$		df = 4		p = 0.023		$\lambda = 0.000$

2. 男性、女性大多注重他人利益、关注个人利益

分析结果(见表4-1-8)显示:男性、女性中赞成"毫不利己,专门利人"的比率均超过51%,其中女性较男性高0.7%;男性、女性中不赞成的比率均不足28%,其中女性较男性高0.5%。可见,不同性别者对"毫不利己,专门利人"的认可高度一致。

表4-1-8 性别与对"毫不利己,专门利人"的认可 （%）

	非常赞成	比较赞成	一般	不太赞成	不赞成	合计
男	30.6	21.0	21.8	13.4	13.2	100(3317)
女	31.1	21.2	20.8	14.9	12.2	100(2827)
合计	30.8	21.1	21.3	14.1	12.7	100(6144)
$\chi^2 = 4.586$		df = 4		p = 0.332		$\lambda = 0.000$

分析结果(见表4-1-9)显示:男性中赞成"利人利己"的比率超过78%,比女性高4.4%。可见,不同性别者对"利己利人"的认可比较一致。

表4-1-9 性别与对"利人利己"的认可 （%）

	非常赞成	比较赞成	一般	不太赞成	不赞成	合计
男	51.0	27.7	11.3	4.7	5.3	100(3302)
女	46.5	27.9	14.0	5.0	6.6	100(2817)
合计	48.9	27.9	12.5	4.8	5.9	100(6119)
$\chi^2 = 20.095$		df = 4		p = 0.000		$\lambda = 0.006$

分析结果(见表4-1-10)显示:男性、女性中赞成"只要不损害他人利

益可以追求自己利益"的比率相当,均占80%左右;不赞成的女性比率较之男性高0.6%。可见,不同性别者对"只要不损害他人利益可以追求自己利益"的认可比较一致。

表4-1-10 性别与对"只要不损害他人利益可以追求自己利益"的认可 (%)

	非常赞成	比较赞成	一般	不太赞成	不赞成	合计
男	37.6	33.9	17.2	5.6	5.7	100(3275)
女	34.3	35.3	18.5	6.5	5.4	100(2790)
合计	36.1	34.6	17.8	6.0	5.5	100(6065)
$\chi^2 = 9.600$		df = 4		p = 0.048		$\lambda = 0.008$

分析结果(见表4-1-11)显示:男性中赞成"主观为自己,客观为别人"的观点比率超过34%,比女性高3.6%。可见,不同性别者对"主观为自己,客观为别人"的认可比较一致。

表4-1-11 性别与对"主观为自己,客观为别人"的认可 (%)

	非常赞成	比较赞成	一般	不太赞成	不赞成	合计
男	14.6	19.6	31.1	17.3	17.5	100(3203)
女	12.9	17.7	32.2	20.1	17.1	100(2751)
合计	13.7	18.8	31.6	18.6	17.3	100(5954)
$\chi^2 = 13.099$		df = 4		p = 0.011		$\lambda = 0.000$

分析结果(见表4-1-12)显示:男性中赞成"做人做事要考虑自己利益"的比率超过39%,比女性高6.9%。可见,不同性别者对"做人做事要考虑自己利益"的认可比较一致。

表4-1-12 性别与对"做人做事要考虑自己利益"的认可 (%)

	非常赞成	比较赞成	一般	不太赞成	不赞成	合计
男	14.8	24.3	30.2	16.8	13.9	100(3237)
女	12.0	20.2	29.2	21.7	16.9	100(2776)
合计	13.5	22.4	29.7	19.1	15.3	100(6013)
$\chi^2 = 47.728$		df = 4		p = 0.000		$\lambda = 0.011$

　　分析结果(见表4－1－13)显示:男性中赞成"人不为己,天诛地灭"观点的比率不足25%,比女性高2.5%。可见,不同性别者对"人不为己,天诛地灭"的认可大体一致。

表4－1－13　性别与对"人不为己,天诛地灭"的认可　(%)

	非常赞成	比较赞成	一般	不太赞成	不赞成	合计
男	12.3	12.2	21.3	18.5	35.7	100(3242)
女	10.4	11.6	21.4	19.6	37.0	100(2757)
合计	11.5	11.9	21.3	19.0	36.3	100(5999)
$\chi^2 = 6.964$		df = 4		p = 0.138		$\lambda = 0.000$

　　分析结果(见表4－1－14)显示:男性、女性中赞成"损人利己"的比率均很高,超过83%,女性的稍高于男性(1.8%);可见,不同性别者对"损人利己"的认可比较一致。

表4－1－14　性别与对"损人利己"的认可　(%)

	非常赞成	比较赞成	一般	不太赞成	不赞成	合计
男	58.2	25.5	11.2	3.4	1.7	100(3300)
女	61.9	23.6	11.3	2.3	0.9	100(2811)
合计	59.8	24.6	11.3	2.9	1.4	100(6111)
$\chi^2 = 11.413$		df = 4		p = 0.022		$\lambda = 0.000$

　　分析结果(见表4－1－15)显示:男性、女性中赞成"损人不利己"的比率均很低,不足11%,女性的稍高于男性(0.1%)。可见,不同性别者对"损人不利己"不认可高度一致。

表4－1－15　性别与对"损人不利己"的认可　(%)

	非常赞成	比较赞成	一般	不太赞成	不赞成	合计
男	4.5	5.9	10.0	13.2	66.4	100(3178)
女	4.9	5.4	10.0	15.2	64.5	100(2729)
合计	4.8	5.6	10.0	14.1	65.5	100(5907)
$\chi^2 = 6.357$		df = 4		p = 0.174		$\lambda = 0.000$

　　集体主义认为在个人利益与集体利益的关系上，个人利益需要得到尊重和维护，但不能为了追求自己利益而损害他人利益，要把握适度原则。为了更深入研究个人利益与他人利益的关系，本研究将以上 8 个问题分为四类，选择各类中具有代表性的 4 个问题（"毫不利己，专门利人"、"只要不损害他人利益可以追求自己利益"、"做人做事要考虑自己利益"、"损人利己"）进行赋值分析（见表 4-1-16）。赋值分析结果（见表 4-1-17）显示：在个人利益与他人利益的关系上，女性中赞成集体主义利益取向的超过72%，比男性高4.9%；男性、女性中不赞成的比率均很低，不足4%，其中男性比女性高0.9%。可见，不同性别者的集体主义利益取向比较一致。

表 4-1-16　个人利益与他人利益　N＝5892

	不赞成	不太赞成	一般	比较赞成	非常赞成
得分	4—6	7—10	11—13	14—17	18—20
%	0.1	3.1	27.0	58.0	11.9
N	3	180	1589	3419	701

注：1. 对"毫不利己，专门利人"、"只要不损害他人利益可以追求自己利益"按非常赞同、比较赞成、一般、不太赞成、不赞成依次赋 5、4、3、2、1 分；对"做人做事要考虑自己利益"、"损人利己"按非常赞同、比较赞成、一般、不太赞成、不赞成依次赋 1、2、3、4、5 分，相加合并得出公众在个人利益与他人利益间利益取向的得分分布状况。

　　2. 得分越高说明越赞成集体主义的利益取向，越低说明越不赞成集体主义的利益取向；6 分及以下视为不赞成，7—10 分视为不太赞成，11—13 分视为一般，14—17 分视为比较赞成，18 分及以上视为非常赞成。

　　3. 后文的分析也均将采用该方法。

表 4-1-17　性别与集体主义利益取向　（%）

	非常赞成	比较赞成	一般	不太赞成	不赞成	合计
男	10.9	56.8	28.8	3.4	0.1	100(3165)
女	13.1	59.5	24.8	2.6	0.0	100(2710)
合计	11.8	58.1	27.0	3.0	0.1	100(5875)
$\chi^2 = 21.915$		df = 4		p = 0.000		$\lambda = 0.003$

(五)不同性别者均愿意作出一定奉献

分析结果(见表4-1-18)显示:男性中赞成"不计报酬的奉献太难做到"的比率近47%,比女性高7.0%;女性中不赞成的比率占29.2%,比男性高3.8%。可见,不同性别者对"不计报酬的奉献太难做到"的认可比较一致。

表4-1-18　性别与"不计报酬的奉献太难做到"的看法　(%)

	非常赞成	比较赞成	一般	不太赞成	不赞成	合计
男	19.3	27.4	27.9	12.8	12.6	100(3257)
女	16.2	23.5	31.1	14.8	14.4	100(2785)
合计	17.8	25.6	29.4	13.8	13.4	100(6042)
$\chi^2 = 29.252$		df = 4		p = 0.000		$\lambda = 0.000$

分析结果(见表4-1-19)显示:女性比男性中不赞成"见义勇为牺牲自己生命是不值得"的比率高3.7%;男性比女性赞成的比率高2.6%;女性中不赞成的比率超过半数,比男性高3.7%。可见,不同性别者对此认知的差异不大。

表4-1-19　性别与"见义勇为牺牲自己生命是不值得的"的看法　(%)

	非常赞成	比较赞成	一般	不太赞成	不赞成	合计
男	12.0	13.8	24.8	22.5	26.9	100(3240)
女	10.6	12.6	23.7	24.2	28.9	100(2778)
合计	11.4	13.2	24.3	23.3	27.8	100(6018)
$\chi^2 = 8.632$		df = 4		p = 0.071		$\lambda = 0.000$

分析结果(见表4-1-20)显示:男性、女性中"如果有钱愿意捐助慈善事业、希望工程或贫困人"的比率均超过86%,女性的比率只比男性高1.1%。不同性别者的奉献倾向基本一致。

表 4 - 1 - 20　性别与"如果有钱是否愿意捐助"的倾向　（％）

	非常愿意	比较愿意	可能愿意	不太愿意	不愿意	说不清	合计
男	60.5	26.2	7.1	1.0	1.4	3.8	100(3331)
女	62.8	25.0	7.4	0.6	1.0	3.2	100(2813)
合计	61.6	25.7	7.2	0.8	1.2	3.5	100(6144)
$\chi^2 = 8.762$		df = 5		p = 0.119		$\lambda = 0.000$	

二、不同年龄者的集体（个人）观比较

分析结果显示：年龄与公众集体（个人）观的许多方面都存在相关关系。老年人对集体力量价值的认可、对个人与他人关系的肯定程度比其他年龄段者高，对奉献的倾向也更强；青年对个人与他人关系、集体主义的利益取向的肯定程度比其他年龄段者（相对）略低。

（一）老年人对集体力量价值认可程度更高

表 4 - 2 - 1　年龄与对"集体的力量大于个人的力量"的认可　（％）

	10 岁以下	10—19 岁	20—29 岁	30—39 岁	40—49 岁	50—59 岁	60 岁及以上	合计
非常赞成	72.7	65.8	54.7	56.5	62.0	66.8	72.1	61.0
比较赞成	16.8	23.7	32.2	31.9	26.7	25.7	20.8	27.9
一般	6.3	8.0	10.3	8.2	8.3	5.3	5.4	8.3
不太赞成	1.4	1.4	1.7	2.1	1.5	1.0	1.3	1.6
不赞成	2.8	1.1	1.1	1.3	1.5	1.2	0.4	1.2
合计	100(144)	100(1462)	100(1551)	100(1194)	100(968)	100(495)	100(337)	100(6151)
$\chi^2 = 96.603$		df = 24		p = 0.000		G = -0.005	

分析结果（见表 4 - 2 - 1）表明：60 岁及以上、50—59 岁者中赞成集体

力量大于个人力量的比率居前两位,均超过 92% ;以下依次是 10 岁以下、10—19 岁、40—49 岁、30—39 岁,均占 89% 左右;20—29 岁相对稍低,不足 87% 。可见,青少年、老年人更倾向于认可集体力量大于个人力量。

分析结果(见表 4 - 2 - 2)显示:各年龄段者赞成"一个篱笆三个桩,一个好汉三个帮"的人数比率均较高;其中 60 岁及以上者中认可比率最高,占近 90% ;以下依次是 50—59 岁、40—49 岁、30—39 岁、10 岁以下、20—29 岁者;10—19 岁者的比率最低,比 60 岁及以上者的低 21% 。可见,不同年龄者对此观点的认可有明显差异。随着年龄的增加,公众对此观点认可程度呈上升趋势,两者(通过检验)可能存在相关性。

表 4 - 2 - 2 年龄与对"一个篱笆三个桩,一个好汉三个帮"的认可 (%)

	10 岁以下	10—19 岁	20—29 岁	30—39 岁	40—49 岁	50—59 岁	60 岁及以上	合计
非常赞成	56.0	42.1	40.1	49.9	48.3	58.4	65.0	46.6
比较赞成	22.7	26.3	33.7	30.7	34.3	28.5	24.4	30.4
一般	13.5	19.4	18.8	12.2	12.8	10.7	8.0	15.5
不太赞成	2.1	7.5	3.9	4.1	2.4	1.2	1.3	4.2
不赞成	5.7	4.7	3.5	3.1	2.2	1.2	1.3	3.3
合计	100(141)	100(1455)	100(1533)	100(1189)	100(959)	100(485)	100(238)	100(6000)
$\chi^2 = 222.288$			df = 24		p = 0.000		G = -0.154	

(二)老年人更肯定个人与他人之间的相互关系

分析结果(见表 4 - 2 - 3)显示:赞成"我为人人,人人为我"的共 4568 人;其中 60 岁及以上者中赞成的人数比率最高,超过 82% ;以下依次是 10 岁以下、50—59 岁、10—19 岁、40—49 岁者,均占 78% 左右;30—39 岁、20—29 岁者的比率相对稍低,比 60 岁及以上者分别低 12.3% 、12.6% 。可见,不同年龄者对此认知的认同程度有差异,青年的认同程度比其他年龄段者低。

表4－2－3　年龄与对"我为人人，人人为我"的认知　（％）

	10岁以下	10—19岁	20—29岁	30—39岁	40—49岁	50—59岁	60岁及以上	合计
非常赞成	72.9	54.4	39.2	43.3	48.7	50.8	59.5	47.8
比较赞成	8.3	24.1	30.5	26.7	25.8	28.1	22.8	26.4
一般	10.4	14.9	19.5	15.9	14.7	10.7	11.2	15.6
不太赞成	3.5	2.7	5.7	7.5	5.7	4.3	4.4	5.1
不赞成	4.9	3.9	5.1	6.6	5.1	6.1	2.1	5.1
合计	100(144)	100(1467)	100(1545)	100(1193)	100(968)	100(494)	100(338)	100(6149)
$\chi^2 = 189.826$		df = 24			p = 0.000			G = 0.024

　　分析结果（见表4－2－4）显示：赞成"各人自扫门前雪，莫管他人瓦上霜"的共972人；其中10岁以下者中赞成的比率最高，超过30％；以下依次是10—19岁、40—49岁、60—69岁、50—59岁、30—39岁者，均有18％左右的人赞成；20—29岁者中的比率较低，不足11％。可见，不同年龄者对此认知的认同有差异，青少年的认同程度比其他年龄段者低。

表4－2－4　年龄与对"各人自扫门前雪，莫管他人瓦上霜"的认知　（％）

	10岁以下	10—19岁	20—29岁	30—39岁	40—49岁	50—59岁	60岁及以上	合计
非常赞成	17.9	10.7	4.3	6.2	9.8	7.1	8.7	7.8
比较赞成	12.9	9.8	6.0	8.4	10.3	8.3	7.8	8.5
一般	7.1	17.0	19.7	18.2	18.2	15.6	10.4	17.5
不太赞成	18.6	23.4	36.3	31.0	28.0	26.9	18.6	28.9
不赞成	43.5	39.1	33.7	36.2	33.7	42.1	54.5	37.3
合计	100(140)	100(1449)	100(1529)	100(1181)	100(951)	100(480)	100(231)	100(5961)
$\chi^2 = 203.193$		df = 24			p = 0.000			G = 0.023

　　分析结果（见表4－2－5）显示：赞成"任何时候个人的要求都应得到尊重"的共3572人；其中10—19岁者中赞成的人数比率最高，占67％；以下依次是10岁以下、40—49岁、20—29岁、30—39岁者，均占59％左右；50—59、60岁及以上者的比率相对稍低，均不足50％。可见，不同年龄者对此认

知的认同有明显差异。青少年较其他年龄段者更倾向于赞成此认知,两者
(通过检验)可能存在相关性。

表4－2－5　年龄与对"任何时候个人的要求都应得到尊重"的认知　(%)

	10 岁以下	10—19 岁	20—29 岁	30—39 岁	40—49 岁	50—59 岁	60 岁及以上	合计
非常赞成	47.5	42.9	29.4	31.5	34.5	27.9	27.5	34.1
比较赞成	14.2	24.1	28.2	25.5	25.7	21.5	21.8	25.2
一般	17.7	19.5	22.8	19.5	17.9	18.0	15.5	19.8
不太赞成	8.5	8.8	13.2	14.3	13.7	18.9	15.0	12.8
不赞成	12.1	4.7	6.4	9.2	8.2	13.7	20.2	8.1
合计	100(141)	100(1462)	100(1544)	100(1195)	100(962)	100(488)	100(233)	100(6025)
$\chi^2 = 220.975$		df = 24		p = 0.000			G = 0.123	

(三)青少年、老年为集体做事的主动性更强

表4－2－6　年龄与为集体做事行为倾向　(%)

	10 岁以下	10—19 岁	20—29 岁	30—39 岁	40—49 岁	50—59 岁	60 岁及以上	合计	p	λ
乐于去做	78.2	72.1	64.1	58.5	61.2	65.9	70.8	65.2(4039)	0.000	0.000
大家都去做我也去做	22.5	17.2	15.6	17.7	15.3	17.1	15.7	17.3(1027)	0.098	0.000
只要安排我去做就去	25.4	33.8	38.8	42.1	40.3	40.2	38.2	41.3(2367)	0.000	0.000
对自己有利就去做	12.0	13.2	9.4	9.9	14.2	10.5	7.9	11.0(693)	0.095	0.000
不能做自己事就不去	7.0	7.4	6.4	6.3	6.5	5.4	6.2	6.5(405)	0.936	0.000
能不做就尽量不做	4.9	6.7	4.0	5.9	6.9	5.0	4.8	5.5(348)	0.310	0.000

分析结果(见表4－2－6)显示:10岁以下者中赞同"乐于去做"的人数

比率最高,近79%;其次是10—19岁者和60岁以上者,均超过70%;50—59岁、20—29岁者均占65%左右;30—39岁者的比率最低,不足59%。可见,青少年和年长者主动为集体做事的倾向较壮年者高。

10岁以下者中赞同"大家都去做我也去做"的人数比率最高,超过22%;其次是30—39岁、10—19岁、50—59岁者,均占17.5%左右;60岁及以上、20—29岁、40—49岁者的比率较低,均不足16%。

30—39岁者中赞同"只要安排我去做我就去"的人数比率最高,超过42%;其次是40—49岁、50—59岁、20—29岁者,均占39.5%左右。10—19岁者的比率稍低,不足34%;10岁以下者的比率最低,但也超过了四分之一。可见,和其他年龄段者相比,少年中有被动为集体做事倾向的人更少。

40—49岁者中赞同"对自己有利就去做"的人数比率最高,超过14%;其次是10—19岁、10岁以下者,其比率较前者分别低1%、2.2%;再次是50—59岁、30—39岁、20—29岁者,均占10%左右;60岁及以上者的比率最低,不足8%。可见,不同年龄者这种逃避为集体做事的倾向大体一致。

10—19岁、10岁以下者中赞同"不能做自己事就不去"的比率居前两位,均超过7%;40—49岁、20—29岁、30—39岁、60岁及以上者的比率较低,均占6.3%左右;50—59岁者的比率很低,不足5.4%。可见,少年中有此倾向的较其他年龄段者高。

40—49岁、10—19岁者中赞同"能不做就尽量不做"的比率居前两位,均占6.8%左右;其次是30—39岁、50—59岁者,均占5.5%左右;10岁以下、60岁及以上者的比率均未超过5%;20—29岁者的比率最低,仅占4%。可见,不同年龄段者的此行为倾向基本一致。

(四)老年人更重视集体利益

分析结果(见表4-2-7)显示:在个人利益与集体利益关系上,60岁及以上、10岁以下、50—59岁者中赞成"个人利益要服从集体利益"的人数比率居前三位,均超过80%;10—19岁、40—49岁者中的比率也超过71%;30—39岁、20—29岁者相对稍低,比60岁及以上者分别低15.3%、17%。

可见,不同年龄者的集体利益取向有差异,青年较其他年龄段者稍低。

表4-2-7　年龄与"个人利益要服从集体利益"取向　（%）

	10岁以下	10—19岁	20—29岁	30—39岁	40—49岁	50—59岁	60岁及以上	合计
非常赞成	56.2	42.3	28.5	32.4	41.0	48.3	57.0	38.0
比较赞成	24.8	32.1	37.8	35.5	30.2	31.8	26.1	33.5
一般	15.3	17.5	25.4	22.0	21.4	13.3	11.0	20.4
不太赞成	1.5	4.9	5.2	6.6	4.3	3.9	3.8	5.0
不赞成	2.2	3.2	3.1	3.5	3.1	2.7	2.1	3.1
合计	100(137)	100(1455)	100(1526)	100(1168)	100(940)	100(487)	100(237)	100(5950)
$\chi^2=189.066$		df=24		p=0.000		G=-0.027		

赋值分析结果(见表4-2-8)显示:在个人利益与他人利益的关系上,60岁及以上者中赞成集体主义利益取向的比率最高,占81%;以下依次是50—59岁、40—49岁、30—39岁、10—19岁、20—29岁者;10岁以下者的比率最低,比60岁及以上者低24.5%。可见,不同年龄者的集体主义利益取向有明显差异。年龄越大越倾向于集体主义利益取向,两者(通过检验)可能相关。

表4-2-8　年龄与集体主义利益取向　（%）

	10岁以下	10—19岁	20—29岁	30—39岁	40—49岁	50—59岁	60岁及以上	合计
非常赞成	6.9	12.6	6.8	12.0	13.5	18.1	24.8	11.9
比较赞成	49.6	55.9	58.1	59.7	60.0	61.6	56.2	58.1
一般	35.1	27.3	31.9	25.3	24.5	19.3	18.1	26.9
不太赞成	7.6	4.2	3.2	3.0	2.0	0.9	0.9	3.1
不赞成	0.8	0.0	0.1	0.0	0.1	0.0	0.0	0.1
合计	100(131)	100(1438)	100(1507)	100(1129)	100(919)	100(441)	100(226)	100(5791)
$\chi^2=170.888$		df=24		p=0.000		G=0.134		

（五）各年龄段者均愿意做出一定奉献，青年对奉献认知更深刻

表4-2-9　年龄与"不计报酬的奉献太难做到"的看法　（%）

	10岁以下	10—19岁	20—29岁	30—39岁	40—49岁	50—59岁	60岁及以上	合计
非常赞成	25.8	14.7	15.7	16.9	21.2	23.6	28.5	17.9
比较赞成	13.7	18.7	29.8	28.1	27.7	27.6	23.7	25.6
一般	21.6	28.4	32.8	30.3	28.8	24.3	22.8	29.3
不太赞成	10.8	17.4	12.1	13.0	12.6	13.4	11.0	13.7
不赞成	28.1	20.8	9.6	11.7	9.7	11.1	14.0	13.5
合计	100(139)	100(1463)	100(1538)	100(1166)	100(940)	100(478)	100(228)	100(5952)
$\chi^2 = 249.259$		df = 24		p = 0.000			G = -0.135	

分析结果（见表4-2-9）显示：60岁及以上者中赞成"不计报酬的奉献太难做到"的人数比率最高，超过52%；以下依次是50—59岁、40—49岁、20—29岁、30—39岁者，均在48%左右；10岁以下、10—19岁者的相对较低，比60岁及以上者分别低12.6%、18.9%。可见，不同年龄者对此认知有显著差异；年龄越大，越倾向于赞同此认知。两者（通过检验）可能存在相关性。

表4-2-10　年龄与"见义勇为牺牲自己生命是不值得的"看法　（%）

	10岁以下	10—19岁	20—29岁	30—39岁	40—49岁	50—59岁	60岁及以上	合计
非常赞成	24.5	12.3	8.3	10.0	14.3	10.9	10.8	13.1
比较赞成	7.2	11.2	13.8	14.7	14.6	14.9	10.4	13.3
一般	14.4	20.3	27.7	28.3	24.5	23.2	16.0	24.4
不太赞成	13.7	22.9	27.9	22.8	20.4	20.1	22.2	23.3
不赞成	40.2	33.3	22.3	24.2	26.2	30.9	40.7	27.9
合计	100(139)	100(1460)	100(1527)	100(1161)	100(938)	100(475)	100(231)	100(5931)
$\chi^2 = 182.842$		df = 24		p = 0.000			G = -0.034	

分析结果（见表4-2-10）显示：10岁以下者中赞成"见义勇为牺牲自己

生命是不值得的"的比率最高,超过31%;以下依次是40—49岁、50—59岁、30—39岁、10—19岁、20—29岁者,均占25%左右;60岁及以上者的比率相对较低,比10岁以下的低10.5%。可见,不同年龄者对此认知有差异。

表4-2-11　年龄与"如果有钱是否愿意捐助"的倾向　(%)

	10岁以下	10—19岁	20—29岁	30—39岁	40—49岁	50—59岁	60岁及以上	合计
非常愿意	74.2	63.3	61.0	61.1	59.6	58.8	70.0	61.8
比较愿意	12.9	23.1	26.8	25.5	27.2	29.8	24.3	25.6
可能愿意	5.0	8.3	7.9	6.7	7.2	6.4	1.6	7.2
不太愿意	1.4	1.1	0.5	0.7	1.4	0.4	0.0	0.8
不愿意	3.6	1.2	0.8	1.4	1.1	1.4	1.2	1.2
说不清	2.9	3.0	3.0	4.6	3.5	3.2	2.9	3.4
合计	100(139)	100(1456)	100(1550)	100(1191)	100(967)	100(500)	100(243)	100(6046)
$\chi^2=71.246$		df = 30		p = 0.006		G = 0.020		

分析结果(见表4-2-11)显示:60岁及以上者中表示"如果有钱愿意捐助慈善事业、希望工程或贫困的人等"的人数比率最高,超过94%;以下依次是50—59岁、20—29岁、10岁以下、40—49岁、30—39岁、10—19岁者,均有87.5%左右的人赞成。可见,不同年龄者的奉献行为倾向有差异。

三、不同民族者的集体(个人)观比较

调查结果显示:不同民族者的集体(个人)观差异不大,民族与公众的集体(个人)观不相关。各民族大多对集体主义有较深刻的认知,行为上也表现出较高的集体主义和奉献的倾向。

(一)各民族对集体力量价值认可程度均很高

分析结果(见表4-3-1)表明:少数民族中赞成"集体的力量大于个人

的力量"的比率超过90%,比汉族高1.8%。可见,不同民族对"集体力量大于个人力量"的认可比较一致。

表4-3-1　民族与对"集体的力量大于个人的力量"的认可　(%)

	非常赞成	比较赞成	一般	不太赞成	不赞成	合计
汉族	60.4	28.3	8.3	1.7	1.3	100(5770)
少数民族	68.1	22.3	8.8	0.5	0.3	100(377)
$\chi^2 = 17.839$		df = 8		p = 0.006		$\lambda = 0.000$

分析结果(见表4-3-2)显示:少数民族中赞成"一个篱笆三个桩,一个好汉三个帮"的比率占近78%,比汉族高1%。可见,不同民族对此的认可高度一致。

表4-3-2　民族与对"一个篱笆三个桩,一个好汉三个帮"的认可　(%)

	非常赞成	比较赞成	一般	不太赞成	不赞成	合计
汉族	46.2	30.6	15.6	4.3	3.3	100(5721)
少数民族	51.9	25.9	14.8	3.8	3.6	100(374)
$\chi^2 = 5.365$		df = 4		p = 0.252		$\lambda = 0.000$

(二)各民族均肯定个人与他人的相互关系

分析结果(见表4-3-3)显示:汉族中赞成"我为人人,人人为我"的人数比率占近75%,比少数民族高1.7%。可见,不同民族对此认知高度一致。

表4-3-3　民族与对"我为人人,人人为我"的认知　(%)

	非常赞成	比较赞成	一般	不太赞成	不赞成	合计
汉族	48.1	26.3	15.7	5.0	4.9	100(5769)
少数民族	45.7	26.9	14.9	6.9	5.6	100(376)
$\chi^2 = 3.316$		df = 4		p = 0.506		$\lambda = 0.000$

分析结果(见表4-3-4)显示:汉族中赞成"各人自扫门前雪,莫管他

人瓦上霜"的人数比率不足17%,比少数民族高1.2%。可见,不同民族对此认知高度一致。分析显示,民族与此认知(未通过检验)不相关。

表4-3-4 民族与对"各人自扫门前雪,莫管他人瓦上霜"的认知 (%)

	非常赞成	比较赞成	一般	不太赞成	不赞成	合计
汉族	7.8	8.5	17.7	28.9	37.1	100(5678)
少数民族	6.5	8.6	15.9	30.2	38.8	100(371)
$\chi^2 = 1.920$		df = 4		p = 0.751		$\lambda = 0.000$

分析结果(见表4-3-5)显示:汉族中赞成"任何时候个人的要求都应得到尊重"的比率占近60%,比少数民族高3.8%。可见,不同民族对此认知基本一致。

表4-3-5 民族与对"任何时候个人的要求都应得到尊重"的认知 (%)

	非常赞成	比较赞成	一般	不太赞成	不赞成	合计
汉族	34.1	25.4	19.6	12.7	8.2	100(5745)
少数民族	34.1	21.6	20.9	16.5	6.9	100(375)
$\chi^2 = 6.979$		df = 4		p = 0.137		$\lambda = 0.000$

(三)各民族均倾向于为集体做事

分析结果(见表4-3-6)显示:少数民族者中对集体的事选择"乐于去做"的人数比率占近69%,比汉族高3.1%。可见,不同民族对此倾向基本一致。

少数民族者中选择"大家都去做我也去做"的比率占17%,比汉族高0.4%。可见,不同民族对此倾向基本一致。

少数民族者中选择"只要安排我去做就去"的比率占近40%,比汉族高1.3%。可见,不同民族对此倾向基本一致。

汉族中选择"对自己有利就去做"的人数比率不足12%,比少数民族高2%。可见,不同民族对此倾向基本一致。

汉族中选择"不能做自己事就不去"的人数比率不足7%,比少数民族高0.8%。可见,不同民族对此倾向高度一致。

汉族中选择"能不做就尽量不做"的比率不足6%,比少数民族高0.6%。可见,不同民族对此倾向高度一致。

表4-3-6　民族与为集体做事行为倾向　(%)

	汉族	少数民族	N	χ^2	df	p	λ
乐于去做	65.1	68.2	4039	1.549	2	0.226	0.000
大家都去做我也去做	16.6	17.0	1027	1.277	2	0.853	0.000
只要安排我去做就去	38.2	39.5	2366	0.543	4	0.602	0.000
对自己有利就去做	11.3	9.3	693	1.511	2	0.223	0.000
不能做自己事就不去	6.6	5.8	405	0.336	2	0.563	0.000
能不做就尽量不做	5.6	4.8	348	5.708	2	0.475	0.000

(四)各民族大多坚持集体主义利益取向

分析结果(见表4-3-7)显示:在个人利益与集体利益的关系上,少数民族者中赞成"个人利益要服从集体利益"的人数比率占80%,比汉族高9.0%。可见,不同民族者的"个人利益要服从集体利益"取向有差异。

表4-3-7　民族与"个人利益要服从集体利益"取向　(%)

	非常赞成	比较赞成	一般	不太赞成	不赞成	合计
汉族	37.6	33.4	20.7	5.1	3.2	100(5667)
少数民族	44.1	35.9	13.7	4.1	2.2	100(370)
$\chi^2 = 14.587$		df = 4		p = 0.006		λ = 0.000

赋值分析结果(见表4-3-8)显示:在个人利益与他人利益的关系上,少数民族者中赞成集体主义利益取向的比率超过75%,比汉族高5.9%。可见,不同民族者的集体主义利益取向比较一致。

表4-3-8 民族与集体主义利益取向 (%)

	非常赞成	比较赞成	一般	不太赞成	不赞成	合计
汉族	11.7	57.8	27.3	3.1	0.1	100(5513)
少数民族	14.6	60.8	22.1	2.5	0.0	100(362)
$\chi^2 = 6.886$		df = 4		p = 0.142		$\lambda = 0.000$

(五)各民族均愿意作出一定奉献

分析结果(见表4-3-9)显示:少数民族者中赞成"不计报酬的奉献太难做到"的比率占近47%,比汉族高3.1%。可见,不同民族者对此看法大体一致。

表4-3-9 民族与"不计报酬的奉献太难做到"的看法 (%)

	非常赞成	比较赞成	一般	不太赞成	不赞成	合计
汉族	17.8	25.5	29.4	13.8	13.5	100(5670)
少数民族	18.2	28.2	28.7	11.5	13.4	100(373)
$\chi^2 = 2.382$		df = 4		p = 0.666		$\lambda = 0.000$

分析结果(见表4-3-10)显示:汉族中赞成"见义勇为牺牲自己生命是不值得的"的比率占近四分之一,比少数民族高3.3%。可见,不同民族者对此看法大体一致。

表4-3-10 民族与"见义勇为牺牲自己生命是不值得的"的看法 (%)

	非常赞成	比较赞成	一般	不太赞成	不赞成	合计
汉族	11.5	13.3	24.6	23.0	27.6	100(5647)
少数民族	8.6	12.9	19.6	27.2	31.7	100(372)
$\chi^2 = 10.894$		df = 4		p = 0.028		$\lambda = 0.000$

分析结果(见表4-3-11)显示:少数民族者中表示"如果有钱愿意捐助慈善事业、希望工程或贫困的人"的比率超过90%,比汉族高3.3%。可见,不同民族者的奉献行为倾向大体一致。

表4-3-11　民族与"如果有钱是否愿意捐助"的倾向　（%）

	非常愿意	比较愿意	可能愿意	不太愿意	不愿意	说不清	合计
汉族	61.0	26.0	7.4	0.9	1.2	3.5	100(5774)
少数民族	71.2	19.1	5.1	0.3	0.5	3.8	100(371)
$\chi^2 = 17.711$		df = 5		p = 0.003		$\lambda = 0.000$	

四、不同宗教信仰者的集体（个人）观比较

调查结果显示:不同宗教信仰者的集体（个人）观差异不大,无宗教信仰者和宗教信仰者的集体（个人）观差异也不大,宗教与公众的集体（个人）观基本不相关。不同宗教信仰者对集体主义的认知较深刻,行为上也体现出较高的集体主义和奉献的倾向。

（一）不同宗教信仰者均认可集体力量的价值

表4-4-1　不同宗教者与对"集体的力量大于个人的力量"的认可　（%）

	无	基督教	天主教	伊斯兰教	佛教	道教	不明宗教	合计
非常赞成	60.2	63.8	71.7	62.7	65.3	60.4	54.5	60.9
比较赞成	27.8	22.8	13.2	23.5	23.6	25.0	40.9	27.9
一般	8.1	9.4	13.2	13.5	8.4	10.5	4.6	8.4
不太赞成	1.6	2.4	0.0	2.3	2.1	0.0	0.0	1.6
不赞成	1.3	1.6	1.9	0.0	0.6	2.1	0.0	1.2
合计	100(5150)	100(254)	100(53)	100(51)	100(484)	100(48)	100(22)	100(6164)
$\chi^2 = 28.057$		df = 24		p = 0.258		$\lambda = 0.000$	

分析结果（见表4-4-1）表明:不明宗教信仰者中赞成"集体力量大于个人力量"的人数比率最高,超过95%;以下依次是佛教、无宗教信仰、基督教、伊斯兰教、道教、天主教信仰者,其比率均在86%左右;无宗教信仰者和

宗教信仰者认可集体力量价值的比率差异不大。可见,不同宗教者对"集体力量大于个人力量"的认可大体一致。

表4－4－2 不同宗教者与对"一个篱笆三个桩,一个好汉三个帮"的认可 (%)

	无	基督教	天主教	伊斯兰教	佛教	道教	不明宗教	合计
非常赞成	46.4	43.5	46.2	54.0	49.4	56.3	39.1	46.6
比较赞成	30.8	29.6	36.5	24.0	26.0	20.8	26.1	30.3
一般	15.3	19.0	9.6	18.0	16.0	14.5	26.2	15.5
不太赞成	4.3	3.6	5.8	2.0	4.4	4.2	4.3	4.3
不赞成	3.2	4.3	1.9	2.0	4.2	4.2	4.3	3.3
合计	100(5110)	100(253)	100(52)	100(50)	100(481)	100(48)	100(23)	100(6112)
	$\chi^2 = 18.787$		df = 24		p = 0.763		$\lambda = 0.000$	

分析结果(见表4－4－2)显示:道教、天主教信仰者中赞成"一个篱笆三个桩,一个好汉三个帮"的比率居前两位,均占85%左右;以下依次是伊斯兰教、无宗教信仰、佛教、基督教信仰者,均占76%左右;无宗教信仰者和宗教信仰者中认可此观点的人数比率差异不大。可见,不同宗教者对"一个篱笆三个桩,一个好汉三个帮"的认可大体一致。

(二)不同宗教信仰者均肯定个人与他人之间的相互关系

表4－4－3 不同宗教者与对"我为人人,人人为我"的认知 (%)

	无	基督教	天主教	伊斯兰教	佛教	道教	不明宗教	合计
非常赞成	44.2	49.6	54.6	54.0	53.1	52.1	52.0	47.8
比较赞成	27.7	19.0	20.8	18.0	24.4	28.6	20.0	26.5
一般	16.9	20.2	17.0	22.0	15.1	10.2	16.0	15.6
不太赞成	5.6	5.2	3.8	2.0	6.0	6.1	4.0	5.1
不赞成	5.6	6.0	3.8	4.0	3.5	2.0	8.0	5.0
合计	100(5148)	100(252)	100(53)	100(50)	100(484)	100(49)	100(25)	100(6162)
	χ2 = 24.829		df = 24		p = 0.415		$\lambda = 0.000$	

分析结果(见表4－4－3)显示:道教信仰者中赞成"人人为我,我为人人"的人数比率最高,超过80%;以下依次是佛教、天主教、伊斯兰教、不明

宗教、无宗教信仰者;基督教信仰者的比率相对稍低,比道教低12%;无宗教信仰者中赞成的比率低于宗教信仰者的平均数。

表4-4-4 不同宗教者与对"各人自扫门前雪,莫管他人瓦上霜"的认知 (%)

	无	基督教	天主教	伊斯兰教	佛教	道教	不明宗教	合计
非常赞成	7.4	9.3	11.5	14.0	7.3	8.5	20.8	7.6
比较赞成	8.4	10.4	7.7	16.0	6.7	19.1	12.5	8.5
一般	17.5	20.9	19.2	14.0	17.7	23.4	8.3	17.6
不太赞成	29.6	22.9	28.9	22.0	28.3	12.8	29.2	29.1
不赞成	37.1	36.5	32.7	34.0	40.0	36.2	29.2	37.2
合计	100(5073)	100(249)	100(52)	100(50)	100(477)	100(47)	100(24)	100(6066)
	$\chi^2 = 38.651$		df = 24		p = 0.030		$\lambda = 0.000$	

分析结果(见表4-4-4)显示:不明宗教、伊斯兰教、道教信仰者中赞成"各人自扫门前雪,莫管他人瓦上霜"的人数比率居前三位,均占30%左右;以下依次是基督教、天主教、无宗教、佛教信仰者,均占17%左右;无宗教信仰者中赞成的比率低于宗教信仰者的平均数。可见,不同宗教者对此认知有差异。

表4-4-5 不同宗教者与对"任何时候个人的要求都应得到尊重"的认知 (%)

	无	基督教	天主教	伊斯兰教	佛教	道教	不明宗教	合计
非常赞成	33.4	32.8	52.8	41.2	39.4	38.3	33.3	34.1
比较赞成	25.1	28.1	32.1	17.6	23.6	21.3	25.0	25.1
一般	19.9	20.2	7.6	31.4	18.4	17.0	16.7	19.8
不太赞成	13.2	12.6	0.0	5.9	12.0	21.3	16.7	13.0
不赞成	8.3	6.3	7.5	3.9	6.6	2.1	8.3	8.0
合计	100(5126)	100(253)	100(53)	100(51)	100(484)	100(47)	100(24)	100(6137)
	$\chi^2 = 41.588$		df = 24		p = 0.014		$\lambda = 0.000$	

分析结果(见表4-4-5)显示:天主教信仰者中赞成"任何时候个人的要求都应得到尊重"的人数比率最高,占近85%;以下依次是道教、佛教、基

督教、伊斯兰教、无宗教、不明宗教信仰者,均占61%左右,无宗教信仰者中赞成的比率低于宗教信仰者的平均数,但差异并不显著。

(三)不同宗教信仰者均愿意为集体做事

表4-4-6 不同宗教者与为集体做事行为倾向 (%)

	无	基督教	天主教	伊斯兰教	佛教	道教	不明宗教	合计	p	λ
乐于去做	65.0	62.1	64.2	80.4	70.3	60.8	56.0	65.3(3971)	0.038	0.000
大家都去做我也去做	16.4	17.4	22.6	13.7	17.5	15.7	16.0	16.6(1008)	0.895	0.000
只要安排我去做就去	38.9	33.6	37.7	29.4	34.6	39.2	28.0	38.2(2321)	0.175	0.000
对自己有利就去做	10.8	15.8	17.0	13.7	12.0	17.6	12.0	11.2(683)	0.096	0.000
不能做自己事就不去	6.2	7.5	11.3	0.0	9.7	5.9	4.0	6.5(398)	0.021	0.000
能不做就尽量不做	5.5	7.9	5.7	5.9	3.5	15.7	12.0	5.6(340)	0.005	0.000

分析结果(见表4-4-6)显示:伊斯兰教信仰者中对集体的事情选择"乐于去做"的人数比率最高,超过80%;以下依次是佛教、无宗教、天主教、基督教、道教、不明宗教信仰者;无宗教信仰者和宗教信仰者的比率基本一致。可见,不同宗教信仰者主动为集体做事的倾向有差异。

天主教信仰者中选择"大家都去做我也去做"的比率最高,占近23%;以下依次是佛教、基督教、无宗教、不明宗教、道教信仰者,均占16.5%左右;伊斯兰教信仰者中赞成的比率最低,不足14%;无宗教信仰和宗教信仰者的差异不大。

道教信仰者中选择"只要安排我去做就去"的人数比率最高,占近40%;以下依次是无宗教、天主教、佛教、基督教、伊斯兰教、不明宗教信仰者。无宗教信仰者中有此倾向的比率稍高于宗教信仰者的平均数。

道教信仰者中赞成"对自己有利就去做"的比率最高,占近18%;以下依次是天主教、基督教、伊斯兰教、佛教、不明宗教、无宗教信仰者;无宗教信仰者中有此倾向的比率低于宗教信仰者的平均数。

天主教信仰者中赞成"不能做自己事就不去"的比率最高,占近12%;以下依次是佛教、基督教、无宗教、道教、不明宗教信仰者,均在6%左右;伊斯兰教信仰者中没有人赞成;无宗教信仰者和宗教信仰者的差异不大。可见,不同宗教者这种逃避为集体做事的倾向比较一致。

道教信仰者中赞成"能不做就尽量不做"的人数比率最高,占近16%;比不明宗教信仰者高3.7%;以下依次是基督教、伊斯兰教、天主教、无宗教信仰者,均占6.5%左右;佛教信仰者中赞成的比率最低,不足4%;无宗教信仰者和宗教信仰者的差异不大。可见,不同宗教者这种逃避为集体做事的倾向比较一致。

(四)不同宗教信仰者大多坚持集体主义利益取向

分析结果(见表4-4-7)显示:在个人利益与集体利益关系上,伊斯兰教者中赞成"个人利益要服从集体利益"的比率最高,占近80%,以下依次是基督教、道教、佛教、天主教、无宗教信仰者,均在73%左右;不明宗教信仰者中赞成的比率相对稍低,不足59%;无宗教信仰者的比率虽低于宗教信仰者的平均数,但总体上差异不大。

表4-4-7 不同宗教者与"个人利益要服从集体利益"取向 (%)

	无	基督教	天主教	伊斯兰教	佛教	道教	不明宗教	合计
非常赞成	37.3	39.3	39.6	44.9	42.3	58.3	29.2	38.0
比较赞成	33.9	36.1	32.1	34.7	31.3	16.7	29.2	33.6
一般	20.5	18.8	22.6	16.4	19.5	12.4	16.7	20.3
不太赞成	5.1	3.3	5.7	2.0	4.3	6.3	16.7	5.0
不赞成	3.2	2.5	0.0	2.0	2.6	6.3	8.3	3.1
合计	100(5069)	100(244)	100(53)	100(49)	100(470)	100(48)	100(24)	100(5957)
$\chi^2 = 33.812$		df = 24		p = 0.088		$\lambda = 0.000$		

赋值分析结果(见表4－4－8)显示:在个人利益与他人利益的关系上,佛教信仰者中赞成集体主义利益取向的比率最高,超过75%,比无宗教信仰者高5.3%;以下依次是道教、基督教、伊斯兰教、不明宗教信仰者,均在65.5%左右;天主教信仰者中的比率相对稍低,不足55%;无宗教信仰者中赞成的比率高于宗教信仰者的平均数。

表4－4－8　不同宗教者与集体主义利益取向　(%)

	无	基督教	天主教	伊斯兰教	佛教	道教	不明宗教	合计
非常赞成	11.4	13.5	12.0	8.2	15.4	17.0	17.4	11.8
比较赞成	58.6	52.2	42.0	57.1	59.9	48.9	47.8	58.2
一般	26.8	30.7	42.0	30.6	22.8	25.6	34.8	26.8
不太赞成	3.1	3.7	4.0	4.1	2.0	8.5	0.0	3.1
不赞成	0.1	0.0	0.0	0.0	0.0	0.0	0.0	0.1
合计	100(4932)	100(245)	100(50)	100(49)	100(461)	100(47)	100(23)	100(5807)
	$\chi^2 = 31.351$		df = 24		p = 0.144		$\lambda = 0.000$	

(五)不同宗教者均愿意作出一定奉献

表4－4－9　不同宗教者与"不计报酬的奉献太难做到"的看法　(%)

	无	基督教	天主教	伊斯兰教	佛教	道教	不明宗教	合计
非常赞成	17.6	16.7	26.9	25.5	17.9	16.3	24.0	17.8
比较赞成	26.2	25.5	21.2	25.5	21.3	20.4	32.0	25.7
一般	29.2	31.5	25.0	27.4	29.4	36.8	24.0	29.2
不太赞成	13.7	12.4	15.4	5.9	15.2	12.2	12.0	13.7
不赞成	13.3	13.9	11.5	15.7	16.2	14.3	8.0	13.5
合计	100(5063)	100(251)	100(52)	100(51)	100(474)	100(49)	100(25)	100(5965)
	$\chi^2 = 19.810$		df = 24		p = 0.708		$\lambda = 0.000$	

分析结果(见表4－4－9)显示:不明宗教信仰者中赞成"不计报酬的奉献太难做到"的比率最高,占56%;以下依次是伊斯兰教、天主教、无宗教、基督教信仰者;佛教、道教的比率相对较低,比不明宗教分别低16.8%、19.3%;无

宗教信仰者中赞成的比率低于宗教信仰者的平均数,但差异不大。

表4-4-10 不同宗教者与"见义勇为牺牲自己生命是不值得的"看法 (%)

	无	基督教	天主教	伊斯兰教	佛教	道教	不明宗教	合计
非常赞成	10.8	13.1	17.0	20.0	13.3	14.6	4.3	11.2
比较赞成	13.4	12.3	18.9	12.0	11.4	12.5	30.4	13.3
一般	24.9	23.0	17.0	20.0	21.1	18.7	4.4	24.4
不太赞成	23.2	23.4	22.6	26.0	25.0	14.6	34.8	23.3
不赞成	27.7	28.2	24.5	22.0	29.2	39.6	26.1	27.8
合计	100(5043)	100(252)	100(53)	100(50)	100(472)	100(48)	100(23)	100(5941)
	$\chi^2 = 34.204$		df = 24		p = 0.081		$\lambda = 0.001$	

分析结果(见表4-4-10)显示:天主教、不明宗教信仰者中赞成"见义勇为牺牲自己生命是不值得的"的人数比率居前两位,均在35%左右;以下依次是伊斯兰教、道教、基督教、佛教、无宗教信仰者,均在26%左右;无宗教信仰者中赞成的比率低于宗教信仰者的平均数。

表4-4-11 不同宗教者与"如果有钱是否愿意捐助"倾向 (%)

	无	基督教	天主教	伊斯兰教	佛教	道教	不明宗教	合计
非常愿意	60.7	66.7	56.6	66.7	68.9	63.3	53.9	61.6
比较愿意	26.6	19.2	24.5	25.5	18.5	16.3	34.6	25.6
可能愿意	7.1	8.6	9.4	3.9	8.7	10.2	3.8	7.3
不太愿意	0.8	0.8	0.0	0.0	0.8	0.0	0.0	0.8
不愿意	1.2	0.8	1.9	0.0	0.8	6.1	7.7	1.2
说不清	3.6	3.9	7.6	3.9	2.1	4.1	0.0	3.5
合计	100(5144)	100(255)	100(53)	100(51)	100(483)	100(49)	100(26)	100(6061)
	$\chi^2 = 57.331$		df = 30		p = 0.002		$\lambda = 0.000$	

分析结果(见表4-4-11)显示:伊斯兰教信仰者中表示"如果有钱愿意捐助慈善事业、希望工程或贫困人"的比率最高,超过92%;以下依次是不明宗教、佛教、无宗教、基督教信仰者,均在87%左右;天主教、道教信仰

者的相对稍低,均在80%左右;无宗教信仰者中赞成的比率高于宗教信仰者的平均数,但差异不大。可见,不同宗教者的奉献行为倾向比较一致。

五、不同人群的集体(个人)观比较

分析结果显示:不同人群的集体(个人)观有一定差异,学生和非学生的集体(个人)观则差异不大,人群与公众集体(个人)观相关。知识分子对个人与他人关系的肯定程度更高,而大学生的集体主义利益取向较其他人群偏低。但总体上看,不同人群对集体主义的认知较深刻,行为上也体现出较高的集体主义和奉献的倾向。

(一)不同人群对集体力量价值认可程度均很高

分析结果(见表4-5-1)表明:中学生中赞成"集体的力量大于个人的力量"的人数比率最高,超过90%;以下依次是城市居民、小学生、农村居民、知识分子、大学生,均在88%左右;学生中赞成的平均比率低于非学生的,但差异不大。可见,不同人群对"集体的力量大于个人的力量"的认可比较一致。

表4-5-1　人群与对"集体的力量大于个人的力量"的认可　(%)

	小学生	中学生	大学生	农村居民	城市居民	知识分子	合计
非常赞成	67.3	68.7	51.4	61.6	58.5	52.8	60.8
比较赞成	21.8	21.6	32.9	27.6	30.5	33.6	27.9
一般	7.8	7.6	12.1	7.6	8.2	11.3	8.4
不太赞成	0.6	1.8	1.9	1.7	1.8	1.7	1.6
不赞成	2.6	0.3	1.7	1.5	1.0	0.6	1.3
合计	100(666)	100(723)	100(416)	100(1981)	100(2024)	100(354)	100(6164)
$\chi^2 = 90.852$		df = 20		p = 0.000		$\lambda = 0.007$	

分析结果(见表4-5-2)显示:知识分子中赞成"一个篱笆三个桩,一个好汉三个帮"的人数比率最高,超过86%;以下依次是农村居民、大学生、城市居民、小学生、中学生,均在75%左右;非学生中赞成的平均比率超过80%,比学生的比率高6.3%。可见,不同人群对"一个篱笆三个桩,一个好汉三个帮"的认可比较一致。

表4-5-2 人群与对"一个篱笆三个桩,一个好汉三个帮"的认可 (%)

	小学生	中学生	大学生	城市居民	农村居民	知识分子	合计
非常赞成	47.1	44.2	40.5	47.3	48.2	44.6	46.6
比较赞成	24.8	27.1	39.2	27.9	31.6	42.1	30.3
一般	17.7	18.1	16.9	15.5	14.3	10.7	15.4
不太赞成	5.8	6.4	1.7	4.5	3.8	2.3	4.3
不赞成	4.6	4.2	1.7	4.8	2.1	0.3	3.4
合计	100(658)	100(720)	100(413)	100(1964)	100(2002)	100(354)	100(6111)
$\chi^2 = 122.220$		df = 20		p = 0.000		$\lambda = 0.012$	

(二)知识分子更肯定个人与他人之间的相互关系

表4-5-3 人群与对"我为人人,人人为我"的认知 (%)

	小学生	中学生	大学生	城市居民	农村居民	知识分子	合计
非常赞成	59.4	55.2	37.6	45.8	46.0	46.9	47.9
比较赞成	18.1	24.7	37.1	24.5	27.6	34.9	26.3
一般	14.2	14.2	18.3	16.3	15.9	12.9	15.7
不太赞成	3.1	3.0	2.9	6.6	5.6	4.7	5.1
不赞成	5.2	2.9	4.1	6.8	4.9	0.6	5.0
合计	100(668)	100(724)	100(418)	100(1981)	100(2013)	100(358)	100(6162)
$\chi^2 = 155.494$		df = 20		p = 0.000		$\lambda = 0.008$	

分析结果(见表4-5-3)显示:知识分子中赞成"我为人人,人人为我"的人数比率最高,占近82%;以下依次是中学生、小学生、大学生、农村居民,均在76.5%左右;城市居民的比率相对稍低,比知识分子低11.5%;非

学生中赞成的平均比率超过 75%,比学生高 2.2%。可见,不同人群对"我为人人,人人为我"的认知有差异。

分析结果(见表 4-5-4)显示:小学生中赞成"各人自扫门前雪,莫管他人瓦上霜"的人数比率最高,占 28%;以下依次是城市居民、中学生、农村居民、大学生,均在 15% 左右;知识分子的比率最低,不足 9%;非学生中赞成的平均比率不足 13.5%,比学生的低 5.9%。可见,不同人群对此认知有差异,文化程度高者更倾向于不赞成"各人自扫门前雪,莫管他人瓦上霜"。

表 4-5-4　人群与对"各人自扫门前雪,莫管他人瓦上霜"的认知　(%)

	小学生	中学生	大学生	城市居民	农村居民	知识分子	合计
非常赞成	15.5	8.2	4.1	8.3	5.9	3.7	7.7
比较赞成	12.5	8.6	8.2	9.2	7.2	5.1	8.5
一般	13.2	18.5	21.6	15.7	20.2	15.2	17.7
不太赞成	17.7	25.3	37.7	27.8	31.3	39.3	28.9
不赞成	41.1	39.4	28.4	39.0	35.4	36.7	37.2
合计	100(657)	100(720)	100(416)	100(1934)	100(1985)	100(354)	100(6066)
$\chi^2 = 199.219$		df = 20		p = 0.000		$\lambda = 0.013$	

表 4-5-5　人群与对"任何时候个人的要求都应得到尊重"的认知　(%)

	小学生	中学生	大学生	城市居民	农村居民	知识分子	合计
非常赞成	43.0	46.5	30.6	34.7	29.0	21.6	34.1
比较赞成	22.6	22.1	31.3	24.8	26.0	24.9	25.1
一般	18.6	19.5	23.2	17.5	20.8	25.5	19.8
不太赞成	8.7	8.3	10.6	13.2	15.0	19.6	12.9
不赞成	7.1	3.6	4.3	9.8	9.2	8.4	8.1
合计	100(665)	100(723)	100(415)	100(1972)	100(2004)	100(357)	100(6136)
$\chi^2 = 186.452$		df = 20		p = 0.000		$\lambda = 0.004$	

分析结果(见表 4-5-5)显示:中学生中赞成"任何时候个人的要求都应得到尊重"的人数比率最高,占近 69%;比小学生、大学生、城市居民、农村居民、知识分子的比率分别高 3%、6.7%、9.1%、13.6%、22.1%;非学生

中赞成的平均比率不足54%,比学生低11.7%。可见,不同人群对此认知有差异。

(三)不同人群均倾向于为集体做事

表4-5-6　人群与为集体做事行为倾向　(%)

	小学生	中学生	大学生	城市居民	农村居民	知识分子	合计	χ^2	df	p	λ
乐于去做	76.9	70.4	59.3	61.7	64.6	64.1	65.3(4039)	66.851	5	0.000	0.007
大家都去做我也去做	19.9	16.5	17.5	18.3	14.7	11.2	16.6(1027)	22.879	5	0.000	0.013
只要安排我去做就去	24.3	40.6	38.8	39.4	40.3	41.7	38.3(2366)	63.122	5	0.000	0.000
对自己有利就去做	15.8	11.3	9.1	12.6	9.8	5.0	11.2(693)	38.083	5	0.000	0.011
不能做自己事就不去	9.4	5.7	5.0	7.3	6.2	2.0	6.5(405)	25.999	5	0.000	0.004
能不做就尽量不做	8.2	5.3	4.5	6.2	5.2	2.0	5.6(348)	20.906	5	0.001	0.004

　　分析结果(见表4-5-6)显示:小学生中表示"乐于为集体做事"的人数比率最高,超过76%;以下依次是中学生、农村居民、知识分子、城市居民;大学生的比率相对稍低,不足60%;非学生中赞成的平均比率不足64%,比学生低5.4%。可见,不同人群主动为集体做事的倾向有差异。

　　小学生中选择"大家都去做我也去做"的比率最高,占近20%;以下依次是城市居民、大学生、中学生、农村居民、知识分子;非学生中赞成的平均比率不足15%,比学生的低3.3%。可见,不同人群从众为集体做事的倾向比较一致。

　　知识分子中选择"只要安排我去做就去"的人数比率最高,超过41%,比中学生、农村居民、城市居民、大学生分别高1.1%、1.4%、2.3%、2.9%;小学生的比率相对较低,不足四分之一;非学生中赞成的平均比率超过

40%,比学生的高5.9%。可见,不同人群被动为集体做事的倾向比较一致。

小学生中选择"对自己有利就去做"的比率最高,超过15%;以下依次是城市居民、中学生、农村居民、大学生,均在11%左右;知识分子的比率最低,仅占5%;非学生中赞成的平均比率不足9.5%,比学生的低3%。可见,不同人群这种逃避为集体做事的倾向比较一致。

小学生中选择"不能做自己的事就不去"的比率相对稍高,超过9%;以下依次是城市居民、农村居民、中学生、大学生;知识分子的比率最低,仅占2%;非学生中赞成的平均比率为5.2%,比学生的低1.5%。可见,不同人群这种逃避为集体做事的倾向比较一致。

小学生中选择"能不做就尽量不做"的比率相对稍高,超过8%;以下依次是城市居民、中学生、农村居民、大学生;知识分子的比率最低,仅占2%;非学生赞成的平均比率为4.5%,比学生的低1.5%。可见,不同人群这种逃避为集体做事的倾向比较一致。

(四)不同人群大多重视集体利益,大学生重视程度相对略低

表4-5-7 人群与"个人利益要服从集体利益"取向 (%)

	小学生	中学生	大学生	城市居民	农村居民	知识分子	合计
非常赞成	48.0	43.3	25.7	40.5	35.8	22.4	38.0
比较赞成	29.5	30.6	37.8	32.5	34.4	42.5	33.5
一般	14.4	18.6	27.1	18.7	22.2	26.0	20.4
不太赞成	4.3	4.7	7.0	4.9	4.6	7.1	5.0
不赞成	3.8	2.8	2.4	3.4	3.1	2.0	3.1
合计	100(658)	100(720)	100(413)	100(1930)	100(1980)	100(353)	100(6054)
$\chi^2 = 129.364$		df = 20		p = 0.000		$\lambda = 0.032$	

分析结果(见表4-5-7)显示:在个人利益与集体利益的关系上,小学生中赞成"个人利益要服从集体利益"的人数比率最高,超过77%;以下依次是中学生、城市居民、农村居民;知识分子和大学生的比率相对稍低,均不足65%;非学生中赞成的平均比率为69.4%,比学生低2.2%。可见,不同

人群的"个人利益要服从集体利益"取向有差异。

赋值分析结果(见表4－5－8)显示:在个人利益与他人利益的关系上,知识分子中赞成集体主义利益取向的比率最高,超过72%,比农村居民、城市居民、中学生、小学生、大学生分别高1.1%、1.5%、2.3%、9%、10%;非学生中赞成的平均比率为71.8%,比学生高6.2%。可见,不同人群的集体主义利益取向有差异。

表4－5－8　人群与集体主义利益取向　　(%)

	小学生	中学生	大学生	城市居民	农村居民	知识分子	合计
非常赞成	13.2	11.5	5.8	13.5	12.2	6.7	11.9
比较赞成	50.5	58.9	56.9	57.7	59.4	66.0	58.0
一般	30.4	26.1	34.7	25.8	25.8	26.7	27.0
不太赞成	5.9	3.5	2.4	3.0	2.6	0.6	3.0
不赞成	0.2	0.0	0.2	0.0	0.1	0.0	0.1
合计	100(646)	100(711)	100(413)	100(1876)	100(1905)	100(341)	100(5892)
$\chi^2 = 82.785$		df = 20		p = 0.000		$\lambda = 0.004$	

(五)不同人群均愿意作出一定奉献

表4－5－9　人群与"不计报酬的奉献太难做到"的看法　　(%)

	小学生	中学生	大学生	城市居民	农村居民	知识分子	合计
非常赞成	17.5	15.0	23.3	17.4	17.9	19.7	17.8
比较赞成	15.0	19.3	38.4	22.7	28.4	44.3	25.6
一般	22.6	32.5	25.3	30.5	30.6	26.9	29.4
不太赞成	15.9	17.0	9.4	14.5	13.3	5.7	13.7
不赞成	29.0	16.2	3.6	14.9	9.8	3.4	13.5
合计	100(662)	100(722)	100(417)	100(1940)	100(1968)	100(350)	100(6059)
$\chi^2 = 387.945$		df = 20		p = 0.000		$\lambda = 0.037$	

分析结果(见表4－5－9)显示:知识分子中赞成"不计报酬的奉献太难做到"的比率最高,占64%;比大学生、农村居民、城市居民、中学生、小学生

分别高 2.3%、17.7%、23.9%、29.7%、31.5%；非学生赞成的平均比率超过 50%，比学生的高 7.3%。可见，不同人群对此认知有差异。

分析结果(见表 4-5-10)显示：大学生中赞成"见义勇为牺牲自己生命是不值得的"的人数比率最高，超过 28%，比小学生、农村居民、中学生、城市居民、知识分子分别高 2.4%、3.2%、3.5%、4.6%、4.9%；非学生中赞成的平均比率不足 24%，比学生低 2.2%。可见，不同人群对此认知比较一致。

表 4-5-10　人群与"见义勇为牺牲自己生命是不值得的"的看法　(%)

	小学生	中学生	大学生	城市居民	农村居民	知识分子	合计
非常赞成	17.0	11.3	9.9	11.8	10.7	4.0	11.4
比较赞成	8.7	13.3	18.2	11.7	14.2	19.1	13.3
一般	14.5	23.0	32.0	20.2	28.4	35.5	24.2
不太赞成	16.1	24.9	25.1	24.3	23.6	23.8	23.2
不赞成	43.7	27.5	14.8	32.0	23.1	17.5	27.9
合计	100(663)	100(720)	100(413)	100(1933)	100(1957)	100(349)	100(6035)
$\chi^2 = 294.690$		df = 20		p = 0.000		$\lambda = 0.054$	

表 4-5-11　人群与"如果有钱是否愿意捐助"的倾向　(%)

	小学生	中学生	大学生	城市居民	农村居民	知识分子	合计
非常愿意	74.1	58.7	63.3	59.1	60.6	62.4	61.6
比较愿意	15.7	25.6	29.1	26.6	26.2	30.6	25.6
可能愿意	5.2	10.0	5.6	7.7	7.5	3.6	7.2
不太愿意	1.1	1.1	0.5	0.6	1.0	0.3	0.8
不愿意	1.4	1.5	0.5	1.2	1.3	0.6	1.2
说不清	2.5	3.1	1.0	4.8	3.4	2.5	3.6
合计	100(660)	100(719)	100(412)	100(1985)	100(2026)	100(359)	100(6161)
$\chi^2 = 101.572$		df = 25		p = 0.000		$\lambda = 0.004$	

分析结果(见表 4-5-11)显示：知识分子中表示"如果有钱愿意捐助慈善事业、希望工程或贫困的人"的比率最高，占 93%，比大学生、小学生、

农村居民、城市居民、中学生分别高 0.6%、3.1%、6.2%、7.3%、8.7%；非学生中赞成的平均比率为 88.5%，比学生低 0.4%。可见，不同人群的奉献行为倾向还比较一致。

六、不同地区公众的集体(个人)观比较

调查结果显示：不同地区者的集体(个人)观有一定差异，湖北人中对集体力量价值认可的比率更高，经济(相对)落后地区的集体主义利益取向更强。但总体上看，不同地区者对集体主义的认知较深刻，行为上也体现出较高的集体主义和奉献的倾向。

(一)湖北人对集体力量价值的认可程度最高

分析结果(见表 4-6-1)表明：湖北人中赞成"集体的力量大于个人的力量"的比率最高，超过 90%；以下依次是陕西人、上海人、黑龙江人、广东人和北京人，比率也均高于 86%。可见，不同地区者对"集体的力量大于个人的力量"的认可比较一致。

表 4-6-1　不同地区公众对"集体的力量大于个人的力量"的认可　(%)

	北京人	上海人	广东人	黑龙江人	陕西人	湖北人	合计
非常赞成	58.9	60.4	56.5	66.9	58.4	63.7	60.8
比较赞成	27.6	29.1	31.3	22.2	31.1	26.5	27.9
一般	10.3	8.1	8.7	8.6	7.3	7.1	8.4
不太赞成	2.1	1.4	1.7	1.2	1.5	1.8	1.6
不赞成	1.1	1.0	1.8	1.1	1.7	0.9	1.3
合计	100(1062)	100(1113)	100(978)	100(1049)	100(968)	100(994)	100(6164)
$\chi^2 = 50.160$		df $= 20$		$p = 0.000$		$\lambda = 0.008$	

分析结果(见表4-6-2)显示:湖北人、黑龙江人和上海人赞成"一个篱笆三个桩,一个好汉三个帮"的比率占前三位,均高于79%;以下是陕西人和北京人,均在78%左右;广东人的比率稍低,不足67%。可见,不同地区者对"一个篱笆三个桩,一个好汉三个帮"的认可有差异。

表4-6-2 不同地区公众对"一个篱笆三个桩,一个好汉三个帮"的认可 (%)

	北京人	上海人	广东人	黑龙江人	陕西人	湖北人	合计
非常赞成	48.3	45.7	33.6	53.8	47.5	49.7	46.6
比较赞成	28.8	33.5	32.4	25.4	30.7	30.8	30.3
一般	16.6	14.6	20.7	13.1	14.8	13.5	15.4
不太赞成	3.5	3.2	7.0	3.9	4.6	4.0	4.3
不赞成	2.8	3.0	6.3	3.8	2.4	2.0	3.4
合计	100(1049)	100(1104)	100(956)	100(1045)	100(966)	100(991)	100(6111)
$\chi^2 = 150.048$		df = 20		p = 0.000		$\lambda = 0.018$	

(二)不同地区公众均肯定个人与他人之间的相互关系

分析结果(见表4-6-3)显示:上海人中赞成"我为人人,人人为我"观点的比率最高,超过82%;以下分别是北京人和陕西人,分别超过79%和76%;广东人、湖北人和陕西人中赞成的比率相对较低,均不足73%。可见,不同地区者对此认知比较一致。

表4-6-3 不同地区公众对"我为人人,人人为我"的认知 (%)

	北京人	上海人	广东人	黑龙江人	陕西人	湖北人	合计
非常赞成	45.5	56.3	44.9	46.3	48.8	45.1	47.9
比较赞成	24.4	26.6	27.9	24.8	28.0	26.4	26.3
一般	19.6	11.7	18.2	14.8	14.0	15.7	15.7
不太赞成	4.4	3.0	4.9	6.7	4.5	7.4	5.1
不赞成	6.0	2.4	4.1	7.4	4.8	5.4	5.0
合计	100(1052)	100(1120)	100(981)	100(1052)	100(964)	100(993)	100(6162)
$\chi^2 = 112.090$		df = 20		p = 0.000		$\lambda = 0.020$	

分析结果(见表4－6－4)显示:陕西人、北京人、上海人赞成"各人自扫门前雪,莫管他人瓦上霜"的人数比率居前三位,均占18%;以下依次是黑龙江人、湖北人和广东人,均占14%左右。可见,不同地区者对此认知比较一致。

表4－6－4　不同地区公众对"各人自扫门前雪,莫管他人瓦上霜"的认知　(%)

	北京人	上海人	广东人	黑龙江人	陕西人	湖北人	合计
非常赞成	8.7	7.5	5.2	8.9	10.1	6.0	7.7
比较赞成	9.4	10.3	8.0	6.1	8.9	8.2	8.5
一般	18.8	18.2	19.6	15.0	18.8	15.3	17.7
不太赞成	28.2	29.5	29.6	25.5	27.2	33.5	28.9
不赞成	34.9	34.5	37.6	44.5	35.0	37.0	37.2
合计	100(1038)	100(1096)	100(948)	100(1039)	100(958)	100(987)	100(6066)
$\chi^2=79.053$		df=20		p=0.000		$\lambda=0.012$	

分析结果(见表4－6－5)显示:黑龙江人中赞成"任何时候个人的要求都应得到尊重"的比率最高,近64%;以下依次是北京人、陕西人、广东人和上海人,均超过58%;湖北人的比率最低,不足53%。可见,不同地区者对此认知比较一致。

表4－6－5　不同地区公众对"任何时候个人的要求都应得到尊重"的认知　(%)

	北京人	上海人	广东人	黑龙江人	陕西人	湖北人	合计
非常赞成	36.4	34.6	30.9	39.4	32.7	29.7	34.1
比较赞成	24.4	23.8	28.5	24.0	27.5	22.8	25.1
一般	19.6	21.0	21.6	17.5	19.2	19.9	19.8
不太赞成	12.4	11.7	11.4	11.7	13.4	17.1	12.9
不赞成	7.2	8.9	7.6	7.4	7.2	10.5	8.1
合计	100(1052)	100(1106)	100(974)	100(1047)	100(965)	100(992)	100(6136)
$\chi^2=64.337$		df=20		p=0.000		$\lambda=0.010$	

(三)经济(相对)落后地区公众为集体做事的主动性更强

分析结果(见表4-6-6)显示:陕西人中对集体的事情选择"乐于去做"的人数比率最高,超过67%;以下依次是黑龙江人、广东人、北京人、上海人和湖北人。可见,不同地区者的此行为倾向基本一致。

表4-6-6 不同地区公众为集体做事行为倾向 (%)

	北京人	上海人	广东人	黑龙江人	陕西人	湖北人	合计	χ^2	df	p	λ
乐于去做	65.2	63.4	66.5	67.0	67.5	62.4	65.3(4039)	9.310	5	0.097	0.000
大家都去做我也去做	14.2	16.9	16.8	18.3	18.3	15.2	16.6(1027)	10.197	5	0.070	0.000
只要安排我去就去	38.5	39.8	36.9	33.4	39.9	41.3	38.3(2366)	22.404	5	0.004	0.004
对自己有利就去做	12.1	10.9	11.3	12.3	8.4	11.9	11.2(693)	10.398	5	0.065	0.000
不能做自己事就不去	7.7	6.3	6.1	7.3	5.6	6.1	6.5(405)	5.401	5	0.369	0.000
能不做就尽量不做	7.0	4.0	6.3	5.6	4.9	6.1	5.6(348)	11.079	5	0.050	0.005

黑龙江、陕西人中选择"大家都去做我也去做"的比率最高,占近19%;以下依次是上海人和广东人,均占17%左右;湖北人和北京人的比率稍低,分别不到15%和14%。可见,不同地区者的此行为倾向基本一致。

湖北人中选择"只要安排我去就去"的比率最高,占近42%;以下依次是陕西、上海和北京,均占39%左右;广东人和黑龙江人的比率稍低,分别占37%和33%左右。可见,不同地区者的此行为倾向大体一致。

黑龙江、北京人中选择"对自己有利就去做"的比率排前两位,都超过12%;以下分别是湖北人、广东人和上海人,均占11%左右;陕西人的比率最低,不足9%。可见,不同地区者的此行为倾向大体一致。

北京、黑龙江人中选择"不能做自己事就不去"的人数比率最高,均超过7%;以下依次是上海人、广东人、湖北人、陕西人,均在6%左右。可见,不同地区者的此行为倾向高度一致。

北京人中选择"能不做就尽量不做"的人数比率最高,约占7%;以下依次是广东人、湖北人、黑龙江人,均约占6%;陕西人、上海人的比率最低,均不足5%。可见,不同地区者这种逃避为集体做事的倾向比较一致。

(四)经济(相对)落后地区公众的集体主义利益取向更强

分析结果(见表4-6-7)显示:在个人利益与集体利益的关系上,黑龙江人、湖北人、陕西人赞成"个人利益要服从集体利益"的比率居前三位,均超过73%;以下依次是北京人、上海人、广东人,均在68%左右。可见,不同地区者的"个人利益要服从集体利益"取向比较一致。

表4-6-7 不同地区公众"个人利益要服从集体利益"取向 (%)

	北京人	上海人	广东人	黑龙江人	陕西人	湖北人	合计
非常赞成	38.5	33.4	31.0	46.6	37.7	40.8	38.0
比较赞成	29.9	34.6	36.9	29.7	35.3	35.3	33.5
一般	22.8	23.8	23.0	17.2	17.3	17.3	20.4
不太赞成	5.6	4.9	5.1	3.6	6.1	4.8	5.0
不赞成	3.2	3.3	4.0	2.9	3.6	1.8	3.1
合计	100(1041)	100(1089)	100(949)	100(1034)	100(955)	100(986)	100(6054)
$\chi^2=96.707$		df=20		p=0.000		$\lambda=0.018$	

赋值分析结果(见表4-6-8)显示:在个人利益与他人利益的关系上,黑龙江人、湖北人赞成集体主义利益取向的比率最高,均超过75%;陕西人高于70%,排第三;以下依次是北京人、上海人,均超过66%;广东人的比率相对稍低,不足63%。可见,不同地区者的集体主义利益取向有差异。

表4-6-8 不同地区公众集体主义利益取向 （%）

	北京人	上海人	广东人	黑龙江人	陕西人	湖北人	合计
非常赞成	11.0	9.0	8.3	19.4	11.2	12.3	11.8
比较赞成	56.4	57.7	53.9	57.7	58.8	63.6	58.0
一般	29.8	30.9	33.8	20.2	25.7	21.5	27.0
不太赞成	2.8	2.4	3.8	2.7	4.3	2.5	3.1
不赞成	0.0	0.0	0.2	0.0	0.0	0.1	0.1
合计	100(998)	100(1065)	100(915)	100(1011)	100(932)	100(971)	100(5892)
$\chi^2 = 144.554$		df = 20		p = 0.000		$\lambda = 0.016$	

（五）不同地区公众大多都愿意作出一定奉献

分析结果(见表4-6-9)显示：北京人中赞成"不计报酬的奉献太难做到"的比率最高，占50%左右；以下依次是湖北人、陕西人、黑龙江人和上海人，均超过42%；广东人的比率相对较低，不足40%。可见，不同地区者对此认知比较一致。

表4-6-9 不同地区公众"不计报酬的奉献太难做到"的看法 （%）

	北京人	上海人	广东人	黑龙江人	陕西人	湖北人	合计
非常赞成	21.1	17.3	14.2	22.2	15.5	16.0	17.8
比较赞成	28.5	25.1	25.4	20.1	27.0	27.9	25.6
一般	27.9	30.7	32.9	28.5	28.0	28.0	29.4
不太赞成	10.1	14.8	13.8	14.3	15.1	14.5	13.7
不赞成	12.4	12.1	13.7	14.9	14.4	13.6	13.5
合计	100(1045)	100(1087)	100(948)	100(1037)	100(956)	100(986)	100(6059)
$\chi^2 = 73.437$		df = 20		p = 0.000		$\lambda = 0.001$	

分析结果(见表4-6-10)显示：北京人、陕西人中赞成"见义勇为牺牲自己生命是不值得的"的比率居前两位，均超过26%；以下依次是广东人和上海人，均在25%左右；黑龙江人和湖北人的比率相对稍低，分别不足23%和21%。可见，不同地区者对此认知比较一致。

表4-6-10　不同地区公众"见义勇为牺牲自己生命是不值得的"的看法　（％）

	北京人	上海人	广东人	黑龙江人	陕西人	湖北人	合计
非常赞成	13.1	10.2	10.1	12.9	12.5	9.7	11.4
比较赞成	15.6	14.7	15.7	9.3	14.1	10.3	13.3
一般	23.2	27.1	28.9	20.7	23.6	21.8	24.2
不太赞成	22.2	22.7	22.5	23.2	21.7	27.2	23.2
不赞成	25.9	25.3	22.8	33.9	28.1	31.0	27.9
合计	100(1032)	100(1083)	100(950)	100(1034)	100(953)	100(983)	100(6035)
$\chi^2 = 99.556$		df = 20		p = 0.000		$\lambda = 0.018$	

　　分析结果（见表4-6-11）显示：北京、陕西人中表示"如果有钱愿意捐助慈善事业、希望工程或贫困人"的比率居前两位，均超过88％；以下依次是广东人、湖北人、黑龙江人、上海人，均在86％左右。可见，不同地区者的奉献行为倾向大体一致。

表4-6-11　不同地区公众"如果有钱是否愿意捐助"的倾向　（％）

	北京人	上海人	广东人	黑龙江人	陕西人	湖北人	合计
非常愿意	61.8	58.6	61.9	63.5	61.4	62.8	61.6
比较愿意	26.8	26.9	25.8	22.5	26.9	24.8	25.6
可能愿意	6.7	8.7	7.0	7.4	6.0	7.3	7.2
不太愿意	0.7	0.5	0.8	1.0	1.3	0.8	0.8
不愿意	1.5	1.1	1.2	1.4	1.3	0.7	1.2
说不清	2.6	4.2	3.2	4.2	3.1	3.6	3.5
合计	100(1057)	100(1113)	100(993)	100(1050)	100(959)	100(989)	100(6161)
$\chi^2 = 28.109$		df = 25		p = 0.303		$\lambda = 0.000$	

第五章

公众责任、义务观的
差异分析

一、不同性别者的责任、义务观比较

(一)不同性别者均比较认可对自己的责任、义务

分析结果(见表 5-1-1)显示:男性认可对自己的责任、义务的比率(包括"很大"和"较大",下同)为 75.7%,女性认可的比率为 73.7%,不同性别者的态度比较一致,均高度认可对自己的责任、义务。

表5-1-1　性别与对自己的责任、义务之态度　(%)

	男	女	合计
很大	54.9	54.0	54.5(3311)
较大	20.8	19.3	20.1(1222)
一般	19.3	22.1	20.6(1250)
很小	2.7	2.9	2.8(170)
没有	1.0	0.4	0.8(46)
不知道	1.3	1.3	1.3(78)
合计	100(3287)	100(2790)	100.0(6077)
$\chi^2 = 15.465$	df = 30	p = 0.009	$\lambda = 0$

(二)不同性别者均高度认可对自己家人的责任、义务

分析结果(见表5-1-2)显示:男性认可对自己家人的责任、义务的比率为91.4%,女性认可的比率为91%,不同性别者的态度基本一致,均高度认可对自己家人的责任、义务。

表5-1-2　性别与对自己家人的责任、义务之态度　(%)

	男	女	合计
很大	66.6	66.8	66.7(4102)
较大	24.8	24.2	24.5(1508)
一般	6.7	7.8	7.4(446)
很小	0.8	0.7	0.7(45)
没有	0.3	0.2	0.2(15)
不知道	0.8	0.3	0.5(33)
合计	100(3322)	100(2827)	100.0(6149)
$\chi^2 = 8.754$	df = 5	p = 0.119	$\lambda = 0$

(三)不同性别者对自己亲戚的责任、义务的态度基本一致

表5-1-3　性别与对自己亲戚的责任、义务之态度　(%)

	男	女	合计
很大	24.0	23.6	23.9(1444)
较大	33.4	33.4	33.4(2022)
一般	36.5	37.9	37.0(2245)
很小	3.9	3.8	3.9(236)
没有	1.1	0.9	1.0(60)
不知道	1.1	0.4	0.8(47)
合计	100(3269)	100(2785)	100.0(6054)
$\chi^2 = 9.2$	df = 5	p = 0.101	$\lambda = 0$

分析结果(见表5-1-3)显示:男性认可对自己亲戚的责任、义务的比

率为 57.4%，女性认可的比率为 57%，不同性别者的态度基本一致，均认可对自己亲戚的责任、义务。

（四）不同性别者对自己朋友的责任、义务的态度比较一致

分析结果（见表 5－1－4）显示：男性认可对自己朋友的责任、义务的比率为 61.9%，女性认可的比率为 57.3%，不同性别者的态度比较一致，其中男性的认可对自己朋友的责任、义务的比率高于女性的比率。

表 5－1－4　性别与对自己朋友的责任、义务之态度　（%）

	男	女	合计
很大	26.9	23.1	25.1(1524)
较大	35.0	34.2	34.6(2100)
一般	31.7	36.1	33.6(2040)
很小	3.9	4.6	4.2(257)
没有	1.2	1.1	1.2(71)
不知道	1.3	0.9	1.1(69)
合计	100(3269)	100(3792)	100.0(6061)
$\chi^2 = 22.544$	df = 5	p = 0.000	$\lambda = 0.013$

（五）不同性别者对自己同事或同学的责任、义务的态度比较一致

表 5－1－5　性别与对自己同事或同学的责任、义务之态度　（%）

	男	女	合计
很大	20.7	18.1	19.5(1176)
较大	30.7	27.0	29.0(1745)
一般	38.9	43.8	41.1(2475)
很小	6.1	6.8	6.4(385)
没有	2.2	3.0	2.6(156)
不知道	1.4	1.3	1.4(83)
合计	100(3253)	100(2767)	100.0(6020)
$\chi^2 = 25.614$	df = 5	p = 0.000	$\lambda = 0$

分析结果(见表5-1-5)显示:男性认可对自己同事或同学的责任、义务的比率为51.4%,女性认可的比率为45.1%,不同性别者对自己同事或同学的态度比较一致,但男性认可对自己同事或同学的责任、义务的比率高于女性的比率。

(六)不同性别者对自己的领导的责任、义务的态度基本一致

分析结果(见表5-1-6)显示:男性认可对自己领导的责任、义务的比率为46.6%,女性认可的比率为48.4%,不同性别者对自己同事或同学的责任、义务之态度基本一致。

表5-1-6 性别与对自己的领导的责任、义务之态度 (%)

	男	女	合计
很大	22.5	23.0	22.7(1364)
较大	24.1	25.4	24.7(1484)
一般	34.5	34.0	34.4(2063)
很小	8.9	8.4	8.6(519)
没有	6.9	6.0	6.5(391)
不知道	3.1	3.2	3.1(189)
合计	100(3249)	100(2761)	100.0(189)
$\chi^2 = 3.629$	df = 5	p = 0.604	$\lambda = 0$

(七)不同性别者均比较认可对信任自己的人的责任、义务

分析结果(见表5-1-7)显示:男性认可对信任自己的人的责任、义务的比率为75%,女性认可的比率为76.3%,不同性别者均比较认可对信任自己的人的责任、义务。

表5-1-7 性别与对信任自己的人的责任、义务之态度 （%）

	男	女	合计
很大	40.1	40.7	40.4(2435)
较大	34.9	35.6	35.2(2123)
一般	19.7	18.4	19.2(1150)
很小	2.6	2.3	2.4(147)
没有	1.5	1.3	1.4(86)
不知道	1.2	1.7	1.4(85)
合计	100(3256)	100(2770)	100.0(6026)
$\chi^2 = 5.517$	df = 5	p = 0.356	$\lambda = 0$

（八）不同性别者均比较认可对有困难的人的责任、义务

分析结果（见表5-1-8）显示：男性认可对有困难的人的责任、义务的比率为66.3%,女性的认可比率为68.7%,不同性别者均比较认可对有困难的人的责任、义务。

表5-1-8 性别与对有困难的人的责任、义务之态度 （%）

	男	女	合计
很大	34.9	38.0	36.3(2197)
较大	31.4	30.7	31.1(1877)
一般	26.9	24.7	25.9(1568)
很小	3.8	3.6	3.7(224)
没有	1.2	1.6	1.4(84)
不知道	1.8	1.4	1.6(96)
合计	100(3259)	100(2787)	100.0(6046)
$\chi^2 = 10.028$	df = 5	p = 0.074	$\lambda = 0$

（九）不同性别者对社会中所有人的责任、义务的态度基本一致

分析结果（见表5-1-9）显示：男性认可对社会中所有人的责任、义务

的比率为 37.7% , 女性的认可比率为 36.8% , 不同性别者对社会中所有人的责任、义务之态度基本一致。

表 5 - 1 - 9   性别与对社会中所有人的责任、义务之态度   (%)

	男	女	合计
很大	20.2	19.1	19.7(1176)
较大	17.5	17.7	17.6(1049)
一般	39.7	41.3	40.4(2408)
很小	13.2	11.3	12.3(734)
没有	5.3	5.9	5.6(333)
不知道	4.1	4.7	4.4(262)
合计	100(3216)	100(2746)	100.0(5962)
$\chi^2 = 8.313$	df = 5	p = 0.14	$\lambda = 0$

(十)不同性别者均比较认可对自己国家的责任、义务

分析结果(见表 5 - 1 - 10)显示:男性认可对自己国家的责任、义务的比率为 79.3% , 女性的认可比率为 77% , 不同性别者的态度基本一致, 均比较认可对自己国家的责任、义务。

表 5 - 1 - 10   性别与对自己国家的责任、义务之态度   (%)

	男	女	合计
很大	56.6	53.9	55.4(3376)
较大	22.7	23.1	22.9(1397)
一般	14.2	16.8	15.3(933)
很小	3.1	2.8	3.0(182)
没有	1.6	1.4	1.5(92)
不知道	1.8	2.0	1.9(116)
合计	100(3306)	100(2790)	100.0(6096)
$\chi^2 = 10.15$	df = 5	p = 0.071	$\lambda = 0$

(十一)不同性别者均比较认可对自己家乡的责任、义务

分析结果(见表5-1-11)显示:男性中认可对自己家乡的责任、义务的比率为69.6%,女性中的认可比率为68.7%,不同性别者的态度基本一致,均比较认可对自己家乡的责任、义务。

表5-1-11 性别与对自己家乡的责任、义务之态度 (%)

	男	女	合计
很大	39.4	38.5	39.0(2355)
较大	30.2	30.2	30.2(1824)
一般	23.0	23.7	23.4(1415)
很小	4.3	4.2	4.2(256)
没有	1.4	1.7	1.5(93)
不知道	1.7	1.7	1.7(100)
合计	100(3264)	100(2779)	100.0(6043)
$\chi^2 = 1.419$	df = 5	p = 0.922	$\lambda = 0$

(十二)不同性别者对自己居住社区的责任、义务的态度基本一致

表5-1-12 性别与对自己居住社区的责任、义务之态度 (%)

	男	女	合计
很大	26.9	29.2	27.9(1681)
较大	30.4	28.6	29.6(1781)
一般	31.5	32.8	32.2(1933)
很小	6.6	5.7	6.2(373)
没有	2.4	1.8	2.1(128)
不知道	2.2	1.9	2.0(122)
合计	100(3249)	100(2769)	100.0(6018)
$\chi^2 = 9.858$	df = 5	p = 0.079	$\lambda = 0$

分析结果(见表5-1-12)显示:男性中认可对自己居住社区的责任、义务的比率为57.3%,女性的认可比率为57.8%,不同性别者对自己居住

社区的责任、义务的态度基本一致。

（十三）不同性别者对自己的劳动集体或学校的责任、义务的态度基本一致

分析结果（见表5-1-13）显示：男性中认可对自己的劳动集体或学校的责任、义务的比率为62.9%，女性的认可比率为63.3%，不同性别者对自己的劳动集体或学校的责任、义务的态度基本一致。

表5-1-13　性别与对自己的劳动集体或学校的责任、义务之态度　（%）

	男	女	合计
很大	31.5	32.5	32.0(1912)
较大	31.4	30.8	31.1(1863)
一般	28.1	28.6	28.3(1697)
很小	4.9	4.1	4.5(269)
没有	2.2	2.0	2.1(126)
不知道	1.9	2.0	2.0(117)
合计	100(3227)	100(2757)	100.0(117)
$\chi^2=3.632$	df=5	p=0.604	$\lambda=0$

（十四）不同性别者均比较认可对自己工作的责任、义务

表5-1-14　性别与对自己工作的责任、义务之态度　（%）

	男	女	合计
很大	55.7	57.0	56.3(3419)
较大	28.1	27.7	27.9(1693)
一般	11.5	11.5	11.5(700)
很小	2.0	1.3	1.7(101)
没有	1.2	1.4	1.3(80)
不知道	1.5	1.1	1.3(80)
合计	100(3282)	100(2791)	100.0(6073)
$\chi^2=5.721$	df=5	p=0.334	$\lambda=0$

分析结果(见表 5 - 1 - 14)显示：男性中认可对自己工作的责任、义务的比率为 83.8%，女性的认可比率为 84.7%，不同性别者的态度基本一致，均比较认可对自己工作的责任、义务。

(十五)不同性别者均比较认可对自己做的事情的责任、义务

分析结果(见表 5 - 1 - 15)显示：男性中认可对自己做的事情的责任、义务的比率为 82.6%，女性的认可比率为 83.3%，不同性别者的态度基本一致，均比较认可对自己做的事情的责任、义务。

表 5 - 1 - 15　性别与对自己做的事情的责任、义务之态度　(%)

	男	女	合计
很大	57.0	58.7	57.8(3510)
较大	25.6	24.6	25.1(1527)
一般	12.8	12.8	12.8(777)
很小	2.4	1.9	2.2(131)
没有	0.9	0.9	0.9(55)
不知道	1.3	1.1	1.2(75)
合计	100(3278)	100(2797)	100.0(6075)
$\chi^2 = 4.049$	df = 5	p = 0.536	$\lambda = 0$

(十六) 不同性别者均高度认可遵守国家法律是公民的基本责任和义务

表 5 - 1 - 16　性别与对"遵守国家法律是公民的基本责任和义务"的态度　(%)

	男	女	合计
非常赞成	67.2	68.7	67.9(4160)
比较赞成	22.7	21.0	21.9(1342)
一般	7.4	8.0	7.7(468)
不太赞成	1.8	1.2	1.5(94)
不赞成	0.9	1.1	1.0(60)
合计	100(3307)	100(2817)	100.0(6124)
$\chi^2 = 8.031$	df = 4	p = 0.09	$\lambda = 0$

调查结果表明(见表5-1-16):男性中认可遵守国家法律是公民的基本责任和义务的比率为89.7%,女性的认可比率为89.7%,不同性别者的态度基本一致,均比较认可遵守国家法律是公民的基本责任和义务。

(十七)不同性别者均比较认可依法纳税是公民应尽的义务

调查结果表明(见表5-1-17):男性中认可依法纳税是公民应尽的义务的比率为87.4%,女性的认可比率为86.9%,不同性别者的态度基本一致,均比较认可依法纳税是公民应尽的义务。

表5-1-17 性别与对"依法纳税是公民应尽的义务"的态度 (%)

	男	女	合计
非常赞成	64.7	64.6	64.7(3965)
比较赞成	22.7	22.3	22.5(1378)
一般	9.0	9.5	9.2(568)
不太赞成	1.7	1.9	1.8(109)
不赞成	1.9	1.7	1.8(111)
合计	100(3311)	100(2820)	100.0(6131)
$\chi^2 = 1.064$	df = 4	p = 0.9	$\lambda = 0$

(十八)结论

从以上的比较分析可以发现:不同性别者的责任、义务观基本没有明显差异,表现出较高的一致性。主要表现在:

第一,不同性别者均高度认可对自己家人的责任、义务,高度认可遵守国家法律是公民的基本责任和义务。

第二,不同性别者均比较认可对自己、信任自己的人、有困难的人、国家、家乡、自己的工作、自己做的事情以及依法纳税的责任和义务。

第三,不同性别者对亲戚、朋友、同事或同学、自己的领导、社会中所有的人、劳动集体或学校的责任、义务的态度表现出比较一致或基本一致的特点。

二、不同年龄者的责任、义务观比较

(一)儿童认可对自己的责任、义务的比率最低

分析结果(见表5－2－1)显示:老年人(指60岁以上的公众,下同)认可对自己的责任、义务的比率最高,占79.2%;儿童(指10岁以下的公众,下同)的认可比率最低,占66.2%。

表5－2－1　年龄与对自己的责任、义务之态度　(%)

	10岁以下	10—19岁	20—29岁	30—39岁	40—49岁	50—59岁	60岁以上	合计
很大	46.5	49.3	57.7	53.5	57.7	55.1	61.9	54.5(3264)
较大	19.7	22.6	20.2	19.5	19.1	18.0	17.3	20.2(1207)
一般	23.3	21.7	18.5	23.0	19.0	21.0	14.7	20.4(1226)
很小	4.2	4.0	2.5	2.0	2.0	3.5	3.5	2.8(170)
没有	2.1	0.7	0.4	0.8	1.2	1.0	0.9	0.8(46)
不知道	4.2	1.7	0.7	1.2	1.0	1.4	1.7	1.3(76)
合计	100.0(142)	100.0(1465)	100.0(1533)	100.0(1182)	100.0(946)	100.0(490)	100.0(231)	100.0(5989)
$\chi^2 = 76.648$		df = 30		p = 0.000			Gamma = −0.059	

(二)儿童认可对自己家人的责任、义务的比率最低

分析结果(见表5－2－2)显示:青年(指20—29岁的公众,下同)、青壮年(指30—39岁的公众,下同)、中年人(指40—49岁的公众,下同)、中老年人(指50—59岁的公众)认可对自己家人的责任、义务的比率最高(均在90%以上),儿童的认可比率最低(83.1%)。

表 5 - 2 - 2　年龄与对自己家人的责任、义务之态度　（%）

	10 岁以下	10—19 岁	20—29 岁	30—39 岁	40—49 岁	50—59 岁	60 岁以上	合计
很大	62.7	58.0	71.0	69.0	71.2	68.7	61.6	66.8(4041)
较大	20.4	30.4	22.9	23.6	21.0	22.1	25.7	24.5(1486)
一般	12.0	9.1	5.4	6.4	6.9	7.2	9.7	7.3(437)
很小	1.4	1.4	0.5	0.3	0.6	0.4	1.3	0.7(45)
没有	0.0	0.5	0.1	0.2	0.1	0.4	0.4	0.2(15)
不知道	3.5	0.6	0.1	0.5	0.2	1.2	1.3	0.5(33)
合计	100.0(142)	100.0(1466)	100.0(1553)	100.0(1195)	100.0(966)	100.0(498)	100.0(237)	100.0(6057)
$\chi^2 = 140.068$		df = 30			p = 0.000			Gamma = -0.095

(三)儿童认可对自己亲戚的责任、义务的比率最高

分析结果(见表 5 - 2 - 3)发现:儿童认可对自己亲戚的责任、义务的比率最高(72.6%),老年人的认可比率最低(54.1%),不同年龄者对自己亲戚的责任、义务之态度比较一致。

表 5 - 2 - 3　年龄与对自己亲戚的责任、义务之态度　（%）

	10 岁以下	10—19 岁	20—29 岁	30—39 岁	40—49 岁	50—59 岁	60 岁以上	合计
很大	42.4	26.1	20.1	21.1	27.7	23.8	23.1	23.9(1425)
较大	30.2	35.4	34.4	32.4	31.6	31.7	31.0	33.4(1990)
一般	16.6	31.9	40.6	41.2	35.7	38.1	40.3	37.0(2211)
很小	5.8	4.9	3.5	3.7	3.4	3.3	3.9	3.9(233)
没有	1.4	1.1	0.7	1.0	1.0	1.7	0.4	1.0(59)
不知道	3.6	0.6	0.7	0.5	0.6	1.4	1.3	0.8(46)
合计	100.0(139)	100.0(1459)	100.0(1534)	100.0(1173)	100.0(947)	100.0(483)	100.0(229)	100.0(5964)
$\chi^2 = 234.651$		df = 30			p = 0.000			Gamma = 0.034

（四）儿童、青少年认可对自己朋友的责任、义务的比率最高

分析结果（见表5－2－4）发现：儿童、青少年认可对自己朋友的责任、义务的比率最高（均在65%以上），老年人的认可比率最低（50.2%），不同年龄者对自己朋友的责任、义务的态度有明显差异，公众对自己朋友的责任、义务的态度与年龄（通过检验）可能存在相关性。

表5－2－4　年龄与对自己朋友的责任、义务之态度　（%）

	10岁以下	10—19岁	20—29岁	30—39岁	40—49岁	50—59岁	60岁以上	合计
很大	42.1	31.2	21.9	22.6	24.6	21.4	21.1	25.2(1502)
较大	26.4	34.2	41.2	31.0	32.0	34.2	29.1	34.6(2068)
一般	24.4	27.8	31.7	39.9	36.2	36.0	41.0	33.7(2007)
很小	5.0	4.6	3.8	4.0	4.9	4.4	4.4	4.3(256)
没有	0.7	1.1	0.7	1.1	1.5	1.9	2.2	1.2(69)
不知道	1.4	1.1	0.7	1.4	0.8	2.1	2.2	1.1(68)
合计	100.0(140)	100.0(1463)	100.0(1543)	100.0(1176)	100.0(948)	100.0(482)	100.0(227)	100.0(5970)
$\chi^2 = 141.986$		df = 30			p = 0.000		Gamma = 0.108	

（五）儿童认可对自己同事或同学的责任、义务的比率最高

表5－2－5　年龄与对自己同事或同学的责任、义务之态度　（%）

	10岁以下	10—19岁	20—29岁	30—39岁	40—49岁	50—59岁	60岁以上	合计
很大	41.8	26.1	13.2	16.9	21.7	16.2	17.3	19.5(1157)
较大	33.3	31.0	31.7	25.2	25.6	28.9	28.4	29.0(1719)
一般	18.5	32.6	46.4	47.0	41.4	43.2	40.0	41.2(2441)
很小	2.8	7.5	5.8	6.4	6.4	3.8	7.1	6.4(377)
没有	2.1	1.7	1.9	2.8	3.8	5.1	4.9	2.6(155)
不知道	1.5	1.1	1.0	1.7	1.1	3.8	2.2	1.4(81)
合计	100.0(141)	100.0(1463)	100.0(1528)	100.0(1167)	100.0(936)	100.0(2.8)	100.0(225)	100.0(5930)
$\chi^2 = 231.767$		df = 30			p = 0.000		Gamma = 0.107	

分析结果(见表5-2-5)发现:儿童认可对自己同学的责任、义务的比率最高(75.1%),青壮年认可的比率最低(42.1%),不同年龄者对自己同事或同学的责任、义务的态度有明显差异,公众对自己同事或同学的责任、义务的态度与年龄(通过检验)可能存在相关性。

(六)儿童认可对自己的领导的责任、义务的比率最高

分析结果(见表5-2-6)发现:儿童认可对自己的领导的责任、义务的比率最高(76.4%),20岁以上的公众认可对自己的领导的责任、义务的比率均在45%以下,不同年龄者对自己的领导的责任、义务的态度有明显差异,公众对自己的领导的责任、义务的态度与年龄(通过检验)可能存在相关性。

表5-2-6　年龄与对自己的领导的责任、义务之态度　(%)

	10岁以下	10—19岁	20—29岁	30—39岁	40—49岁	50—59岁	60岁以上	合计
很大	54.3	33.1	15.6	18.6	20.7	19.7	21.6	22.8(1349)
较大	22.1	28.5	28.3	22.7	20.1	19.3	21.6	24.8(1471)
一般	11.4	26.0	38.6	38.6	34.9	38.7	34.8	34.1(2019)
很小	5.0	6.2	10.1	9.1	9.9	7.3	10.1	8.6(508)
没有	4.3	3.6	5.1	7.0	10.6	10.9	8.4	6.5(387)
不知道	2.9	2.6	2.3	4.0	3.8	4.1	3.5	3.2(187)
合计	100.0(140)	100.0(1458)	100.0(1525)	100.0(1169)	100.0(936)	100.0(466)	100.0(227)	100.0(5921)
$\chi^2 = 371.451$		df = 30			p = 0.000			Gamma = 0.178

(七)儿童认可对信任自己的人的责任、义务的比率最高

分析结果(见表5-2-7)发现:儿童、青少年认可对信任自己的人的责任、义务的比率最高(均在80%以上),老年人认可的比率最低(66.1%),不同年龄者对信任自己的人的责任、义务的态度有明显差异,公众对信任自己的人的责任、义务的态度与年龄(未通过检验)可能存在相关性。

表 5-2-7　年龄与对信任自己的人的责任、义务之态度　（%）

	10岁以下	10—19岁	20—29岁	30—39岁	40—49岁	50—59岁	60岁以上	合计
很大	53.2	51.0	38.5	34.5	39.5	31.1	33.5	40.5(2404)
较大	27.7	30.6	40.0	37.4	32.6	38.3	32.6	35.3(2095)
一般	12.1	13.7	17.5	23.1	22.0	22.6	23.0	19.0(1126)
很小	2.8	1.9	2.0	2.2	3.6	2.6	5.4	2.4(145)
没有	1.4	1.4	1.2	1.1	1.3	2.8	3.2	1.4(85)
不知道	2.8	1.4	0.8	1.7	1.0	2.6	2.3	1.4(83)
合计	100.0(141)	100.0(1456)	100.0(1534)	100.0(1175)	100.0(941)	100.0(470)	100.0(221)	100.0(5938)
$\chi^2 = 186.269$			df = 30			p = 0.000		Gamma = 0.149

（八）儿童认可对有困难的人的责任、义务的比率最高

分析结果（见表 5-2-8）发现：儿童认可对有困难的人的责任、义务的比率最高（85.2%），青年（指 20—29 岁的公众，下同）、青壮年认可的比率最低（分别为 61.7%、62.2%），不同年龄者对有困难的人的责任、义务的态度有明显差异，公众对有困难的人的责任、义务的态度与年龄（通过检验）可能存在相关性。

表 5-2-8　年龄与对有困难的人的责任、义务之态度　（%）

	10岁以下	10—19岁	20—29岁	30—39岁	40—49岁	50—59岁	60岁以上	合计
很大	66.9	49.1	27.2	29.6	37.2	33.8	36.0	36.4(2170)
较大	18.3	27.7	34.5	32.5	29.6	31.3	31.6	30.6(1844)
一般	6.4	17.8	32.3	30.2	26.3	26.9	23.2	26.0(1548)
很小	3.5	2.9	4.2	3.8	4.0	4.0	3.5	3.7(221)
没有	3.5	1.0	0.8	2.0	1.2	1.3	3.5	1.4(81)
不知道	1.4	1.5	1.0	1.9	1.7	2.7	2.2	1.6(95)
合计	100.0(142)	100.0(1453)	100.0(1539)	100.0(1173)	100.0(945)	100.0(479)	100.0(228)	100.0(5959)
$\chi^2 = 296.191$			df = 30			p = 0.000		Gamma = 0.118

（九）儿童认可对社会中所有人的责任、义务的比率最高

分析结果（见表5－2－9）发现：儿童认可对社会中所有人的责任、义务的比率最高（69.2%），青年、壮年认可的比率较低（分别为29.2%、31.4%），不同年龄者对社会中所有人的责任、义务的态度有明显差异，公众对社会中所有人的责任、义务的态度与年龄（通过检验）可能存在相关性。

表5－2－9　年龄与对社会中所有人的责任、义务之态度　（%）

	10岁以下	10—19岁	20—29岁	30—39岁	40—49岁	50—59岁	60岁以上	合计
很大	52.1	29.4	12.5	15.2	19.0	16.3	19.3	19.7(1158)
较大	17.1	21.8	16.7	16.2	15.4	17.3	15.6	17.7(1039)
一般	18.7	30.9	45.4	45.4	42.3	40.9	45.0	40.3(2368)
很小	5.7	9.8	16.5	12.7	12.1	10.8	6.8	12.4(726)
没有	0.7	4.3	4.5	6.1	7.2	7.8	9.6	5.5(325)
不知道	5.7	3.8	4.4	4.4	4.0	6.9	3.7	4.4(258)
合计	100.0(140)	100.0(1452)	100.0(1525)	100.0(1151)	100.0(926)	100.0(462)	100.0(218)	100.0(5874)
$\chi^2 = 364.889$			df = 30			p = 0.000		Gamma = 0.131

（十）青壮年认可对自己国家的责任、义务的比率略低

表5－2－10　年龄与对自己国家的责任、义务之态度　（%）

	10岁以下	10—19岁	20—29岁	30—39岁	40—49岁	50—59岁	60岁以上	合计
很大	71.9	62.9	48.3	49.0	57.5	58.3	62.7	55.4(3327)
较大	15.8	20.8	27.3	23.8	21.2	21.3	19.3	23.0(1381)
一般	5.9	10.3	18.1	19.1	16.3	14.6	11.2	15.2(916)
很小	1.4	2.6	3.2	4.1	2.6	2.0	2.1	3.0(178)
没有	1.4	1.4	1.4	1.6	1.4	1.8	2.6	1.5(90)
不知道	3.6	2.0	1.7	2.4	1.0	2.0	2.1	1.9(114)
合计	100.0(139)	100.0(1459)	100.0(1549)	100.0(1183)	100.0(954)	100.0(492)	100.0(233)	100.0(6006)
$\chi^2 = 145.441$			df = 30			p = 0.000		Gamma = 0.045

分析结果(见表5－2－10)发现:不同年龄者认可对自己国家的责任、义务的比率均在70%以上,其中儿童认可的比率最高(87.3%),青壮年认可的比率最低(72.8%)。

(十一)儿童、青少年认可对自己家乡的责任、义务的比率最高

分析结果(见表5－2－11)发现:儿童、青少年认可对自己家乡的责任、义务的比率最高(分别为78.1%、79.3%),壮年、中老年认可的比率都在64%左右,不同年龄者对自己家乡的责任、义务的态度有明显差异,公众对自己家乡的责任、义务的态度与年龄(通过检验)可能存在相关性。

表5－2－11 年龄与对自己家乡的责任、义务之态度 (%)

	10 岁以下	10—19 岁	20—29 岁	30—39 岁	40—49 岁	50—59 岁	60 岁以上	合计
很大	50.4	49.8	32.5	34.4	37.5	36.4	40.9	38.9(2317)
较大	27.7	29.5	35.1	29.7	27.1	28.0	24.3	30.2(1800)
一般	9.1	15.4	25.9	26.8	28.0	25.8	23.8	23.5(1394)
很小	3.5	2.9	4.2	5.4	4.7	4.4	5.7	4.2(251)
没有	4.3	1.2	1.0	1.5	1.6	2.5	3.5	1.6(93)
不知道	5.0	1.2	1.3	2.2	1.1	2.9	1.7	1.6(98)
合计	100.0(141)	100.0(1449)	100.0(1538)	100.0(1175)	100.0(945)	100.0(475)	100.0(230)	100.0(5953)
$\chi^2 = 214.658$		df = 30		p = 0.000			Gamma = 0.122	

(十二)儿童认可对自己居住社区的责任、义务的比率明显高于青年

分析结果(见表5－2－12)发现:儿童认可对自己居住社区的责任、义务的比率最高(77.7%),青年人认可的比率最低(52.5%),不同年龄者对自己居住社区的责任、义务之态度比较一致,但儿童认可对自己居住社区的责任、义务的比率明显高于青年人。

表5－2－12　年龄与对自己居住社区的责任、义务之态度　　（%）

	10 岁以下	10—19 岁	20—29 岁	30—39 岁	40—49 岁	50—59 岁	60 岁以上	合计
很大	48.9	33.4	20.9	25.3	29.3	28.3	34.5	27.9(1657)
较大	28.8	31.0	31.6	28.2	27.8	28.3	24.5	29.6(1756)
一般	11.6	24.9	38.0	35.0	32.9	34.0	29.2	32.2(1907)
很小	4.3	6.6	5.9	7.3	5.7	4.5	5.7	6.1(363)
没有	1.4	2.3	1.8	1.8	2.6	1.7	4.8	2.1(127)
不知道	5.0	1.8	1.8	2.4	1.7	3.2	1.3	2.1(122)
合计	100.0 (139)	100.0 (1453)	100.0 (1537)	100.0 (1169)	100.0 (935)	100.0 (470)	100.0 (229)	100.0 (5932)
$\chi^2 = 171.546$		df = 30			p = 0.000			Gamma = 0.052

（十三）儿童、青少年认可对自己的劳动集体或学校的责任、义务的比率明显高于青年

分析结果（见表5－2－13）发现：儿童、青少年认可对自己的劳动集体或学校的责任、义务的比率最高（分别为82.8%、73.7%），青年人认可的比率最低（57.1%），儿童、青少年认可的比率明显高于青年人，公众对自己的劳动集体或学校的态度与年龄（通过检验）可能存在相关性。

表5－2－13　年龄与对自己的劳动集体或学校的责任、义务之态度　　（%）

	10 岁以下	10—19 岁	20—29 岁	30—39 岁	40—49 岁	50—59 岁	60 岁以上	合计
很大	61.4	43.2	23.1	26.9	32.2	29.8	32.0	32.0(1887)
较大	21.4	30.5	34.0	32.1	28.1	28.9	32.0	31.0(1931)
一般	11.5	19.3	34.4	32.9	30.4	30.2	23.6	28.6(1678)
很小	2.1	3.7	4.9	4.8	4.9	4.3	4.0	4.4(262)
没有	0.7	2.1	1.8	1.6	2.0	3.4	6.2	2.1(125)
不知道	2.9	1.2	1.8	1.9	2.4	3.4	2.2	1.9(115)
合计	100.0 (140)	100.0 (1452)	100.0 (1527)	100.0 (1154)	100.0 (933)	100.0 (467)	100.0 (225)	100.0 (5898)
$\chi^2 = 283.964$		df = 30			p = 0.000			Gamma = 0.123

（十四）不同年龄者均高度认可对自己工作的责任、义务

分析结果（见表5－2－14）发现：青年人认可对自己工作的责任、义务的比率最高（88%），儿童认可的比率最低（77.2%），不同年龄者的态度比较一致，都高度认可对自己工作的责任、义务。

表5－2－14　年龄与对自己工作的责任、义务之态度　（%）

	10岁以下	10—19岁	20—29岁	30—39岁	40—49岁	50—59岁	60岁以上	合计
很大	59.6	56.9	58.2	52.2	56.2	56.2	61.1	56.5(3374)
较大	17.6	25.8	29.8	30.1	28.1	28.4	20.5	27.7(1667)
一般	8.1	11.7	10.1	13.9	11.5	10.0	12.4	11.5(686)
很小	2.9	2.1	0.9	1.8	1.7	1.7	1.3	1.6(98)
没有	8.1	1.2	0.4	1.0	1.8	1.0	4.3	1.4(78)
不知道	3.7	2.3	0.6	1.0	0.7	2.5	0.4	1.3(80)
合计	100.0(136)	100.0(1447)	100.0(1546)	100.0(1183)	100.0(948)	100.0(489)	100.0(234)	100.0(5983)
$\chi^2 = 151.032$		df = 30		p = 0.000			Gamma = 0.009	

（十五）青年人认可对自己做的事情的责任、义务的比率更高

表5－2－15　年龄与对自己做的事情的责任、义务之态度　（%）

	10岁以下	10—19岁	20—29岁	30—39岁	40—49岁	50—59岁	60岁以上	合计
很大	55.3	60.9	62.7	53.7	53.8	54.4	52.6	57.9(3464)
较大	20.6	21.9	24.8	28.1	27.3	26.0	25.8	25.2(1507)
一般	14.2	11.8	9.4	14.4	15.8	15.0	13.7	12.7(758)
很小	4.3	2.7	1.8	2.0	1.5	2.1	2.6	2.1(128)
没有	2.8	1.2	0.5	0.4	1.0	0.4	3.9	0.9(55)
不知道	2.8	1.5	0.8	1.4	0.6	2.1	1.4	1.2(74)
合计	100.0(141)	100.0(1459)	100.0(1543)	100.0(1181)	100.0(953)	100.0(480)	100.0(229)	100.0(5986)
$\chi^2 = 113.885$		df = 30		p = 0.000			Gamma = 0.071	

分析结果(见表5-2-15)发现:青年人认可对自己做的事情的责任、义务的比率最高(87.5%),老年人认可的比率最低(78.4%)。

(十六) 不同年龄者均高度认可遵守国家法律是公民的基本责任和义务

分析结果(见表5-2-16)发现:中年人、中老年人、老年人认可遵守国家法律是公民的基本责任和义务的比率最高(均在90%以上),儿童认可的比率最低(87.9%),不同年龄者的态度比较一致,均高度认可遵守国家法律是公民的基本责任和义务。

表5-2-16　年龄与对"遵守国家法律是公民的基本责任和义务"的态度　(%)

	10岁以下	10—19岁	20—29岁	30—39岁	40—49岁	50—59岁	60岁以上	合计
非常赞成	74.3	68.4	64.7	65.3	69.5	74.3	79.7	68.1(4108)
比较赞成	13.6	18.9	26.5	24.7	20.6	19.1	12.4	21.9(1321)
一般	8.5	8.8	7.1	7.7	7.9	4.8	5.9	7.6(457)
不太赞成	0.7	2.5	1.0	1.4	1.3	1.4	1.2	1.5(92)
不赞成	2.9	1.4	0.7	0.9	0.7	0.4	0.8	0.9(57)
合计	100.0(140)	100.0(1465)	100.0(1545)	100.0(1190)	100.0(963)	100.0(491)	100.0(241)	100(6035)
$\chi^2 = 885.341$			df = 24		p = 0.000		Gamma = −0.054	

(十七)不同年龄者均高度认可依法纳税是公民应尽的义务

分析结果(见表5-2-17)发现:中年人、中老年人、老年人认可依法纳税是公民应尽的义务的比率最高(均在90%以上),儿童、青少年认可的比率最低(分别为79%、80.7%),不同年龄者的态度比较一致,均高度认可依法纳税是公民应尽的义务。

表 5－2－17　年龄与对"依法纳税是公民应尽的义务"的态度　（%）

	10 岁以下	10—19 岁	20—29 岁	30—39 岁	40—49 岁	50—59 岁	60 岁以上	合计
非常赞成	58.0	60.2	62.6	64.3	68.7	73.7	79.6	64.8(3914)
比较赞成	21.0	20.5	26.0	24.3	21.3	19.2	12.9	22.4(1353)
一般	12.3	13.0	9.0	8.1	8.0	5.5	5.4	9.2(560)
不太赞成	2.2	2.8	1.4	1.8	1.1	1.0	1.3	1.8(106)
不赞成	6.5	3.5	1.0	1.5	0.9	0.6	0.8	1.8(107)
合计	(138)	(1466)	(1548)	(1192)	(961)	(495)	(240)	100.0(6040)
$\chi^2 = 158.508$		df = 24		p = 0.000		Gamma = −0.148		

（十八）结论

通过以上对不同年龄者对各个方面的责任、义务之态度的比较分析发现：不同年龄者的责任、义务观既有一致性又有差异性。

不同年龄者的责任、义务观的一致性主要表现在：不同年龄者均比较认可（高度认可）对自己、家人、国家、自己的工作、自己做的事情的责任、义务，均高度认可公民遵守国家法律、依法纳税的责任和义务。

不同年龄者的责任、义务观的差异性主要表现在：儿童、青少年较其他年龄的人群表现出更强烈的责任、义务感，显著的特征是，儿童认可对亲戚、同学、有困难的人、社会中所有的人、自己居住的社区等方面的责任、义务的比率均为最高，儿童、青少年认可对朋友、家乡、劳动集体或学校的比率均为最高。

三、不同民族者的责任、义务观比较

（一）各民族都高度认同对自己的责任、义务

分析结果（见表 5－3－1）显示：少数民族者对自己的责任、义务（包括"很大"和"较大"，下同）的认同比率为 76.4%；汉族者对自己的责任、义务

的认同比率为74.5%;各民族公众对自己的责任、义务之态度大体一致。

表5-3-1　民族与对自己的责任、义务之态度　（%）

	汉族	少数民族	合计
很大	54.5	55.5	54.5(3315)
较大	20.0	20.9	20.1(1220)
一般	20.7	18.0	20.5(1249)
很小	2.7	3.8	2.8(170)
没有	0.8	0.5	0.8(46)
不知道	1.3	1.3	1.3(79)
合计	100.0(5706)	100.0(373)	100.0(6079)
$\chi^2=3.061$	df=5	p=0.691	λ=0.000

（二）各民族都高度认同对自己的家人的责任、义务

表5-3-2　民族与对自己的家人的责任、义务之态度　（%）

	汉族	少数民族	合计
很大	66.3	71.4	66.6(4098)
较大	24.7	22.3	24.6(1511)
一般	7.5	5.2	7.3(447)
很小	0.7	0.8	0.7(44)
没有	0.2	0.3	0.2(15)
不知道	0.6	0.0	0.6(34)
合计	100.0(5772)	100.0(377)	100.0(6149)
$\chi^2=6.590$	df=5	p=0.253	λ=0.000

分析结果(见表5-3-2)显示:少数民族者对自己的家人的责任、义务的认同比率为93.7%;汉族者对自己的家人的责任、义务的认同比率为91%;各民族公众对自己家人的责任、义务之态度大体一致。

（三）各民族都比较认同对自己亲戚的责任、义务

分析结果（见表5－3－3）显示：汉族者对自己亲戚的责任、义务的认同比率为57.5%；少数民族者对自己亲戚的责任、义务的认同比率为52.5%；各民族公众对自己亲戚责任、义务之态度大体一致。

表5－3－3　民族与对自己亲戚的责任、义务之态度　（%）

	汉族	少数民族	合计
很大	23.8	24.1	23.8(1442)
较大	33.7	28.4	33.4(2022)
一般	36.8	42.7	37.1(2248)
很小	3.9	3.8	3.9(235)
没有	1.0	0.5	1.0(59)
不知道	0.8	0.5	0.8(48)
合计	100.0(5681)	100.0(373)	100.0(6054)
$\chi^2 = 7.332$	df = 5	p = 0.197	$\lambda = 0.000$

（四）各民族都比较认同对自己朋友的责任、义务

表5－3－4　民族与对自己朋友的责任、义务之态度　（%）

	汉族	少数民族	合计
很大	25.1	25.2	25.1(1523)
较大	34.6	36.2	34.7(2103)
一般	33.7	34.5	33.7(2039)
很小	4.3	2.7	4.2(257)
没有	1.1	1.1	1.1(69)
不知道	1.2	0.3	1.2(70)
合计	100.0(5688)	100.0(373)	100.0(6061)
$\chi^2 = 5.363$	df = 5	p = 0.373	$\lambda = 0.000$

分析结果(见表5-3-4)显示:少数民族者对自己的朋友的责任、义务的认同比率为61.4%;汉族者对自己的朋友的责任、义务的认同比率为59.7%;各民族公众对自己朋友的责任、义务之态度高度一致。

(五)各民族都比较认同对自己同事或同学的责任、义务

分析结果(见表5-3-5)显示:少数民族者对自己同事或同学的责任、义务的认同比率为51.5%;汉族者对自己同事或同学的责任、义务的认同比率为49%;各民族之间公众对自己同事或同学的责任、义务之态度基本一致。

表5-3-5 民族与对自己同事或同学的责任、义务之态度 (%)

	汉族	少数民族	合计
很大	19.5	20.3	19.5(1177)
较大	28.9	31.2	29.0(1749)
一般	41.0	41.9	41.1(2474)
很小	6.5	4.0	6.4(383)
没有	2.6	2.4	2.6(154)
不知道	1.5	0.3	1.4(84)
合计	100.0(5646)	100.0(375)	100.0(6021)
$\chi^2 = 7.995$	df = 5	p = 0.156	$\lambda = 0.000$

(六)各民族者都比较不认同对自己领导的责任、义务

分析结果(见表5-3-6)显示:汉族者对自己领导的责任、义务的认同比率为47.6%;少数民族者对自己领导的责任、义务的认同比率为45.2%;各民族之间公众对自己领导的责任、义务之态度大体一致。

表5-3-6　民族与对自己领导的责任、义务之态度　（％）

	汉族	少数民族	合计
很大	23.0	19.7	22.8(1368)
较大	24.6	25.5	24.7(1485)
一般	34.1	37.3	34.3(2062)
很小	8.7	8.2	8.6(519)
没有	6.3	8.0	6.4(387)
不知道	3.3	1.3	3.2(190)
合计	100.0(5635)	100.0(376)	100.0(6011)
$\chi^2 = 8.588$	df = 5	p = 0.127	$\lambda = 0.000$

（七）少数民族者更多认同对信任自己的人的责任、义务

分析结果（见表5-3-7）显示：少数民族者对信任自己的人的责任、义务的认同比率为81.5％；汉族者对信任自己的人的责任、义务的认同比率为75.4％；少数民族与汉族公众对信任自己的人的责任、义务之态度略有差异。

表5-3-7　民族与对信任自己的人的责任、义务之态度　（％）

	汉族	少数民族	合计
很大	40.5	39.7	40.4(2436)
较大	34.9	41.6	35.3(2126)
一般	19.1	15.5	19.1(1146)
很小	2.5	1.3	2.4(146)
没有	1.5	1.1	1.4(86)
不知道	1.5	0.8	1.4(86)
合计	100.0(5651)	100.0(375)	100.0(6026)
$\chi^2 = 10.651$	df = 5	p = 0.059	$\lambda = 0.002$

（八）各民族比较认同对有困难的人的责任、义务

分析结果（见表5-3-8）显示：少数民族者对有困难的人的责任、义务的认同比率为71.6%；汉族者对信任自己的人的责任、义务的认同比率为67.1%；各民族之间公众对有困难的人的责任、义务之态度比较一致。

表5-3-8　民族与对有困难的人的责任、义务之态度　（%）

	汉族	少数民族	合计
很大	36.2	38.6	36.3(2200)
较大	30.9	33.0	31.0(1874)
一般	26.0	25.0	26.0(1569)
很小	3.8	2.4	3.7(223)
没有	1.4	0.5	1.4(83)
不知道	1.7	0.5	1.6(97)
合计	100.0(5670)	100.0(376)	100.0(6046)
$\chi^2 = 7.932$	df = 5	p = 0.160	$\lambda = 0.000$

（九）各民族不太认同对社会所有人的责任、义务

表5-3-9　民族与对社会中所有人的责任、义务之态度　（%）

	汉族	少数民族	合计
很大	19.7	20.8	19.7(1177)
较大	17.6	17.3	17.6(1051)
一般	40.5	38.2	40.4(2408)
很小	12.1	14.6	12.3(733)
没有	5.7	4.0	5.6(332)
不知道	4.4	5.1	4.4(263)
合计	100.0(5593)	100.0(371)	100.0(5964)
$\chi^2 = 4.427$	df = 5	p = 0.490	$\lambda = 0.000$

分析结果（见表5－3－9）显示：少数民族者对社会中所有人的责任、义务的认同比率为38.1%；汉族者对社会所有人的责任、义务的认同比率为37.5%；各民族之间公众对社会中所有人的责任、义务之态度高度一致。

（十）各民族高度认同对自己国家的责任、义务

分析结果（见表5－3－10）显示：少数民族者对自己国家的责任、义务的认同比率为81.3%；汉族者对自己国家的责任、义务的认同比率为78.1%；各民族之间公众对自己国家的责任、义务之态度高度一致。

表5－3－10　民族与对自己国家的责任、义务之态度　（%）

	汉族	少数民族	合计
很大	55.2	57.8	55.4(3375)
较大	22.9	23.5	23.0(1400)
一般	15.5	12.9	15.2(932)
很小	2.9	3.7	3.0(181)
没有	1.5	1.6	1.5(92)
不知道	2.0	0.5	1.9(117)
合计	100.0(5723)	100.0(374)	100.0(6097)
$\chi^2 = 6.845$	df = 5	p = 0.232	$\lambda = 0.000$

（十一）各民族比较认同对自己家乡的责任、义务

分析结果（见表5－3－11）显示：少数民族者对自己家乡的责任、义务的认同比率为71.6%；汉族者对自己家乡的责任、义务的认同比率为69.0%；各民族之间公众对自己家乡的责任、义务之态度基本一致。

表5－3－11 民族与对自己家乡的责任、义务之态度 （％）

	汉族	少数民族	合计
很大	38.5	46.4	39.0(2358)
较大	30.5	25.2	30.2(1824)
一般	23.5	23.0	23.4(1414)
很小	4.2	3.8	4.2(255)
没有	1.6	0.8	1.5(92)
不知道	1.7	0.8	1.7(101)
合计	100.0(5671)	100.0(373)	100.0(6044)
$\chi^2 = 12.151$	df = 5	p = 0.033	$\lambda = 0.000$

（十二）各民族者比较认同对自己居住社区的责任、义务

分析结果（见表5－3－12）显示：少数民族者对自己居住社区的责任、义务的认同比率为63.2％；汉族者对自己居住社区的责任、义务的认同比率为67.2％；各民族之间公众对自己居住社区的责任、义务之态度基本一致。

表5－3－12 民族与对自己居住社区的责任、义务之态度 （％）

	汉族	少数民族	合计
很大	27.7	32.0	27.9(1682)
较大	29.5	31.2	29.6(1782)
一般	32.4	27.7	32.2(1932)
很小	6.2	5.6	6.2(372)
没有	2.1	1.6	2.1(127)
不知道	2.1	1.9	2.0(123)
合计	100.0(5643)	100.0(375)	100.0(6018)
$\chi^2 = 5.842$	df = 5	p = 0.322	$\lambda = 0.004$

(十三)少数民族者更认同对自己劳动集体或学校的责任、义务

分析结果(见表5－3－13)显示:少数民族者对自己的劳动集体或学校的责任、义务的认同比率为70.2%;汉族者对自己的劳动集体或学校的责任、义务的认同比率为62.6%;各民族之间公众对自己的劳动集体或学校的责任、义务之态度有差异。

表5－3－13 民族与对自己劳动集体或学校的责任、义务之态度 (%)

	汉族	少数民族	合计
很大	31.5	38.2	32.0(1913)
较大	31.1	32.0	31.1(1864)
一般	28.8	22.5	28.3(1698)
很小	4.4	5.1	4.5(268)
没有	2.2	0.8	2.1(125)
不知道	2.0	1.4	2.0(118)
合计	100.0(5617)	100.0(369)	100.0(5986)
$\chi^2 = 13.899$	df = 5	p = 0.016	λ = 0.000

(十四)各民族高度认同对自己工作的责任、义务

表5－3－14 民族与对自己工作的责任、义务之态度 (%)

	汉族	少数民族	合计
很大	55.8	63.7	56.3(3420)
较大	28.0	25.6	27.9(1694)
一般	11.7	8.4	11.5(699)
很小	1.7	1.3	1.7(101)
没有	1.4	0.5	1.3(80)
不知道	1.4	0.5	1.3(81)
合计	100.0(5700)	100.0(375)	100.0(6075)
$\chi^2 = 12.362$	df = 5	p = 0.030	λ = 0.000

分析结果(见表5-3-14)显示:少数民族者对自己工作的责任、义务的认同比率为89.5%;汉族者对自己工作的责任、义务的认同比率为83.8%;各民族之间公众对自己工作的责任、义务之态度比较一致。

(十五)各民族高度认同对自己做的事情的责任、义务

分析结果(见表5-3-15)显示:少数民族者对自己做的事情的责任、义务的认同比率为84.2%;汉族者对自己做的事情的责任、义务的认同比率为82.9%;各民族之间公众对自己做的事情的责任、义务之态度高度一致。

表5-3-15　民族与对自己做的事情的责任、义务之态度　(%)

	汉族	少数民族	合计
很大	57.5	62.8	57.8(3512)
较大	25.4	21.4	25.1(1526)
一般	12.6	13.1	12.8(776)
很小	2.2	1.9	2.1(130)
没有	1.0	0.0	0.9(55)
不知道	1.3	0.8	1.3(76)
合计	100.0(5701)	100.0(374)	100.0(6075)
$\chi^2 = 8.363$	df = 5	p = 0.137	λ = 0.000

(十六)各民族高度认同遵守国家法律的责任、义务

分析结果(见表5-3-16)显示:少数民族者对遵守国家法律的责任、义务(包括"非常赞成"和"比较赞成",下同)的认同比率为92.0%;汉族者对遵守国家法律的责任、义务的认同比率为89.7%;分析结果同时发现:各民族之间公众对遵守国家法律的责任、义务之态度高度一致。

表5－3－16　民族与遵守国家法律的责任、义务之态度　（%）

	汉族	少数民族	合计
非常赞成	67.3	76.5	67.9(4160)
比较赞成	22.4	15.5	21.9(1344)
一般	7.8	5.9	7.7(468)
不太赞成	1.5	1.3	1.5(94)
不赞成	1.0	0.8	1.0(60)
合计	100.0(5751)	100.0(375)	100.0(6126)
$\chi^2 = 13.885$	df = 4	p = 0.008	λ = 0.000

（十七）各民族高度认同遵守依法纳税的责任、义务

表5－3－17　民族与依法纳税的责任、义务之态度　（%）

	汉族	少数民族	合计
非常赞成	64.2	72.0	64.7(3966)
比较赞成	22.8	17.6	22.5(1379)
一般	9.4	6.9	9.2(567)
不太赞成	1.8	1.1	1.8(109)
不赞成	1.8	2.4	1.8(111)
合计	100.0(5757)	100.0(375)	100.0(6132)
$\chi^2 = 11.771$	df = 4	p = 0.019	λ = 0.000

分析结果(见表5－3－17)显示:少数民族者对依法纳税的责任、义务的认同比率为89.6%;汉族者对依法纳税的责任、义务的认同比率为87.0%;分析结果同时发现:各民族之间公众对依法纳税的责任、义务之态度高度一致。

（十八）结论

通过以上对不同民族者对各个方面的责任、义务之态度的比较分析发现:不同民族者的责任、义务观既有一致性又有差异性。

不同民族者的责任、义务观的一致性主要表现在:各民族者对多种人或集体的责任、义务的认同率都比较高;其中对自己领导、自己同事或同学以及对社会所有人的责任、义务感比较低,各民族者对这三项的认同比率都低于半数。

不同民族者的责任、义务观的差异性主要表现在:基本上少数民族人较之汉族人对多种人或集体的责任、义务要高;但对自己的亲戚、自己领导的认同比率,汉族人较之少数民族要高。

四、不同宗教信仰者的责任、义务观比较

(一)天主教信仰者认可对自己的责任、义务的比率最高

分析结果(见表5-4-1)显示:天主教信仰者认可对自己的责任、义务的比率(包括"很大"和"较大",下同)最高(85.2%),佛教信仰者认可的比率最低(72.2%),有宗教信仰者较无宗教信仰者认可的比率相对较高(不考虑宗教信仰为"其他"的公众,下同)。

表5-4-1　不同宗教者与对自己的责任、义务之态度　(%)

	无	基督教	天主教	伊斯兰教	佛教	道教	不明宗教	合计
很大	54.9	49.0	63.0	56.3	51.3	61.2	60.0	54.5(3270)
较大	20.1	20.2	22.2	22.9	20.9	18.4	8.0	20.1(1206)
一般	20.3	23.7	13.0	12.4	21.5	18.4	32.0	20.5(1228)
很小	2.6	5.5	1.8	6.3	4.0	0.0	0.0	2.8(169)
没有	0.8	0.4	0.0	2.1	0.6	0.0	0.0	0.8(46)
不知道	1.3	1.2	0.0	0.0	1.7	2.0	0.0	1.3(78)
合计	100.0 (5090)	100.0 (253)	100.0 (54)	100.0 (48)	100.0 (478)	100.0 (49)	100.0 (25)	100.0 (5997)
$\chi^2 = 31.660$		df = 30		p = 0.384			Tau-y = 0.001	

（二）佛教信仰者认可对自己家人的责任、义务的比率最高

分析结果（见表5-4-2）显示：佛教信仰者认可对自己家人的责任、义务的比率最高（93.2%），伊斯兰教信仰者认可的比率最低（82.4%），无宗教信仰者比有宗教信仰（不包括信仰佛教者）者认可对自己家人的责任、义务的比率高。

表5-4-2　不同宗教者与对自己家人的责任、义务之态度　（%）

	无	基督教	天主教	伊斯兰教	佛教	道教	不明宗教	合计
很大	66.7	61.4	58.2	70.6	69.8	70.0	73.1	66.5(4049)
较大	24.7	27.6	27.3	11.8	23.4	20.0	15.4	24.4(1489)
一般	8.0	12.8	15.7	6.6	6.4	6.0	7.5	7.7(438)
很小	0.7	1.6	0.0	0.0	0.2	2.0	0.0	0.6(43)
没有	0.3	0.4	0.0	2.0	0.0	0.0	0.0	0.2(15)
不知道	0.6	1.2	1.8	0.0	0.2	2.0	0.0	0.6(34)
合计	100.0 (5149)	100.0 (254)	100.0 (55)	100.0 (51)	100.0 (483)	100.0 (50)	100.0 (26)	100.0 (6068)
$\chi^2 = 38.639$			df = 30		p = 0.134		Tau-y = 0.001	

（三）天主教信仰者认可对自己亲戚的责任、义务的比率最高

表5-4-3　不同宗教者与对自己亲戚的责任、义务之态度　（%）

	无	基督教	天主教	伊斯兰教	佛教	道教	不明宗教	合计
很大	22.9	29.1	31.5	29.4	26.5	42.0	26.1	23.8(1422)
较大	33.8	29.9	33.3	27.5	32.6	20.0	43.5	33.4(1998)
一般	37.6	34.6	25.9	33.3	36.3	30.0	30.4	37.1(2214)
很小	3.9	3.2	7.4	7.8	3.4	8.0	0.0	3.9(234)
没有	1.0	1.6	0.0	2.0	0.6	0.0	0.0	1.0(60)
不知道	0.8	1.6	1.9	0.0	0.6	0.0	0.0	0.8(48)
合计	100.0 (5072)	100.0 (251)	100.0 (54)	100.0 (51)	100.0 (475)	100.0 (50)	100.0 (23)	100.0 (5976)
$\chi^2 = 38.495$			df = 30		p = 0.137		Tau-y = 0.002	

分析结果(见表5-4-3)显示:天主教信仰者认可对自己亲戚的责任、义务的比率最高(64.8%),无宗教信仰的公众认可的比率最低(56.7%),有宗教信仰者较无宗教信仰者认可对自己亲戚的责任、义务的比率高。

(四)伊斯兰教信仰者认可对自己朋友的责任、义务的比率最低

分析结果(见表5-4-4)显示:道教、天主教信仰者认可对自己朋友的责任、义务的比率最高(分别为64%、63.6%),伊斯兰教信仰者认可的比率最低(46%)。

表5-4-4 不同宗教者与对自己朋友的责任、义务之态度 (%)

	无	基督教	天主教	伊斯兰教	佛教	道教	不明宗教	合计
很大	24.5	25.1	30.9	22.0	29.7	36.0	29.2	25.1(1501)
较大	35.4	33.1	32.7	24.0	31.0	28.0	37.5	34.8(2084)
一般	33.6	33.0	21.9	44.0	33.3	32.0	33.3	33.5(2009)
很小	4.0	6.0	10.9	8.0	4.6	4.0	0.0	4.2(251)
没有	1.3	1.2	0.0	2.0	0.4	0.0	0.0	1.2(70)
不知道	1.2	1.6	3.6	0.0	1.0	0.0	0.0	1.2(71)
合计	100.0 (5078)	100.0 (251)	100.0 (55)	100.0 (50)	100.0 (478)	100.0 (50)	100.0 (24)	100.0 (5986)
$\chi^2 = 38.022$		df = 30			p = 0.149		Tau - y = 0.001	

(五)天主教信仰者认可对自己同事或同学的责任、义务的比率最高

分析结果(见表5-4-5)显示:天主教信仰者认可对自己同事或同学的责任、义务的比率最高(62.2%),佛教信仰者认可的比率最低(48%),有宗教信仰者(不包括信仰佛教者)比无宗教信仰者认可对自己同事或同学的责任、义务的比率高。

表5－4－5　不同宗教者与对自己同事或同学的责任、义务之态度　（％）

	无	基督教	天主教	伊斯兰教	佛教	道教	不明宗教	合计
很大	18.8	21.7	35.8	25.5	21.1	30.0	28.0	19.4(1154)
较大	29.5	27.3	26.4	27.5	26.9	22.0	28.0	29.1(1729)
一般	41.4	40.2	30.2	31.2	41.7	24.0	44.0	41.1(2442)
很小	6.3	5.2	5.7	11.8	6.5	20.0	0.0	6.4(379)
没有	2.6	3.6	0.0	2.0	2.1	2.0	0.0	2.6(153)
不知道	1.4	2.0	1.9	2.0	1.7	2.0	0.0	1.4(85)
合计	100.0 (5039)	100.0 (249)	100.0 (53)	100.0 (51)	100.0 (475)	100.0 (50)	100.0 (25)	100.0 (5942)
$\chi^2 = 36.354$		df = 30			p = 0.279		Tau-y = 0.002	

（六）天主教信仰者认可对自己领导的责任、义务的比率最高

分析结果（见表5－4－6）显示：天主教信仰者认可对自己的领导的责任、义务的比率最高（63％），伊斯兰教信仰者认可的比率最低（36％），有宗教信仰者（不包括伊斯兰教信仰者）比无宗教信仰者认可的比率高。

表5－4－6　不同宗教者与对自己领导的责任、义务之态度　（％）

	无	基督教	天主教	伊斯兰教	佛教	道教	不明宗教	合计
很大	21.5	28.9	42.6	26.0	26.5	34.0	25.0	22.6(1339)
较大	25.1	22.9	20.4	10.0	24.8	24.0	20.8	24.8(1470)
一般	35.1	29.4	25.8	44.0	30.6	18.0	41.7	34.2(2036)
很小	8.7	9.2	7.4	6.0	8.1	12.0	8.3	8.7(516)
没有	6.5	5.2	1.9	12.0	6.6	10.0	4.2	6.5(386)
不知道	3.1	4.4	1.9	2.0	3.4	2.0	0.0	3.1(186)
合计	100.0 (5034)	100.0 (249)	100.0 (54)	100.0 (50).	100.0 (472)	100.0 (50)	100.0 (24)	100.0 (5933)
$\chi^2 = 49.790$		df = 30			p = 0.013		Tau-y = 0.002	

（七）天主教信仰者认可对信任自己人的责任、义务的比率最高

分析结果（见表5-4-7）显示：天主教信仰者认可对信任自己人的责任、义务的比率最高（82.7%），道教信仰者认可的比率最低（66%）。

表5-4-7　不同宗教者与对信任自己人的责任、义务之态度　（%）

	无	基督教	天主教	伊斯兰教	佛教	道教	不明宗教	合计
很大	39.7	39.3	46.2	42.0	47.6	38.0	45.8	40.4(2403)
较大	36.0	33.3	36.5	36.0	30.1	28.0	29.2	35.3(2099)
一般	19.1	19.8	11.6	22.0	17.4	20.0	25.0	19.0(1130)
很小	2.4	3.2	3.8	0.0	1.9	10.0	0.0	2.5(146)
没有	1.4	2.0	0.0	0.0	1.7	2.0	0.0	1.4(84)
不知道	1.4	2.4	1.9	0.0	1.3	2.0	0.0	1.4(86)
合计	100.0(5045)	100.0(252)	100.0(52)	100.0(50)	100.0(475)	100.0(50)	100.0(24)	100.0(5948)
$\chi^2 = 36.612$		df = 30			p = 0.189			Tau - y = 0.001

（八）天主教信仰者认可对有困难人的责任、义务的比率最高

表5-4-8　不同宗教者与对有困难人的责任、义务之态度　（%）

	无	基督教	天主教	伊斯兰教	佛教	道教	不明宗教	合计
很大	34.8	38.8	55.6	37.3	47.2	44.0	45.8	36.3(2168)
较大	31.8	28.6	29.6	29.4	25.2	18.0	29.2	31.0(1850)
一般	26.4	27.1	11.0	29.3	23.0	22.0	25.0	26.0(1553)
很小	3.8	2.7	1.9	2.0	3.4	10.0	0.0	3.7(221)
没有	1.5	2.4	0.0	0.0	0.4	0.0	0.0	1.4(83)
不知道	1.7	0.4	1.9	2.0	0.8	6.0	0.0	1.6(94)
合计	100.0(5063)	100.0(255)	100.0(54)	100.0(51)	100.0(472)	100.0(50)	100.0(24)	100.0(5969)
$\chi^2 = 69.181$		df = 30			p = 0.000			Tau - y = 0.004

分析结果（见表5－4－8）显示:天主教信仰者认可对有困难人的责任、义务的比率最高(85.2%),道教信仰者认可的比率最低(62%)。

(九)有宗教信仰者较无宗教信仰者更认可对社会中所有的人的责任、义务

分析结果（见表5－4－9）显示：天主教信仰者认可对社会中所有人的责任、义务的比率最高（58.8%）；无宗教信仰者认可的比率最低（36.2%），有宗教信仰者比无宗教信仰者认可对社会中所有人的责任、义务的比率高。

表5－4－9 不同宗教者与对社会中所有人的责任、义务之态度 （%）

	无	基督教	天主教	伊斯兰教	佛教	道教	不明宗教	合计
很大	18.7	20.2	33.3	17.6	26.5	25.5	23.1	19.6(1154)
较大	17.5	19.4	25.5	15.7	16.8	17.0	26.9	17.6(1035)
一般	41.2	39.5	15.7	51.0	34.5	38.3	46.2	40.5(2384)
很小	12.4	10.7	17.6	11.8	13.1	14.9	3.8	12.4(729)
没有	5.8	5.5	5.9	0.0	3.7	4.3	0.0	5.6(327)
不知道	4.4	4.7	2.0	3.9	5.4	0.0	0.0	4.4(258)
合计	100.0(4994)	100.0(253)	100.0(51)	100.0(51)	100.0(465)	100.0(47)	100.0(26)	100.0(5887)
$\chi^2 = 53.905$			df = 30		p = 0.005		Tau－y = 0.003	

(十)不同宗教信仰者均比较认可对自己国家的责任、义务

分析结果(见表5－4－10)显示:天主教信仰者认可对自己国家的责任、义务的比率最高(86.5%),基督教信仰者和伊斯兰教信仰者认可的比率最低(分别为76.7%、76.4%),不同宗教信仰者的态度比较一致,均比较认可对自己国家的责任、义务之态度。

表5-4-10　不同宗教者与对自己国家的责任、义务之态度　（%）

	无	基督教	天主教	伊斯兰教	佛教	道教	不明宗教	合计
很大	54.6	53.5	59.6	52.9	61.7	62.0	65.4	55.3(3322)
较大	23.3	23.2	26.9	23.5	20.8	20.0	7.7	23.1(1386)
一般	15.7	16.1	7.7	15.8	11.7	12.0	23.1	15.2(920)
很小	3.0	2.8	1.9	0.0	2.9	4.0	3.8	3.0(179)
没有	1.5	2.4	1.9	3.9	0.8	0.0	0.0	1.5(90)
不知道	1.9	2.0	1.9	3.9	2.1	2.0	0.0	1.9(115)
合计	100.0 (5104)	100.0 (254)	100.0 (52)	100.0 (51)	100.0 (475)	100.0 (50)	100.0 (26)	100.0 (6012)
$\chi^2 = 27.370$		df = 30			p = 0.604		Tau - y = 0.001	

（十一）道教信仰者认可对自己家乡的责任、义务的比率最高

分析结果（见表5-4-11）显示：道教信仰者认可对自己家乡的责任、义务比率最高83.7%，伊斯兰教信仰者认可的比率最低（54.9%），有宗教信仰者（不包括伊斯兰教信仰者）较无宗教信仰者认可的比率高。

表5-4-11　不同宗教者与对自己家乡的责任、义务之态度　（%）

	无	基督教	天主教	伊斯兰教	佛教	道教	不明宗教	合计
很大	37.8	45.6	47.1	33.3	45.6	51.0	42.3	38.9(2320)
较大	30.7	29.6	35.3	21.6	27.0	32.7	34.6	30.3(1809)
一般	24.0	18.4	11.6	35.3	20.7	12.3	23.1	23.4(1395)
很小	4.4	2.8	2.0	3.9	3.2	2.0	0.0	4.2(251)
没有	1.5	1.6	2.0	2.0	1.1	0.0	0.0	1.5(88)
不知道	1.6	2.0	2.0	3.9	2.5	2.0	0.0	1.7(101)
合计	100.0 (5063)	100.0 (250)	100.0 (51)	100.0 (51)	100.0 (474)	100.0 (49)	100.0 (26)	100.0 (5964)
$\chi^2 = 42.399$		df = 30			p = 0.066		Tau - y = 0.002	

（十二）道教信仰者认可对自己居住社区的责任、义务的比率最高

分析结果（见表5－4－12）显示：道教信仰者认可对自己居住社区的责任、义务的比率最高（71.4%），伊斯兰教信仰者认可的比率最低（47.1%）。

表5－4－12　不同宗教者与对自己居住社区的责任、义务之态度　（%）

	无	基督教	天主教	伊斯兰教	佛教	道教	不明宗教	合计
很大	27.2	28.7	40.4	25.5	32.0	34.7	28.0	27.8(1650)
较大	29.8	29.1	28.8	21.6	28.8	36.7	36.0	29.7(1763)
一般	32.6	29.4	19.3	41.1	29.6	22.6	32.0	32.1(1910)
很小	6.2	8.0	5.8	3.9	5.9	2.0	4.0	6.2(369)
没有	2.1	2.4	3.8	2.0	2.3	2.0	0.0	2.1(125)
不知道	2.1	2.4	1.9	5.9	1.3	2.0	0.0	2.1(122)
合计	(5036)	(251)	(52)	(51)	(475)	(49)	(25)	100.0(5939)
$\chi^2 = 28.099$			df = 30		p = 0.565		Tau － y = 0.001	

（十三）天主教信仰者认可对自己劳动集体或学校的责任、义务的比率最高

表5－4－13　不同宗教者与对自己的劳动集体或学校的责任、义务之态度　（%）

	无	基督教	天主教	伊斯兰教	佛教	道教	不明宗教	合计
很大	31.3	30.7	54.9	26.5	36.0	40.8	33.3	31.9(1882)
较大	31.7	31.5	25.5	32.7	27.2	28.6	33.3	31.2(1844)
一般	28.6	27.4	9.8	32.6	27.0	24.5	29.2	28.3(1673)
很小	4.4	3.6	7.8	4.1	6.4	4.1	4.2	4.5(267)
没有	2.2	2.4	0.0	0.0	1.3	0.0	0.0	2.1(122)
不知道	1.8	4.4	2.0	4.1	2.1	2.0	0.0	2.0(117)
合计	100.0(5011)	100.0(251)	100.0(51)	100.0(49)	100.0(470)	100.0(49)	100.0(24)	100.0(5905)
$\chi^2 = 44.656$			df = 30		p = 0.042		Tau － y = 0.002	

分析结果(见表5－4－13)显示:天主教信仰者认可对自己劳动集体或学校的责任、义务的比率最高(80.4%),伊斯兰教信仰者认可的比率最低(59.2%)。

(十四)不同宗教信仰者均高度认可对自己工作的责任、义务

分析结果(见表5－4－14)显示:天主教信仰者认可对自己工作的责任、义务的比率最高(88.2%),无宗教信仰者认可的比率最低(84.1%),有宗教信仰者较无宗教信仰者认可的比率略高;但不同宗教信仰者的态度比较一致,均高度认可对自己工作的责任、义务。

表5－4－14　不同宗教者与对自己工作的责任、义务之态度　(%)

	无	基督教	天主教	伊斯兰教	佛教	道教	不明宗教	合计
很大	55.6	54.4	64.7	60.8	61.5	70.8	73.1	56.4(3378)
较大	28.5	30.2	23.5	15.7	24.9	14.6	11.5	27.9(1673)
一般	11.6	10.6	3.9	15.6	10.9	8.3	15.4	11.4(685)
很小	1.7	2.0	2.0	2.0	0.6	4.2	0.0	1.6(97)
没有	1.2	2.4	2.0	3.9	1.3	2.1	0.0	1.3(79)
不知道	1.4	0.4	3.9	2.0	0.8	0.0	0.0	1.4(81)
合计	100.0 (5087)	100.0 (252)	100.0 (51)	100.0 (51)	100.0 (478)	100.0 (48)	100.0 (26)	100.0 (5993)
	$\chi^2 = 40.285$		df = 30		p = 0.099		Tau－y = 0.002	

(十五)不同宗教信仰者均高度认可对自己做的事情的责任、义务

分析结果(见表5－4－15)显示:道教信仰者认可对自己做的事情的责任、义务的比率最高(86.4%),伊斯兰教信仰者认可的比率最低(76.4%),但不同宗教信仰者均高度认可对自己做的事情的责任、义务。

表 5 - 4 - 15 不同宗教者与对自己做的事情的责任、义务之态度 （%）

	无	基督教	天主教	伊斯兰教	佛教	道教	不明宗教	合计
很大	57.4	56.5	63.5	52.9	63.2	55.1	60.0	57.9(3469)
较大	25.7	26.3	19.2	23.5	19.8	28.6	12.0	25.2(1509)
一般	12.7	12.0	9.6	19.6	13.1	8.2	24.0	12.5(759)
很小	2.1	2.4	3.8	2.0	2.3	6.1	4.0	2.2(130)
没有	0.9	1.2	1.9	0.0	0.4	0.0	0.0	0.9(53)
不知道	1.2	1.6	1.9	2.0	1.2	2.0	0.0	1.3(76)
合计	100.0 (5083)	100.0 (255)	100.0 (52)	100.0 (51)	100.0 (481)	100.0 (49)	100.0 (25)	100.0 (5996)
$\chi^2 = 27.348$		df = 30		p = 0.605		Tau - y = 0.001		

（十六）不同宗教信仰者均高度认可遵守国家法律是公民的基本责任和义务

分析结果(见表5－4－16)表明:无宗教信仰者认可遵守国家法律是公民的基本责任和义务的比率最高(90.2%),天主教信仰者认可的比率最低(79.3%),无宗教信仰者较有宗教信仰者认可的比率略高,但不同宗教信仰者大多认可遵守国家法律是公民的基本责任和义务。

表 5 - 4 - 16 不同宗教者与对遵守国家法律是公民的基本责任和义务的态度 （%）

	无	基督教	天主教	伊斯兰教	佛教	道教	不明宗教	合计
非常赞成	67.9	65.1	62.3	68.6	72.1	61.2	66.7	68.0(4109)
比较赞成	22.3	23.1	17.0	15.7	18.9	22.4	16.7	22.0(1326)
一般	7.2	9.0	17.0	11.7	8.0	16.4	12.4	7.5(457)
不太赞成	1.5	2.0	3.7	2.0	1.0	0.0	4.2	1.5(91)
不赞成	1.1	0.8	0.0	2.0	1.0	0.0	0.0	1.0(58)
合计	100.0 (5132)	100.0 (255)	100.0 (53)	100.0 (51)	100.0 (477)	100.0 (49)	100.0 (24)	100.0 (6041)
$\chi^2 = 33.104$		df = 30		p = 0.102		Tau - y = 0.001		

（十七）不同宗教信仰者均高度认可依法纳税是公民应尽的义务

分析结果（见表5-4-17）表明：佛教信仰者认可依法纳税是公民应尽的义务的比率最高（89.6%），天主教信仰者认可的比率最低（77.3%），无宗教信仰者较有宗教信仰者（佛教信仰者除外）认可的比率高，但不同宗教信仰者的态度比较一致，均大多认可依法纳税是公民应尽的义务。

表5-4-17　不同宗教者与对"依法纳税是公民应尽的义务"的态度　（%）

	无	基督教	天主教	伊斯兰教	佛教	道教	不明宗教	合计
非常赞成	64.8	58.7	50.9	62.7	68.8	65.3	70.8	64.7(3913)
比较赞成	22.8	22.8	26.4	17.6	20.8	14.3	8.3	22.5(1363)
一般	8.9	13.7	13.2	15.7	7.6	18.4	12.6	9.3(557)
不太赞成	1.8	2.0	3.8	2.0	1.3	2.0	0.0	1.7(105)
不赞成	1.7	2.8	5.7	2.0	1.5	0.0	8.3	1.8(107)
合计	100.0 (5134)	100.0 (254)	100.0 (53)	100.0 (51)	100.0 (480)	100.0 (49)	100.0 (24)	100.0 (6045)
$\chi^2 = 40.659$		df = 30			p = 0.018		Tau - y = 0.002	

（十八）结论

通过以上对不同宗教信仰者的责任、义务观的比较分析发现：不同宗教信仰者的责任、义务观呈现出一致性与差异性并存的特征，其中天主教信仰者具有更强烈的责任、义务感，有宗教信仰者与无宗教信仰者的责任、义务观并没有明显的差异。

不同宗教信仰者的责任、义务观的一致性表现在：不同宗教信仰者均高度认可对信任自己的人、自己的国家、自己的工作、自己做的事情的责任和义务，均高度认可遵守国家法律、依法纳税的责任和义务。

不同宗教信仰者的责任、义务观的差异性表现在：相对于其他宗教信仰者而言，天主教信仰者表现出更高的责任、义务感，天主教信仰者认可对自己、家人、亲戚、同事或同学、领导、有困难的人、家乡、劳动集体或学校的责任和义务的比率均为最高。

此外,有宗教信仰者较无宗教信仰者更认可对社会中所有的人的责任、义务。

五、不同人群的责任、义务观比较

(一)大学生认可对自己的责任、义务的比率最高

分析结果(见表5-5-1)显示:大学生认可对自己的责任、义务的比率(包括"很大"和"较大")最高(90.1%),小学生认可的比率最低(67.7%)。

表5-5-1　人群与对自己的责任、义务之态度　(%)

	小学生	中学生	大学生	农村居民	城市居民	知识分子	合计
很大	45.2	53.3	68.3	50.9	57.2	63.2	54.5(3321)
较大	22.5	22.5	21.8	17.7	19.4	25.6	20.1(1224)
一般	22.9	20.6	8.5	25.5	19.2	10.0	20.5(1253)
很小	5.5	2.5	1.2	2.9	2.6	0.6	2.8(171)
没有	1.2	0.4	0	1.1	0.7	0.3	0.8(46)
不知道	2.7	0.7	0.2	1.9	0.9	0.3	1.3(79)
合计	100.0(668)	100.0(723)	100.0(417)	100.0(1953)	100.0(1977)	100.0(356)	100.0(6094)
$\chi^2 = 194.272$		df = 25		p = 0.000		Tau - y = 0.011	

(二)不同人群者均高度认可对自己家人的责任、义务

分析结果(见表5-5-2)显示:不同人群者认可对自己家人的责任、义务的比率均在85%以上,其中知识分子、大学生认可的比率最高(分别为98.6%、97.1%),不同人群的态度比较一致,均高度认可对自己家人的责任、义务。

表5-5-2　人群与对自己家人的责任、义务之态度　（%）

	小学生	中学生	大学生	农村居民	城市居民	知识分子	合计
很大	57.5	60.0	79.4	63.6	71.3	73.5	66.7(4110)
较大	27.7	30.9	17.7	25.2	21.9	25.1	24.6(1514)
一般	11.1	7.3	2.0	9.4	6.0	1.4	7.2(448)
很小	1.3	1.4	0.7	0.8	0.4	0.0	0.7(45)
没有	0.9	0.1	0.2	0.3	0.0	0.0	0.2(15)
不知道	1.5	0.3	0.0	0.7	0.4	0.0	0.6(34)
合计	100.0(668)	100.0(725)	100.0(418)	100.0(1986)	100.0(2011)	100.0(358)	100.0(6166)
$\chi^2 = 175.944$		df = 25		p = 0.000		Tau－y = 0.012	

（三）小学生、中学生认可对自己亲戚的责任、义务的比率最高

分析结果（见表5-5-3）发现：小学生、中学生认可对自己亲戚的责任、义务的比率最高（64%左右），农村居民认可的比率最低（52.9%），学生较非学生（不包括知识分子）认可的比率高。

表5-5-3　人群与对自己亲戚的责任、义务之态度　（%）

	小学生	中学生	大学生	农村居民	城市居民	知识分子	合计
很大	32.6	25.6	19.0	23.6	22.7	17.1	23.8(1447)
较大	31.2	38.5	38.7	29.3	33.6	42.2	33.4(2027)
一般	27.6	30.5	36.3	41.2	38.8	37.0	37.1(2252)
很小	6.0	4.2	5.3	3.5	3.3	3.1	3.9(237)
没有	1.2	0.8	0.7	1.2	0.9	0.6	1.0(60)
不知道	1.4	0.4	0.0	1.2	0.7	0.0	0.8(48)
合计	100.0(663)	100.0(719)	100.0(416)	100.0(1950)	100.0(1972)	100.0(351)	100.0(6071)
$\chi^2 = 126.411$		df = 25		p = 0.000		Tau－y = 0.007	

(四)大学生认可对自己朋友的责任、义务的比率最高

分析结果(见表5-5-4)发现:大学生认可对自己朋友的责任、义务的比率最高(76.5%),农村居民认可的比率最低(52.8%),学生较非学生认可的比率高。

表5-5-4 人群与对自己的朋友的责任、义务之态度 (%)

	小学生	中学生	大学生	农村居民	城市居民	知识分子	合计
很大	36.6	30.6	24.8	22.4	23.1	19.2	25.1(1528)
较大	26.4	39.1	51.7	30.4	34.7	43.9	34.6(2105)
一般	28.8	25.0	20.2	39.0	36.1	33.3	33.7(2045)
很小	5.1	4.4	3.1	4.7	4.0	2.5	4.2(258)
没有	1.4	0.8	0.2	1.3	1.4	0.3	1.2(71)
不知道	1.7	0.1	0.0	2.2	0.7	0.8	1.2(71)
合计	100.0(664)	100.0(723)	100.0(416)	100.0(1947)	100.0(1973)	100.0(355)	100.0(6078)
$\chi^2 = 241.416$		df = 25		p = 0.000		Tau - y = 0.014	

(五)小学生认可对自己同事或同学的责任、义务的比率最高

表5-5-5 人群与对自己同事或同学的责任、义务之态度 (%)

	小学生	中学生	大学生	农村居民	城市居民	知识分子	合计
很大	35.0	23.8	13.8	18.7	15.6	14.8	19.5(1180)
较大	27.2	35.6	37.0	23.4	29.3	38.5	29.0(1750)
一般	26.4	32.5	42.0	45.2	45.2	40.7	41.1(2480)
很小	7.4	6.4	5.8	6.6	6.4	4.3	6.4(386)
没有	2.3	1.1	1.2	3.5	2.8	1.7	2.6(156)
不知道	1.7	0.6	0.2	2.6	0.9	0.0	1.4(85)
合计	100.0(665)	100.0(722)	100.0(414)	100.0(1932)	100.0(1953)	100.0(351)	100.0(6037)
$\chi^2 = 289.214$		df = 25		p = 0.000		Tau - y = 0.015	

分析结果(见表5-5-5)发现:小学生认可对自己同学的责任、义务的

比率最高(62.2%),农村居民对自己同事或同学的责任、义务的认可比率最低(42.1%)。

(六)小学生认可对自己的领导的责任、义务的比率最高

分析结果(见表5-5-6)发现:小学生认可对自己的领导的责任、义务的比率最高(70.7%),知识分子认可对自己的领导的责任、义务的比率最低(40.7%)。

表5-5-6　人群与对自己的领导的责任、义务之态度　(%)

	小学生	中学生	大学生	农村居民	城市居民	知识分子	合计
很大	46.5	29.1	12.3	21.3	17.7	12.9	22.7(1370)
较大	24.2	30.6	29.2	21.5	24.3	27.8	24.7(1488)
一般	17.5	28.3	42.0	35.3	37.9	44.1	34.3(2067)
很小	5.0	6.8	11.4	8.9	9.5	9.5	8.6(520)
没有	3.9	3.3	4.1	8.3	7.6	4.3	6.5(391)
不知道	2.9	1.9	1.0	4.7	3.0	1.4	3.2(191)
合计	100.0 (662)	100.0 (719)	100.0 (414)	100.0 (1931)	100.0 (1952)	100.0 (349)	100.0 (6027)
$\chi^2 = 428.241$		df = 25		p = 0.000		Tau - y = 0.021	

(七)不同人群者均比较认可对信任自己的人的责任、义务

表5-5-7　人群与对信任自己的人的责任、义务之态度　(%)

	小学生	中学生	大学生	农村居民	城市居民	知识分子	合计
很大	49.5	56.3	41.7	36.2	37.1	30.7	40.4(2442)
较大	27.7	30.5	43.9	33.7	36.8	48.7	35.2(2129)
一般	16.0	10.7	13.2	22.5	21.4	16.8	19.2(1153)
很小	2.7	0.7	1.0	3.3	2.3	3.2	2.4(147)
没有	1.8	1.2	0.0	2.2	1.1	0.3	1.4(86)
不知道	2.3	0.6	0.2	2.1	1.3	0.3	1.4(86)
合计	100.0 (661)	100.0 (721)	100.0 (415)	100.0 (1938)	100.0 (1959)	100.0 (349)	100.0 (6043)
$\chi^2 = 239.599$		df = 25		p = 0.000		Tau - y = 0.015	

分析结果(见表5-5-7)发现:大学生、中学生认可对信任自己的人的责任、义务的比率最高(均在85%以上),农村居民认可的比率最低(69.9%)。

(八)小学生认可对有困难的人的责任、义务的比率最高

分析结果(见表5-5-8)发现:小学生认可对有困难的人的责任、义务的比率最高(81.4%),大学生、农村居民、城市居民、知识分子认可的比率均未超过65%。

表5-5-8　人群与对有困难的人的责任、义务之态度　(%)

	小学生	中学生	大学生	农村居民	城市居民	知识分子	合计
很大	60.0	46.5	20.4	34.8	32.7	19.4	36.4(2206)
较大	21.4	30.9	41.3	28.8	31.9	44.3	31.0(1880)
一般	12.1	18.2	32.9	28.0	29.0	31.4	25.9(1572)
很小	2.4	3.1	4.1	4.3	3.6	3.7	3.7(224)
没有	2.0	0.7	1.0	1.7	1.3	0.6	1.4(84)
不知道	2.1	0.6	0.2	2.4	1.5	0.6	1.6(97)
合计	100.0 (660)	100.0 (718)	100.0 (416)	100.0 (1945)	100.0 (1974)	100.0 (350)	100.0 (6063)
$\chi^2 = 365.402$		df = 25		p = 0.000		Tau - y = 0.026	

(九)小学生认可对社会中所有人的责任、义务的比率最高

表5-5-9　人群与对社会中所有人的责任、义务之态度　(%)

	小学生	中学生	大学生	农村居民	城市居民	知识分子	合计
很大	42.7	25.6	9.9	17.4	15.5	12.1	19.7(1180)
较大	21.5	23.9	18.6	15.2	15.5	21.0	17.6(1054)
一般	21.1	33.2	49.6	43.3	43.9	46.2	40.4(2416)
很小	6.1	10.8	16.1	12.4	13.6	14.1	12.3(734)
没有	4.0	3.9	2.7	6.0	7.2	4.0	5.6(333)
不知道	4.6	2.6	3.1	5.7	4.3	2.6	4.4(263)
合计	100.0 (656)	100.0 (719)	100.0 (415)	100.0 (1907)	100.0 (1936)	100.0 (374)	100.0 (5980)
$\chi^2 = 437.877$		df = 25		p = 0.000		Tau - y = 0.022	

分析结果(见表5-5-9)发现:小学生认可对社会中所有人的责任、义务的比率最高(64.2%),大学生认可的比率最低(28.5%)。

(十)不同人群者均高度认可对自己国家的责任、义务

分析结果(见表5-5-10)发现:不同人群者认可对自己国家的责任、义务的比率均在75%以上,其中小学生和中学生认可的比率最高(均在85%左右),但不同人群者均大多认可对自己国家的责任、义务。

表5-5-10　人群与对自己国家的责任、义务之态度　(%)

	小学生	中学生	大学生	农村居民	城市居民	知识分子	合计
很大	68.0	64.2	49.3	54.6	51.1	49.4	55.4(3385)
较大	17.3	20.7	29.3	20.7	24.7	32.3	22.9(1400)
一般	6.6	11.7	17.8	17.0	17.2	16.3	15.3(937)
很小	2.6	2.1	2.4	3.3	3.4	2.0	3.0(182)
没有	2.3	0.7	0.5	1.9	1.6	0.0	1.5(92)
不知道	3.2	0.6	0.7	2.5	2.0	0.0	1.9(117)
合计	100.0(660)	100.0(724)	100.0(416)	100.0(1966)	100.0(1991)	100.0(356)	100.0(6113)
$\chi^2 = 177.522$		df = 25		p = 0.000		Tau-y = 0.011	

(十一)学生群体较非学生群体认可对自己家乡的责任、义务的比率高

表5-5-11　人群与对自己家乡的责任、义务之态度　(%)

	小学生	中学生	大学生	农村居民	城市居民	知识分子	合计
很大	51.4	51.4	33.1	39.2	33.7	25.6	38.9(2360)
较大	29.1	28.4	36.5	29.3	30.3	33.0	30.2(1830)
一般	12.6	15.6	24.6	23.5	27.6	33.6	23.5(1420)
很小	2.7	2.8	4.3	4.2	4.9	6.3	4.2(256)
没有	2.1	1.0	1.0	1.7	1.7	0.6	1.5(93)
不知道	2.1	0.8	0.5	2.1	1.8	0.9	1.7(101)
合计	100.0(657)	100.0(716)	100.0(417)	100.0(1946)	100.0(1976)	100.0(348)	100.0(6060)
$\chi^2 = 210.175$		df = 25		p = 0.000		Tau-y = 0.014	

分析结果(见表5－5－11)发现:小学生和中学生认可对自己家乡的责任、义务的比率最高(均在80%左右),知识分子认可的比率最低(58.6%),学生群体比非学生群体认可的比率高。

(十二)小学生认可对自己居住社区的责任、义务的比率最高

分析结果(见表5－5－12)发现:小学生认可对自己居住社区的责任、义务的比率最高(69.7%),大学生、城市居民、知识分子认可的比率均不超过55%。

表5－5－12　　人群与对自己居住社区的责任、义务之态度　　(%)

	小学生	中学生	大学生	农村居民	城市居民	知识分子	合计
很大	39.1	33.2	17.7	28.9	24.9	19.0	27.9(1685)
较大	30.6	31.9	34.9	26.7	29.3	34.9	29.6(1786)
一般	19.0	26.4	38.4	32.9	35.4	38.9	32.2(1940)
很小	6.5	5.4	7.3	6.0	6.3	6.3	6.2(373)
没有	2.4	1.9	1.0	2.4	2.4	0.3	2.1(128)
不知道	2.4	1.2	0.7	3.1	1.7	0.6	2.0(123)
合计	100.0(657)	100.0(722)	100.0(413)	100.0(1928)	100.0(1968)	100.0(347)	100.0(6035)
$\chi^2 = 177.834$		df = 25		p = 0.000		Tau－y = 0.010	

(十三)学生群体较非学生群体认可对劳动集体或学校的责任、义务的比率高

分析结果(见表5－5－13)发现:小学生和中学生认可对劳动集体或学校的责任、义务的比率最高(均在75%以上),农村居民和城市居民认可的比率最低(均为57.4%),学生群体较非学生群体认可的比率高。

表 5 - 5 - 13　人群与对劳动集体或学校的责任、义务之态度　（%）

	小学生	中学生	大学生	农村居民	城市居民	知识分子	合计
很大	53.5	42.2	22.9	29.7	26.0	26.6	32.0(1918)
较大	24.5	32.8	42.4	27.7	31.4	43.6	31.1(1867)
一般	15.0	19.2	28.5	30.5	34.5	26.1	28.3(1702)
很小	3.0	3.7	4.1	5.8	4.3	3.4	4.5(270)
没有	2.3	1.5	1.4	2.9	2.0	0.0	2.1(126)
不知道	1.7	0.6	0.7	3.4	1.8	0.3	2.0(118)
合计	100.0 (658)	100.0 (722)	100.0 (415)	100.0 (1908)	100.0 (1949)	100.0 (349)	100.0 (6001)
$\chi^2 = 363.957$		df = 25		p = 0.000		Tau - y = 0.022	

（十四）大学生高度认可对自己的工作的责任、义务

分析结果（见表 5 - 5 - 14）发现：不同人群者认可对自己的工作的责任、义务的比率均在 75% 以上，其中大学生认可的比率最高（94%），小学生的认可比率最低（76.8%）。

表 5 - 5 - 14　人群与对自己的工作的责任、义务之态度　（%）

	小学生	中学生	大学生	农村居民	城市居民	知识分子	合计
很大	53.6	60.3	65.3	52.3	56.7	62.5	56.3(3429)
较大	23.2	26.2	28.7	28.9	28.5	29.0	27.8(1696)
一般	12.8	9.4	4.8	14.1	11.6	8.2	11.4(702)
很小	2.8	1.9	1.0	1.8	1.4	0.3	1.7(102)
没有	3.1	1.1	0.2	1.3	1.2	0.0	1.3(80)
不知道	4.5	1.1	0.0	1.6	0.6	0.0	1.3(81)
合计	100.0 (647)	100.0 (721)	100.0 (415)	100.0 (1949)	100.0 (2003)	100.0 (355)	100.0 (6090)
$\chi^2 = 160.619$		df = 25		p = 0.000		Tau - y = 0.005	

（十五）大学生和知识分子认可对自己做的事情的责任、义务的比率更高

分析结果（见表5－5－15）发现：不同人群者认可对自己做的事情的责任、义务的比率均在77%以上，其中大学生和知识分子认可的比率最高（分别为94%、92%），小学生认可的比率最低（77.4%），但不同人群者均高度认可对自己所做事情的责任、义务。

表5－5－15　人群与对自己做的事情的责任、义务之态度　（%）

	小学生	中学生	大学生	农村居民	城市居民	知识分子	合计
很大	54.3	65.8	73.8	53.4	56.6	59.9	57.8(3521)
较大	23.1	21.3	20.2	24.8	27.2	32.1	25.1(1529)
一般	13.5	9.6	4.4	16.5	12.8	7.4	12.8(780)
很小	4.7	1.7	1.4	2.6	1.5	0.6	2.2(131)
没有	2.0	0.8	0.0	1.2	0.7	0.6	0.9(55)
不知道	2.4	0.8	0.2	1.5	1.2	0.0	1.2(76)
合计	100.0(658)	100.0(726)	100.0(416)	100.0(1947)	100.0(1993)	100.0(352)	100.0(6092)
$\chi^2 = 181.460$		df = 25		p = 0.000		Tau－y = 0.010	

（十六）不同人群者均高度认可遵守国家法律是公民的基本责任和义务

表5－5－16　不同人群对"遵守国家法律是公民的基本责任和义务"的态度　（%）

	小学生	中学生	大学生	农村居民	城市居民	知识分子	合计
非常赞成	68.8	71.5	68.7	67.7	66.3	69.1	67.9(4173)
比较赞成	16.7	17.6	24.1	22.1	24.1	24.4	21.9(1346)
一般	9.4	7.7	5.7	7.7	7.9	4.8	7.7(469)
不太赞成	2.7	2.2	1.0	1.6	0.9	1.4	1.5(94)
不赞成	2.4	1.0	0.5	0.9	0.8	0.3	1.0(60)
合计	100.0(666)	100.0(720)	100.0(415)	100.0(1970)	100.0(2015)	100.0(356)	100.0(6142)
$\chi^2 = 62.993$		df = 20		p = 0.000		Tau－y = 0.002	

分析结果(见表5－5－16)发现:不同人群者认可遵守国家法律是公民的基本责任和义务的比率均在85%以上,其中知识分子、大学生和城市居民认可的比率均在90%以上,不同人群者的态度比较一致,均高度认可遵守国家法律是公民的基本责任和义务。

(十七)大学生和知识分子更认可依法纳税是公民应尽的义务

分析结果(见表5－5－17)发现:不同人群者认可依法纳税是公民应尽的义务的比率均在73%以上,其中大学生和知识分子认可的比率最高(均在90%以上),小学生认可的比率最低(73.1%)。

表5－5－17　不同人群对"依法纳税是公民应尽义务"的态度　(%)

	小学生	中学生	大学生	农村居民	城市居民	知识分子	合计
非常赞成	53.2	68.3	63.0	66.6	65.5	65.4	64.7(3979)
比较赞成	19.9	18.8	28.0	22.2	22.6	28.4	22.4(1380)
一般	17.0	9.0	8.3	7.9	9.3	5.3	9.3(569)
不太赞成	3.9	1.8	0.5	1.7	1.6	0.3	1.8(109)
不赞成	6.0	2.1	0.2	1.6	1.0	0.6	1.8(111)
合计	100.0(663)	100.0(723)	100.0(414)	100.0(1976)	100.0(2016)	100.0(356)	100.0(6148)
$\chi^2 = 194.172$		df = 20		p = 0.000		Tau － y = 0.007	

(十八)结论

通过以上对不同人群对各个方面的责任、义务观的比较分析发现:不同人群的责任、义务观既有一致性又有差异性。

一致性主要表现在:不同人群者均比较认可(高度认可)对自己、家人、国家、信任自己的人、自己的工作、自己做的事情的责任和义务,均高度认可遵守国家法律是公民的基本责任和义务。

差异性主要表现在:学生群体较其他人群表现出更为广泛的责任、义务观,其中又以小学生群体的责任感、义务感更为强烈。其一,小学生认可对亲戚、同学、领导、有困难的人、居住的社区、社会中所有人的责任、义务的比率最高;其二,学生群体较非学生群体更认可对自己家乡、劳动集体或学校的责任和义务;其三,大学生和知识分子的责任、义务观的特点是大学生更认可对朋友的责任、义务,大学生和知识分子更认可依法纳税是公民应尽的义务。

六、不同地区公众的责任、义务观比较

(一)黑龙江人对自己的责任、义务的比率最低

分析结果(见表5-6-1)显示:各地区公众对自己的责任、义务(包括"很大"和"较大",下同)的认同比率都比较高;但黑龙江人对自己的责任、义务的认同比率相对最低,少于七成。

表5-6-1 不同地区公众对自己的责任、义务之态度 (%)

	北京人	上海人	广东人	黑龙江人	陕西人	湖北人	合计
很大	53.2	56.4	57.9	53.0	53.1	53.3	54.5(3321)
较大	20.7	21.7	19.3	16.7	22.0	20.1	20.1(1224)
一般	20.8	18.0	18.9	22.2	20.6	23.3	20.5(1253)
很小	3.2	1.9	1.8	5.5	2.5	1.9	2.8(171)
没有	0.8	0.7	0.7	1.0	0.9	0.4	0.8(46)
不知道	1.3	1.3	1.4	1.7	0.9	1.0	1.3(79)
合计	100.0(1043)	100.0(1101)	100.0(969)	100.0(1042)	100.0(956)	100.0(983)	100.0(6094)
$\chi^2 = 65.868$		df = 25		p = 0.000		$\lambda = 0.010$	

(二)各地区公众都高度认同对自己家人的责任、义务

分析结果(见表5-6-2)显示:各地区对自己的家人责任、义务的认同

比率都很高;但陕西人较之其他地区对自己家人的责任、义务的认同比率要低,少于九成。

表 5-6-2　不同地区公众对自己的家人的责任、义务之态度　（%）

	北京人	上海人	广东人	黑龙江人	陕西人	湖北人	合计
很大	65.9	70.5	64.5	66.5	62.1	69.9	66.7(4110)
较大	24.9	22.4	26.6	24.5	26.9	22.4	24.6(1514)
一般	7.2	6.1	7.9	6.7	8.9	7.0	7.2(448)
很小	0.8	0.5	0.4	1.1	1.3	0.2	0.7(45)
没有	0.4	0.1	0.3	0.3	0.2	0.2	0.2(15)
不知道	0.8	0.4	0.3	0.9	0.6	0.3	0.6(34)
合计	100.0 (1060)	100.0 (1114)	100.0 (984)	100.0 (1047)	100.0 (968)	100.0 (993)	100.0 (6166)
$\chi^2 = 42.889$		df = 25		p = 0.014		$\lambda = 0.007$	

（三）黑龙江人、陕西人更认同对自己亲戚的责任、义务

表 5-6-3　不同地区公众对自己亲戚的责任、义务之态度　（%）

	北京人	上海人	广东人	黑龙江人	陕西人	湖北人	合计
很大	23.3	23.4	18.7	30.8	26.2	20.1	23.8(1447)
较大	34.5	34.2	35.5	29.8	34.1	32.3	33.4(2027)
一般	36.3	37.3	40.7	33.3	33.4	42.0	37.1(2252)
很小	4.2	3.2	4.0	3.8	4.7	3.6	3.9(237)
没有	1.0	1.1	0.9	1.0	0.6	1.3	1.0(60)
不知道	0.7	0.8	0.2	1.3	1.0	0.7	0.8(48)
合计	100.0 (1046)	100.0 (1092)	100.0 (951)	100.0 (1038)	100.0 (962)	100.0 (982)	100.0 (6071)
$\chi^2 = 77.279$		df = 25		p = 0.000		$\lambda = 0.010$	

分析结果(见表 5-6-3)显示:各地区人对自己亲戚的责任、义务的认

同比率都比较高;其中黑龙江人、陕西人较其他地区人对自己亲戚的责任、义务的认同比率高,达六成以上。分析结果同时发现:各地区之间公众对自己亲戚的责任、义务之态度有差异;黑龙江人、陕西人的认同比率高于其他地区公众的比率。

(四)陕西人、北京人更认同对自己朋友的责任、义务

分析结果(见表5-6-4)显示:各地区公众对自己朋友的责任、义务的认同比率都比较高;其中陕西人、北京人较其他地区公众对自己朋友的责任、义务的认同比率要高,都在六成以上,高于其他地区公众的比率。

表5-6-4　不同地区公众对自己朋友的责任、义务之态度　(%)

	北京人	上海人	广东人	黑龙江人	陕西人	湖北人	合计
很大	27.6	24.8	20.8	30.9	27.6	18.8	25.1(1528)
较大	35.5	35.0	37.0	27.6	36.8	36.3	34.6(2105)
一般	30.6	34.3	35.7	33.4	29.0	38.9	33.7(2045)
很小	4.5	4.5	4.7	4.3	3.5	3.9	4.2(258)
没有	1.0	0.7	0.8	1.0	2.2	1.4	1.2(71)
不知道	0.8	0.7	1.0	2.8	0.9	0.7	1.2(71)
合计	100.0 (1040)	100.0 (1097)	100.0 (963)	100.0 (1040)	100.0 (958)	100.0 (980)	100.0(6078)
$\chi^2 = 122.428$		df = 25		p = 0.000			$\lambda = 0.019$

(五)陕西人、黑龙江人更认同对自己同事或同学的责任、义务

分析结果(见表5-6-5)显示:各地区公众对自己同事或同学的责任、义务都比较认同;其中陕西人、黑龙江人较之其他地区人对自己同事或同学的责任、义务的认同比率略高。

表5-6-5 不同地区公众对自己同事或同学的责任、义务之态度 （%）

	北京人	上海人	广东人	黑龙江人	陕西人	湖北人	合计
很大	19.5	17.6	16.6	25.7	22.1	15.6	19.5(1180)
较大	27.6	28.0	31.4	26.2	32.3	28.8	29.0(1750)
一般	41.9	44.2	41.9	36.6	36.8	45.0	41.1(2480)
很小	7.1	7.0	6.3	6.1	5.0	6.7	6.4(386)
没有	2.7	1.9	2.3	3.1	2.5	3.0	2.6(156)
不知道	1.2	1.3	1.5	2.3	1.3	0.9	1.4(85)
合计	100.0 (1039)	100.0 (1082)	100.0 (955)	100.0 (1037)	100.0 (946)	100.0 (978)	100.0(6037)
	$\chi^2 = 78.677$		df = 25		p = 0.000		$\lambda = 0.012$

(六)广东人、陕西人更认同对自己领导的责任、义务

分析结果(见表5-6-6)显示:各地区公众对自己领导责任、义务的认同比率都比较高;其中广东人、陕西人较之其他公众人对自己领导的责任、义务的认同比率要高。

表5-6-6 不同地区公众对自己领导的责任、义务之态度 （%）

	北京人	上海人	广东人	黑龙江人	陕西人	湖北人	合计
很大	19.8	21.6	23.6	26.4	25.4	19.9	22.7(1370)
较大	23.2	21.7	30.3	21.7	26.2	25.9	24.7(1488)
一般	36.4	37.0	33.8	28.5	34.5	35.3	34.3(2067)
很小	11.7	9.0	6.0	9.5	7.3	7.9	8.6(520)
没有	6.5	7.1	3.9	8.3	4.9	7.9	6.5(391)
不知道	2.4	3.6	2.4	5.6	1.7	3.1	3.2(191)
合计	100.0 (1036)	100.0 (1085)	100.0 (951)	100.0 (1030)	100.0 (950)	100.0 (975)	100.0(6027)
	$\chi^2 = 129.876$		df = 25		p = 0.000		$\lambda = 0.016$

（七）各地区公众都比较认同对信任自己人的责任、义务

分析结果（见表5-6-7）显示：各地区公众对信任自己人的责任、义务的认同比率都比较高，对信任自己人的责任、义务之态度比较一致。

表5-6-7　不同地区公众对信任自己的人的责任、义务之态度　（％）

	北京人	上海人	广东人	黑龙江人	陕西人	湖北人	合计
很大	41.1	39.8	34.9	47.8	39.2	39.1	40.4(2442)
较大	34.6	36.6	40.1	30.6	34.1	35.5	35.2(2129)
一般	19.5	17.8	20.5	15.6	20.9	20.9	19.2(1153)
很小	1.7	3.2	2.2	2.2	3.4	1.8	2.4(147)
没有	1.8	1.1	1.5	1.6	1.1	1.4	1.4(86)
不知道	1.3	1.5	0.8	2.2	1.3	1.3	1.4(86)
合计	100.0 (1038)	100.0 (1084)	100.0 (959)	100.0 (1032)	100.0 (946)	100.0 (984)	100.0(6043)
$\chi^2 = 68.763$		df = 25			p = 0.000		$\lambda = 0.016$

（八）黑龙江人更认同对有困难的人的责任、义务

表5-6-8　不同地区公众对有困难的人的责任、义务之态度　（％）

	北京人	上海人	广东人	黑龙江人	陕西人	湖北人	合计
很大	36.9	34.0	30.3	44.0	38.1	34.8	36.4(2206)
较大	29.5	35.7	32.9	26.3	30.0	31.4	31.0(1880)
一般	25.1	24.0	30.5	22.6	25.5	28.4	25.9(1572)
很小	5.1	3.7	3.4	3.4	4.3	2.2	3.7(224)
没有	1.3	1.4	1.3	1.5	1.3	1.4	1.4(84)
不知道	1.9	1.2	1.6	2.2	0.8	1.8	1.6(97)
合计	100.0 (1043)	100.0 (1089)	100.0 (963)	100.0 (1035)	100.0 (949)	100.0 (984)	100.0 (6063)
$\chi^2 = 83.702$		df = 25			p = 0.000		$\lambda = 0.021$

分析结果(见表5-6-8)显示:各地区公众对有困难的人的责任、义务的认同比率都比较高;其中黑龙江人较之其他地区人对有困难的人的责任、义务的认同比率更高,超过七成。

(九)黑龙江人更认同对社会所有人的责任、义务

分析结果(见表5-6-9)显示:各地区公众对社会所有人的责任、义务的认同比率均低;其中黑龙江人较之其他地区公众对社会中所有人的责任、义务的认同比率略高,超过四成。

表5-6-9　不同地区公众对社会种所有的人的责任、义务之态度　（%）

	北京人	上海人	广东人	黑龙江人	陕西人	湖北人	合计
很大	20.3	17.9	19.3	23.9	21.5	15.5	19.7(1180)
较大	16.0	17.7	19.5	17.4	18.4	16.8	17.6(1054)
一般	41.0	43.6	40.6	33.0	40.6	43.6	40.4(2416)
很小	13.8	11.1	12.6	12.8	10.3	13.0	12.3(734)
没有	5.8	5.1	3.5	6.4	6.0	6.7	5.6(333)
不知道	3.1	4.6	4.5	6.5	3.2	4.4	4.4(263)
合计	100.0 (1023)	100.0 (1083)	100.0 (947)	100.0 (1023)	100.0 (941)	100.0 (963)	100.0(5980)
$\chi^2 = 79.779$			df = 25		p = 0.000		$\lambda = 0.011$

(十)各地区公众都比较认同对自己国家的责任、义务

分析结果(见表5-6-10)显示:各地区公众对自己国家的责任、义务(包括"很大"和"较大")的认同比率都比较高,接近八成,对自己国家的责任、义务之态度比较一致。

表5－6－10　不同地区公众对自己国家的责任、义务之态度　（%）

	北京人	上海人	广东人	黑龙江人	陕西人	湖北人	合计
很大	54.2	51.2	50.4	61.8	55.8	59.0	55.4(3385)
较大	23.6	27.5	26.7	17.5	21.2	20.7	22.9(1400)
一般	14.9	15.9	17.6	12.5	16.7	14.6	15.3(937)
很小	3.5	2.5	3.1	2.9	3.5	2.3	3.0(182)
没有	1.5	1.0	0.8	2.7	1.5	1.5	1.5(92)
不知道	2.3	1.9	1.4	2.6	1.3	1.9	1.9(117)
合计	100.0 (1050)	100.0 (1101)	100.0 (971)	100.0 (1041)	100.0 (958)	100.0 (992)	100.0(6113)
$\chi^2 = 87.135$		df = 25			p = 0.000		$\lambda = 0.014$

（十一）黑龙江人、陕西人更认同对自己家乡的责任、义务

分析结果（见表5－6－11）显示：各地区公众对自己家乡的责任、义务的认同比率都比较高；其中黑龙江人、陕西人较之其他地区公众对自己家乡的责任、义务的认同比率更高，超过七成。

表5－6－11　不同地区公众对自己家乡的责任、义务之态度　（%）

	北京人	上海人	广东人	黑龙江人	陕西人	湖北人	合计
很大	39.6	34.1	33.3	47.4	39.0	40.2	38.9(2360)
较大	29.4	35.4	33.1	23.9	31.3	28.0	30.2(1830)
一般	22.9	23.8	26.4	21.4	21.6	24.6	23.5(1420)
很小	4.6	3.6	4.3	2.9	6.3	3.9	4.2(256)
没有	1.5	1.6	1.7	1.7	1.0	1.6	1.5(93)
不知道	2.0	1.5	1.2	2.7	0.8	1.7	1.7(101)
合计	100.0 (1038)	100.0 (1093)	100.0 (955)	100.0 (1034)	100.0 (955)	100.0 (985)	100.0(6060)
$\chi^2 = 100.839$		df = 25			p = 0.000		$\lambda = 0.019$

（十二）各地区公众都比较认同对自己居住社区的责任、义务

分析结果（见表5-6-12）显示：各地区公众对自己居住社区的责任、义务的认同比率都比较高，都接近六成，各地区公众对自己居住社区的责任、义务之态度比较一致。

表5-6-12　不同地区公众对自己居住社区的责任、义务之态度　（%）

	北京人	上海人	广东人	黑龙江人	陕西人	湖北人	合计
很大	27.7	24.0	23.7	33.6	28.6	29.9	27.9(1685)
较大	28.7	32.8	32.4	25.7	28.2	29.7	29.6(1786)
一般	32.6	34.8	34.8	27.8	31.5	31.5	32.2(1940)
很小	6.5	5.4	5.5	7.2	7.3	5.2	6.2(373)
没有	2.3	1.3	2.0	2.7	2.1	2.3	2.1(128)
不知道	2.2	1.7	1.6	3.0	2.3	1.4	2.0(123)
合计	100.0 (1041)	100.0 (1088)	100.0 (948)	100.0 (1029)	100.0 (950)	100.0 (979)	100.0(6035)
$\chi^2 = 70.716$		df = 25			p = 0.000		$\lambda = 0.021$

（十三）各地区公众都比较认同对自己劳动集体或学校的责任、义务

表5-6-13　不同地区公众对自己劳动集体或学校的责任、义务之态度　（%）

	北京人	上海人	广东人	黑龙江人	陕西人	湖北人	合计
很大	30.3	28.5	28.7	39.1	30.9	34.1	32.0(1918)
较大	30.0	35.2	34.7	26.0	31.7	29.1	31.1(1867)
一般	29.8	28.9	30.0	23.7	29.3	28.8	28.3(1702)
很小	5.6	3.4	3.3	5.7	5.1	3.9	4.5(270)
没有	2.0	1.8	1.7	2.8	1.5	2.8	2.1(126)
不知道	2.3	2.2	1.6	2.7	1.5	1.3	2.0(118)
合计	100.0 (1035)	100.0 (1073)	100.0 (942)	100.0 (1025)	100.0 (945)	100.0 (981)	100.0(6001)
$\chi^2 = 85.363$		df = 25			p = 0.000		$\lambda = 0.030$

分析结果(见表5－6－13)显示:各地区公众对自己劳动集体或学校的责任、义务的认同比率都比较高,都超过六成,各地区公众对自己的劳动集体或学校的责任、义务之态度比较一致。

(十四)陕西人、黑龙江人对自己工作的责任、义务的认同比率较低

分析结果(见表5－6－14)显示:各地区公众对自己工作的责任、义务的认同比率都比较高;但陕西人、黑龙江人较之其他地区人对自己工作的责任、义务的认同比率要低,只略高于八成。

表5－6－14　不同地区公众对自己工作的责任、义务之态度　(%)

	北京人	上海人	广东人	黑龙江人	陕西人	湖北人	合计
很大	54.2	56.3	54.1	58.6	53.5	61.0	56.3(3429)
较大	27.2	30.6	32.2	23.2	26.5	27.4	27.8(1696)
一般	13.4	10.6	11.3	11.4	13.6	9.3	11.6(702)
很小	2.2	1.2	0.9	1.7	3.2	0.8	1.7(102)
没有	1.4	0.5	0.7	2.3	2.3	0.6	1.3(80)
不知道	1.6	0.8	0.8	2.8	0.9	0.9	1.3(80)
合计	100.0 (1052)	100.0 (1101)	100.0 (959)	100.0 (1038)	100.0 (957)	100.0 (983)	100.0(6090)
$\chi^2 = 112.700$		df = 25			p = 0.000		$\lambda = 0.012$

(十五)陕西人、北京人对自己做的事情的责任、义务认同比率较低

分析结果(见表5－6－15)显示:各地区公众对己做的事情的责任、义务的认同比率都比较高;但陕西人、北京人较之其他地区公众对自己做的事情的责任、义务的认同比率较低,明显低于其他地区公众的比率。

表5-6-15　不同地区公众对自己做的事情的责任、义务之态度　（%）

	北京人	上海人	广东人	黑龙江人	陕西人	湖北人	合计
很大	55.4	60.6	57.7	58.3	53.9	60.4	57.8(3521)
较大	24.4	25.7	28.2	21.9	25.2	25.5	25.1(1529)
一般	15.2	10.5	11.3	13.4	14.9	11.7	12.8(780)
很小	2.4	1.6	1.6	2.5	3.6	1.2	2.2(131)
没有	1.0	0.7	0.6	1.2	1.4	0.5	0.9(55)
不知道	1.6	0.8	0.6	2.6	1.0	0.7	1.2(76)
合计	100.0 (1046)	100.0 (1100)	100.0 (957)	100.0 (1042)	100.0 (961)	100.0 (986)	100.0 (6092)
$\chi^2 = 78.049$		df = 25		p = 0.000		$\lambda = 0.011$	

（十六）湖北人、黑龙江人、上海人更认同遵守国家法律的责任、义务

分析结果（见表5-6-16）显示：各地区公众对遵守国家法律的责任、义务（包括"非常赞成"和"比较赞成"，下同）的认同比率都比较高；其中湖北人、黑龙江人、上海人较之其他地区公众对遵守国家法律的责任、义务的认同比率要高。

表5-6-16　地区与对遵守国家法律的责任、义务之态度　（%）

	北京人	上海人	广东人	黑龙江人	陕西人	湖北人	合计
非常赞成	67.8	68.7	63.7	72.9	62.1	71.8	67.9(4173)
比较赞成	20.3	22.6	25.4	17.9	24.8	20.9	21.9(1346)
一般	8.4	6.6	8.6	7.3	8.8	6.0	7.7(469)
不太赞成	2.1	1.0	1.6	0.9	2.9	0.8	1.5(94)
不赞成	1.4	0.9	0.7	1.0	1.4	0.5	1.0(60)
合计	100.0 (1059)	100.0 (1103)	100.0 (976)	100.0 (1046)	100.0 (962)	100.0 (996)	100.0 (6142)
$\chi^2 = 69.803$		df = 25		p = 0.000		$\lambda = 0.006$	

(十七)湖北人、北京人更认同遵守依法纳税的责任、义务

分析结果(见表5-6-17)显示:各地区公众对依法纳税的责任、义务的认同比率较高;湖北人、北京人较之其他地区公众对依法纳税的责任、义务的认同比率要高,超过九成。

表5-6-17 不同地区公众对依法纳税的责任、义务之态度 (%)

	北京人	上海人	广东人	黑龙江人	陕西人	湖北人	合计
非常赞成	64.6	65.9	57.3	68.4	61.7	69.8	64.7(3979)
比较赞成	22.9	22.2	28.3	18.2	22.9	20.6	22.4(1380)
一般	8.7	8.9	10.7	8.8	11.2	7.4	9.3(569)
不太赞成	2.0	1.2	2.1	1.9	2.5	1.0	1.8(109)
不赞成	1.8	1.8	1.6	2.7	1.7	1.2	1.8(111)
合计	100.0(1057)	100.0(1101)	100.0(979)	100.0(1050)	100.0(967)	100.0(994)	100.0(6148)
$\chi^2 = 67.887$		df = 25		p = 0.000			$\lambda = 0.009$

(十八)结论

通过对以上不同地区公众对各个方面的责任、义务观的比较分析发现:不同地区公众的责任、义务观既有一致性又有差异性。

一致性主要表现在:各地区公众均比较认可(高度认可)对自己家人、信任自己的人、自己国家、自己居住社区、自己劳动集体或学校的责任和义务。

差异性主要表现在:黑龙江人、陕西人较之其他地区公众对各种人和集体的责任义务的认同比率有较大差异;此两地区公众除对自己、自己的工作、自己做的事情的责任、义务认同比率要低于其他地区公众,但对其他的人或集体的责任义务的认同比率都高于其他地区公众。

第六章

公众人生观与幸福观的差异分析

一、不同性别者的人生观与幸福观比较

（一）男性的人生观更倾向国家、社会

分析结果（见表6-1-1）表明：男性对人生意义的选择依据比率排在前五位的依次是为国家、为自己的进步发展、为家庭、为自己的幸福、为民族而奋斗；而女性的选择依据比率排在前五位的依次是为自己的进步发展、为自己的幸福、为国家、为家庭、为父母而奋斗。男性较女性认为为民族而奋斗、为国家而奋斗、为自己的荣誉而奋斗的比率高出5到10个百分点，而女性较男性认为为自己的幸福而奋斗、为父母而奋斗、为家庭而奋斗、为自己的工作而奋斗、为自己的进步发展而奋斗的比率高出4至10个百分点。由以上分析可以看出，对于人生意义，男性指向更多的是国家（社会）层面，而女性指向更多的是个人（自己）、家庭层面。这些差异可能是由于男女两性的社会性别不同以及两性所承担的社会角色不一样导致的。

表6-1-1 不同性别者对人生意义的看法 （%）

	男性	女性	合计	N	χ^2	df	p	λ
为父母奋斗	33.4	39.2	36.1(2234)	6190	22.680	1	0.000	0.000
为家庭奋斗	46.3	52.9	49.4(3055)	6190	27.004	1	0.000	0.028
为集体奋斗	25.6	26.4	25.9(1606)	6190	0.564	1	0.453	0.000
为民族奋斗	37.2	29.8	33.8(2094)	6190	37.821	1	0.000	0.000
为国家奋斗	58.9	53.3	56.3(3484)	6190	19.573	1	0.000	0.000
为己工作奋斗	30.1	35.0	32.3(2000)	6189	16.698	1	0.000	0.000
为己权力奋斗	9.7	8.5	9.2(567)	6189	2.611	1	0.106	0.000
为己财产奋斗	13.6	11.8	12.8(792)	6189	4.429	1	0.035	0.000
为己荣誉奋斗	22.3	17.5	20.1(1245)	6189	21.877	1	0.000	0.000
为己幸福奋斗	45.1	54.6	49.5(3060)	6188	54.816	1	0.000	0.050
为己进步发展奋斗	55.6	59.2	57.2(3543)	6189	8.099	1	0.004	0.000
为来世而奋斗	9.0	8.9	8.9(553)	6186	0.025	1	0.875	0.000

（二）不同性别者都有比较中肯、实际的幸福观

分析结果表明（见表6-1-2）：不同性别者对什么样的人是幸福的选择依据比率排在前五位的依次都是：有和睦圆满家庭、全家身体健康、有知识、勤劳、事业有成就的人。男性的选择依比率排在后五位由低到高是会享受、子孙满堂、有很多钱、有权、容易满足的人；女性的选择排在后五位的略有不同，为会享受、有很多钱、有权、子孙满堂、容易满足的人。另外，女性较男性赞同有和睦圆满家庭、自己和家人身体健康、感觉到自己幸福的人的比率高出近5个百分点，而男性较女性赞同有权的人的比率高出近5个百分点。可见，不同性别者对幸福观的看法有较强的一致性，但是女性的幸福观较之男性稍微中肯、实际些，但差别不大。

表6-1-2　不同性别者对"什么样的人是幸福的人"的看法 （%）

	男性	女性	合计	χ^2	df	p	N	λ
有权	14.4	10.7	12.7(786)	19.064	1	0.000	6190	0.000
有很多钱	12.9	10.0	11.6(716)	12.811	1	0.000	6191	0.000
有知识	50.2	49.7	50.0(3093)	0.151	1	0.697	6191	0.002
有追求	24.7	25.7	25.2(1558)	0.821	1	0.365	6192	0.000
勤劳	41.4	40.2	40.8(2528)	0.858	1	0.354	6191	0.000
事业有成	36.1	34.9	35.6(2202)	1.084	1	0.298	6192	0.000
家庭和睦圆满	64.3	69.8	66.8(4139)	20.859	1	0.000	6191	0.000
有满意伴侣	20.8	21.6	21.2(1310)	0.662	1	0.416	6190	0.000
全家身体健康	54.8	58.7	56.6(2687)	9.750	1	0.002	6191	0.000
子孙满堂	12.4	11.7	12.1(747)	0.760	1	0.383	6192	0.000
经常帮助别人	24.0	26.0	24.9(1540)	3.303	1	0.069	6190	0.000
未做过亏心事	17.2	17.3	17.3(1068)	0.005	1	0.944	6188	0.000
为社会奉献	30.7	30.1	30.4(1890)	1.206	1	0.547	6188	0.000
会享受	6.9	6.3	6.6(410)	0.638	1	0.425	6192	0.000
容易满足	15.3	15.9	15.6(963)	0.489	1	0.484	6192	0.000
感觉自己幸福	24.3	28.6	26.3(1626)	14.443	1	0.000	6190	0.000

（三）女性拥有更高的幸福感

表6-1-3　不同性别者对幸福的自我感觉 （%）

	男性	女性	合计
非常幸福	24.2	32.2	27.9(1720)
比较幸福	42.2	41.4	41.7(2573)
一般	23.5	19.1	21.7(1335)
不太幸福	3.4	2.7	3.0(188)
不幸福	3.5	2.3	2.9(2.9)
说不清	3.2	2.3	2.8(173)
均值	3.83	4.01	3.91
合计	100.0(3344)	100.0(2826)	100.0(6170)
$\chi^2=61.083$	df=5	p=0.000	$\lambda=0.016$

注:1."非常幸福"、"比较幸福"、"一般"、"不太幸福"、"不幸福"代表公众对幸福的自我感觉,分别赋分为5、4、3、2、1。2.均分计算方法为剔除缺省值后所得的总分除以有效个案数。(以下各表同)

　　分析结果(见表6－1－3)表明:不同性别者对幸福的自我感觉依据比率由高到低都是:幸福(包括非常幸福和比较幸福,下同),一般,不幸福(包括不太幸福和不幸福,下同),说不清。女性(73.6%)较男性(66.4%)认为幸福的比率高近7个百分点,女性(5.0%)较男性(6.9%)认为不幸福的也要低近2个百分点。从均值来看,女性选择的均值明显要高于男性(均值越高说明幸福感越高,下同),可见,女性较男性拥有更高的幸福感。

二、不同年龄者的人生观与幸福观比较

(一)不同年龄者的人生观有较大差异

　　分析结果(见表6－2－1)表明:不同年龄段者对人生意义的选择依据比率排在前三位的分别是:10岁以下年龄段者依次是为国家、为父母、为自己的进步发展而奋斗;10到19岁年龄段者依次是为国家、为自己的进步发展、为自己幸福而奋斗;20到29岁年龄段者依次是为自己进步发展、为自己幸福、为家庭而奋斗;30到39岁年龄段者依次是为自己进步发展、为家庭、为自己幸福而奋斗;40到49岁年龄段者依次是为家庭、为国家、为自己进步发展而奋斗;50到59岁年龄段者依次是为国家、为自己进步发展、为家庭而奋斗;60岁及以上年龄段者依次是为国家、为自己进步发展、为民族而奋斗。由以上分析可以看出,各年龄段者的人生意义都指向国家、自己、家庭层面,这一点比较一致。

　　不同年龄者看法的差异性表现在:19岁以下年龄段者和50到59年龄段者把为国家而奋斗放在第一位;20到39岁年龄段者认为人生首位是为自己的进步发展而奋斗;40到49岁年龄段者认为为家庭而奋斗是第一位的;60岁及以上年龄段者则把为民族而奋斗放在了前三位。另外,数据显示:选择为父母而奋斗的公众中,年龄越小的所占的比率越大,而年龄越大的所占的比率越小;公众选择为自己工作奋斗的比率基本依年龄从小到大

逐次上升;公众选择为集体、为民族而奋斗的比率依年龄呈现出"两头大、中间小"的特点;青壮年较其他年龄段者选择为家庭、为自己钱财、为己幸福、为己进步发展而奋斗的比率要高。

表 6 - 2 - 1　不同年龄者对人生意义的看法　（%）

	10 岁以下	10—19 岁	20—29 岁	30—39 岁	40—49 岁	50—59 岁	60 岁及以上	N	χ^2	df	p
为父母奋斗	54.2	43.5	37.5	30.6	34.5	27.3	27.9	6208	101.219	6	0.000
为家庭奋斗	37.3	38.7	50.6	57.8	59.4	48.0	38.7	6208	165.898	6	0.000
为集体奋斗	46.5	39.1	17.0	18.5	23.6	28.9	29.5	6208	271.407	6	0.000
为民族奋斗	44.4	42.5	27.9	29.7	29.9	35.5	42.1	6208	108.057	6	0.000
为国家奋斗	68.3	69.2	48.0	46.9	53.1	62.9	65.7	6208	219.511	6	0.000
为己工作奋斗	19.7	27.7	33.5	34.1	33.9	36.9	34.6	6207	33.913	6	0.000
为己权力奋斗	10.6	12.7	7.7	7.3	10.0	4.8	10.6	6207	44.506	6	0.000
为己财产奋斗	7.0	10.7	12.6	14.6	15.4	13.3	9.7	6207	22.381	6	0.001
为己荣誉奋斗	23.9	24.1	20.2	19.3	20.8	12.4	14.2	6207	43.440	6	0.000
为己幸福奋斗	28.4	46.6	58.9	53.3	45.9	43.4	34.3	6206	138.496	6	0.000
为己进步发展奋斗	47.5	57.0	65.0	59.0	52.0	50.4	47.9	6207	78.654	6	0.000
为来世而奋斗	14.2	11.4	6.7	9.1	9.3	7.4	7.5	6205	27.226	6	0.000

　　从中可以看出公众对人生意义的不同看法也体现出各个年龄段公众的不同特点:少年人群的人生意义更多指向国家,这可能跟少年儿童所受的教育导向有关;青年人群的人生意义更多指向自己,因为这一阶段他们对个人发展有较高追求;中年人群的人生意义更多指向家庭,因为这一阶段他们负有更多家庭责任;50 岁及以上年龄段者可能经历过新旧中国的变迁,战争的洗礼,人生意义十分自然更多地指向国家和民族。同时数据表明公众对这几个层面的选择比率都接近或超过 50%,有的甚至达到 60% 以上。

另外,各个年龄段者对为己财产、为己权力、为来世而奋斗的认可比率都最低,10 岁以下年龄段者认为为己财产而奋斗的比率只有 7.0% ;50 到 59 岁年龄段者认为为自己权力而奋斗的比率只有 4.8% ;其他各年龄段者对为来世而奋斗的认可比率最低。可见,中老年群体很鄙视为权力而奋斗,少年儿童不十分看中财产,青年群体则不太相信来世。这说明不同年龄段者的人生观都是很积极的。分析同时显示:不同年龄与认为人生的意义是为父母、为家庭、为来世而奋斗等各项(通过检验)都可能相关。

(二)不同年龄者的幸福观有差异

分析结果(见表 6－2－2)表明:不同年龄段者对什么样的人是幸福的选择依据比率排在前三位的分别是:10 岁以下年龄段者依次是有知识、勤劳、家庭和睦圆满的人;10 到 19 岁年龄段者依次是家庭和睦圆满、有知识、全家身体健康的人;20 岁以上各年龄段者依次都是家庭和睦圆满、全家身体健康、有知识的人。可见,不同年龄者对幸福的认同一致性都很看重个人精神层面以及家庭(家人)层面;都比较关注家庭和睦圆满、全家身体健康、有知识,选择比率都接近或超过 50% ,有的甚至达到 70% 以上。

数据显示的差异性在于:20—29 岁的婚龄人比其他年龄段者选择有满意伴侣的比率明显高 10 多个百分点;青少年比其他年龄段者选择有追求的比率要高,数据呈现出"两头小,中间大"的特点;儿童比其他各年龄段者选择有知识、勤劳、经常帮助别人的比率明显高 10 多个百分点,而儿童比其他各年龄段者选择家庭和睦圆满、全家身体健康的比率明显低 10 到 20 个百分点;年龄段越大的选择子孙满堂的比率越高。可见,公众对幸福观的理解基本体现出不同年龄者的心理特征:少年儿童更看中个人的素质,青年人更有个人追求,婚龄人很在意伴侣,中老年群体的幸福观指向更多的是家庭的和谐。

另外,各个年龄段公众对会享受的认可比率都是最低的,几乎都在 7.0% 以下。这说明不同年龄段公众的幸福观是很中肯,实际的。

分析同时显示:不同年龄与认为有权的、有很多钱的、有知识、容易满足、感觉自己幸福的人等(通过检验)都可能相关。

表6－2－2　不同年龄者对"什么样的人是幸福的人"的看法　(％)

	10岁以下	10—19岁	20—29岁	30—39岁	40—49岁	50—59岁	60岁及以上	N	χ^2	df	p
有权	12.6	12.3	9.5	11.5	18.7	15.1	12.5	6208	50.765	6	0.000
有很多钱	16.2	11.5	10.3	12.6	13.3	9.9	9.1	6209	13.055	6	0.017
有知识	62.9	55.0	44.9	47.6	53.0	48.7	47.1	6210	48.209	6	0.000
有追求	17.5	26.2	33.3	24.3	20.1	15.5	19.1	6210	105.843	6	0.000
勤劳	58.7	47.5	30.1	36.9	44.9	45.3	47.4	6210	144.859	6	0.000
事业有成	28.7	32.8	38.5	35.7	36.0	34.0	37.7	6210	14.866	6	0.022
家庭和睦圆满	46.2	61.3	69.8	70.9	67.4	69.0	67.6	6210	63.777	6	0.000
有满意伴侣	7.7	18.5	27.7	21.3	18.4	19.1	19.4	6208	68.352	6	0.000
全家身体健康	39.9	45.9	58.8	61.7	60.2	64.6	60.1	6210	121.329	6	0.000
子孙满堂	7.7	11.7	9.7	13.2	11.8	15.7	17.7	6210	29.831	6	0.000
经常帮助别人	44.1	34.6	19.8	23.1	19.6	19.3	27.7	6209	150.102	6	0.000
未做过亏心事	23.9	20.9	14.9	16.4	14.6	18.5	18.8	6206	30.769	6	0.000
为社会奉献	29.7	24.7	28.3	30.0	31.8	39.0	49.6	6207	106.515	6	0.000
会享受	5.6	7.3	7.9	6.6	5.5	5.0	4.7	6210	—	6	0.033
容易满足	9.1	11.7	19.49	17.7	13.9	15.1	15.8	6210	44.948	6	0.000
感觉自己幸福	16.1	31.3	31.3	25.0	20.7	16.7	20.5	6208	94.040	6	0.000

(三)20—39岁者的幸福感最低

分析结果(见表6－2－3)显示:不同年龄者对幸福的自我感觉依据比率选择较高的依次都是:幸福、一般、不幸福。其差异性表现在:10岁以下者认为自己幸福的人数比率最高(82.8％),认为不幸福的比率最低(3.6％);10—19岁者认为自己幸福的比率也近80％;60岁及以上、50—59岁、40—49岁者中均有68.5％左右的人认为自己幸福;20—29岁、30—39

岁者认为自己幸福的比率相对稍低,均在 64.5% 左右。这说明 20 岁以下者拥有最高的幸福感,其次是 40 岁以上者,20 到 39 岁者对幸福的自我感觉稍差。从均值来看,20 岁以下者的均值是最高的,20—39 岁者的均值最低,这也与上述结论一致。同时,分析显示:不同年龄段公众与对幸福的自我感觉(通过检验)可能有相关性。

表 6 - 2 - 3　不同年龄者对幸福的自我感觉　(%)

	10 岁以下	10—19 岁	20—29 岁	30—39 岁	40—49 岁	50—59 岁	60 岁及以上
非常幸福	61.9	43.2	18.2	21.4	25.4	23.8	27.5
比较幸福	20.9	36.2	46.4	42.6	42.3	44.7	42.7
一般	7.1	12.7	26.8	26.4	22.8	22.5	20.8
不太幸福	6.5	2.3	3.5	3.2	2.9	3.6	2.0
不幸福	1.4	2.3	2.1	3.6	3.6	4.2	4.2
说不清	2.2	3.3	3.0	2.8	3.0	1.2	2.8
均值	4.38	4.20	3.78	3.77	3.85	3.81	3.90
合计	(139) 100.0	(1470) 100.0	(1555) 100.0	(1196) 100.0	(970) 100.0	(501) 100.0	(356) 100.0
$\chi^2 = 424.520$		df = 30		p = 0.000		G = 0.138	

三、不同民族者的人生观和幸福观比较

(一)不同民族者的人生观比较一致

分析结果(见表 6 - 3 - 1)表明:汉族对人生的意义的选择依据比率排在前五位的依次是:为自己的进步发展、为国家、为家庭、为自己的幸福、为父母而奋斗。

少数民族对人生的意义的选择依据比率排在前五位的依次是:为自己的进步发展、为国家、为自己的幸福、为家庭、为民族而奋斗。

另外,汉族和少数民族对为己权力、为己财产、为来世而奋斗的比率都很低。可见,不同民族者的人生意义的指向大体上是一致的,都是积极的。

但是,我们注意到汉族较少数民族选择为父母、为家庭、为己荣誉而奋斗的认可比率要高,少数民族较汉族选择为集体、为民族、为国家而奋斗的比率要高。可见少数民族的民族意识要强于汉族。数据显示少数民族较汉族选择为民族而奋斗的比率高近10个百分点。

表6-3-1 不同民族者对人生意义的看法 (%)

	汉族	其他少数民族	合计	χ^2	df	p	N	λ
为父母奋斗	36.4	31.1	36.1(2242)	4.344	1	0.037	6192	0.000
为家庭奋斗	49.6	46.4	49.4(3064)	1.259	1	0.240	6193	0.000
为集体奋斗	25.8	28.2	25.9(1610)	1.103	1	0.294	6193	0.000
为民族奋斗	33.2	42.5	33.8(2099)	13.571	1	0.000	6194	0.000
为国家奋斗	56.0	59.4	56.3(3496)	1.601	1	0.206	6193	0.000
为己工作奋斗	32.1	35.6	32.3(2006)	2.043	1	0.153	6194	0.000
为己权力奋斗	9.2	7.7	9.2(569)	1.060	1	0.303	6193	0.000
为己财产奋斗	13.0	9.2	12.8(792)	4.476	1	0.034	6192	0.000
为己荣誉奋斗	20.4	16.9	20.1(1250)	2.665	1	0.103	6193	0.000
为己幸福奋斗	49.4	50.7	49.5(3071)	0.214	1	0.643	6194	0.001
为己进步发展奋斗	57.2	59.9	57.3(3558)	1.095	1	0.295	6192	0.000
为来世而奋斗	9.0	7.4	8.9(555)	1.159	1	0.282	6190	0.000

(二)少数民族者的幸福观稍为中肯、实际

分析结果(见表6-3-2)表明:汉族对什么样的人是幸福的选择依据比率排在前五位的依次是:有和睦圆满家庭、全家身体健康、有知识、勤劳、事业有成就的人;少数民族对什么样的人是幸福的选择依据比率排在前五位的依次是:有和睦圆满家庭、全家身体健康、有知识、事业有成就、勤劳的人。

汉族对什么样的人是幸福的选择依据比率排在后三位的由低到高依次

是:会享受、有很多钱、子孙满堂的人;少数民族对什么样的人是幸福的选择依据比率排在后三位的由低到高依次是:会享受、子孙满堂、有权的人。

另外数据还显示,汉族较少数民族除选择有权、有追求、子孙满堂、为社会奉献、感觉自己幸福的比率高出 1 到 4 个百分点外,其他各项中少数民族较汉族的选择比率都要高出 1 到 4 个百分点。其中,少数民族较汉族选择事业有成的比率高出 8 个百分点。

由以上分析可以看出,不同民族者的幸福指向大体上是一致的。但是少数民族的幸福观稍为中肯、实际些。

表 6 - 3 - 2　不同民族者对"什么样的人是幸福的人"的看法　(%)

	汉族	其他少数民族	合计	χ^2	df	p	N	λ
有权	12.8	10.1	12.7(788)	2.442	1	0.120	6191	0.000
有很多钱	11.5	11.9	11.5(716)	0.061	1	0.805	6191	0.000
有知识	49.7	53.7	49.9(3099)	2.316	1	0.128	6191	0.008
有追求	25.2	24.6	25.2(1564)	0.065	1	0.799	6191	0.000
勤劳	40.7	41.0	40.7(2530)	0.009	1	0.924	6191	0.000
事业有成	35.0	43.1	35.6(2210)	10.117	1	0.001	6190	0.000
家庭和睦圆满	66.7	69.3	66.8(4151)	1.102	1	0.294	6190	0.000
有满意伴侣	21.0	24.1	21.2(1315)	1.984	1	0.159	6190	0.000
全家身体健康	56.5	57.7	56.6(3515)	0.184	1	0.668	6190	0.000
子孙满堂	12.2	9.5	12.1(750)	2.470	1	0.116	6189	0.000
经常帮助别人	24.8	25.1	24.9(1544)	0.015	1	0.903	6190	0.000
未做过亏心事	17.3	17.5	7.3(1072)	0.009	1	0.926	6187	0.000
为社会奉献	30.7	27.3	30.4(1890)	2.637	1	0.104	6191	0.000
会享受	6.6	6.9	6.7(413)	0.033	1	0.855	6191	0.000
容易满足	15.6	15.6	15.6(966)	0.001	1	0.980	6191	0.000
感觉自己幸福	26.6	22.2	26.3(1631)	3.441	1	0.064	6191	0.000

(三)少数民族者有更高的幸福感

分析结果(见表 6 - 3 - 3)表明:不同民族者对生活是否幸福的看法依

据比率选择较高的依次都是:幸福、一般、不幸福。这说明不同民族者都拥有较高的幸福感。其差异性表现在:其他少数民族(69.3%)较汉族(74.5%)认为幸福的比率要高出5个百分点,认为不幸福的比率也较汉族要低。另外,其他少数民族较汉族的均值也要高。可见,其他少数民族拥有更高的幸福感。

表6-3-3 不同民族者对幸福的自我感觉 (%)

	汉族	其他少数民族	合计
非常幸福	27.6	32.6	27.8(1723)
比较幸福	41.7	41.9	41.7(2579)
一般	22.0	15.7	21.8(1339)
不太幸福	3.0	3.4	3.0(188)
不幸福	2.9	2.7	2.9(182)
说不清	2.8	3.7	2.8(176)
均值	3.90	4.02	3.91
合计	100.0(5795)	100.0(377)	100.0(6188)
$\chi^2 = 11.311$	df = 5	p = 0.046	$\lambda = 0.000$

四、不同宗教信仰者的人生观与幸福观比较

(一)不同宗教信仰者的人生观差异较小

分析结果(见表6-4-1)显示:不同宗教信仰者对人生的意义是什么的选择依据比率排在前三位的分别是:无宗教信仰者依次是为自己的进步发展、为国家、为自己的荣誉而奋斗;基督教信仰者依次是为国家、为自己的进步发展、为家庭而奋斗;天主教信仰者依次是为国家、为父母、为自己的进步发展而奋斗;伊斯兰教信仰者依次是为国家、为民族、为自己的进步发展而奋斗;佛教信仰者依次是为自己的进步发展、为国家、为自己的幸福而奋

斗;道教信仰者依次是为国家、为自己的进步发展、为家庭而奋斗;不明宗教信仰者的选择依次是为自己的进步发展、为国家、为自己的幸福而奋斗。可见,不同宗教信仰者的人生观差别不大,其人生意义基本上都指向国家、自己层面,认为为此而奋斗的比率都超过50%。

表6-4-1 不同宗教者对人生意义的看法 （%）

	无	基督教	天主教	伊斯兰教	佛教	道教	不明宗教	N	χ^2	df	p
为父母奋斗	35.5	37.1	56.4	33.3	39.6	38.8	34.6	6101	13.681	6	0.033
为家庭奋斗	49.7	50.8	43.6	37.3	50.5	46.9	38.5	6101	5.682	6	0.466
为集体奋斗	25.4	25.8	36.4	23.5	29.0	40.8	19.2	6101	12.670	6	0.049
为民族奋斗	33.5	31.6	34.5	54.9	34.7	36.7	38.5	6101	11.558	6	0.073
为国家奋斗	55.9	54.7	60.0	66.7	58.1	61.2	50.0	6101	4.668	6	0.587
为己工作奋斗	32.6	28.1	10.9	25.5	35.0	36.7	19.2	6100	18.889	6	0.004
为己权力奋斗	8.9	9.4	25.5	7.8	9.9	12.2	15.4	6100	20.145	6	0.003
为己财产奋斗	12.2	14.8	23.6	7.8	16.4	10.2	19.2	6100	16.302	6	0.012
为己荣誉奋斗	19.7	22.3	32.7	19.6	23.4	14.3	23.1	6100	11.270	6	0.080
为己幸福奋斗	49.8	43.0	38.2	45.1	53.2	36.7	42.3	6099	14.140	6	0.028
为己进步发展奋斗	57.5	53.1	54.5	49.0	61.0	55.1	53.8	6100	6.368	6	0.383
为来世而奋斗	8.2	11.7	7.3	17.6	12.7	12.2	23.1	6097	26.544	6	0.000

数据显示的差异性表现在:天主教信仰者较其他宗教信仰者选择为父母而奋斗的比率高近20个百分点;基督教和佛教信仰者选择为家庭而奋斗的比率最高,而伊斯兰教信仰者和不明宗教信仰者选择为此而奋斗的比率最低;道教信仰者选择为集体而奋斗的比率最高;伊斯兰教信仰者较其他宗教信仰者选择为民族而奋斗的比率高20多个百分点;天主教信仰者较其他宗教信仰者选择为己权力、为金钱财产、为己荣誉而奋斗的比率都要高10个百分点左右,而天主教信仰者较其他宗教信仰者选择为己工作、为己幸福、为己来世奋斗的比率都要低10个百分点左右。

另外,基督教、佛教、伊斯兰教信仰者认为为自己的权力而奋斗的比率最低,不到10%。无宗教信仰者和天主教信仰者认为为来世而奋斗的比率最低,不到8%。

可见,无宗教信仰者和佛教信仰者更愿意为自己的进步发展而奋斗,基督教和天主教信仰者更愿意为国家而奋斗,伊斯兰教信仰者的人生意义更多指向民族层面,道教信仰者更关注家庭层面,这些差异基本上都与其宗教本身特点大致符合。

(二)不同宗教信仰者的幸福观比较一致

分析结果(见表6-4-2)显示:不同宗教信仰者对什么样的人是幸福的选择依据比率排在前三位的分别是:无宗教信仰者依次是有和睦圆满家庭、全家身体健康、有知识的人;基督教信仰者依次是有和睦圆满家庭、全家身体健康、有知识的人;天主教信仰者依次是自己和家人身体健康、有和睦圆满家庭、勤劳的人;伊斯兰教信仰者依次是有和睦圆满家庭、有知识、自己和家人身体健康的人;佛教信仰者依次是有和睦圆满家庭、自己和家人身体健康、有知识的人;道教信仰者依次是自己和家人身体健康、勤劳、有和睦圆满家庭的人;不明宗教信仰者依次是有和睦圆满家庭、事业有成就、有知识的人。

数据显示的差异性表现在:道教、伊斯兰教信仰者较其他宗教信仰者选择有知识的比率要高近10个百分点;道教信仰者较基督教信仰者选择勤劳的比率要高20个百分点;道教信仰者较其他宗教信仰者选择全家身体健康的比率要高近10个百分点;佛教信仰者比其他宗教信仰者选择经常帮助别人、为社会奉献、容易感到满足的比率要高;无宗教信仰者较有宗教信仰者选择有很多钱、子孙满堂的比率要低。

另外,不同宗教信仰者都对会享受的人是幸福的人的认可比率最低,几乎都不足8%。

不同宗教信仰者对幸福观的看法差异不大,除天主教信仰者外,其他宗教信仰者认为有和睦圆满家庭的人是幸福的人的比率都是最高的;无宗教、基督教、伊斯兰教、佛教信仰者选择比率前三位的都是有和睦圆满家庭的人、全家身体健康的人和有知识的人,只是顺序略有不同。不同宗教信仰者的幸福观都很中肯、实际。

表 6 - 4 - 2　不同宗教者对"什么样的人是幸福的人"看法　（%）

	无	基督教	天主教	伊斯兰教	佛教	道教	不明宗教	N	χ^2	df	p
有权	12.6	12.1	27.8	13.7	9.9	20.4	23.1	6103	19.916	6	0.003
有很多钱	11.1	15.6	13.0	11.8	13.0	18.4	11.5	6104	8.323	6	0.215
有知识	50.8	42.2	42.6	51.0	46.7	51.0	42.3	6104	11.635	6	0.071
有追求	25.1	27.0	29.6	29.4	25.5	24.5	11.5	6105	4.110	6	0.662
勤劳	40.5	37.1	44.4	41.2	41.8	57.1	26.9	6104	8.843	6	0.183
事业有成	35.4	34.8	31.5	37.3	37.0	38.8	46.2	6105	2.524	6	0.866
家庭和睦圆满	67.4	64.5	53.7	64.7	66.7	55.1	53.8	6104	11.055	6	0.087
有满意伴侣	21.1	18.8	20.4	21.6	25.1	16.3	23.1	6103	6.093	6	0.413
全家身体健康	57.2	50.0	55.6	49.0	56.0	63.3	42.3	6104	9.434	6	0.151
子孙满堂	11.4	12.5	20.4	13.7	15.8	28.6	15.4	6105	25.550	6	0.000
经常帮助别人	23.8	26.6	27.8	23.5	34.2	20.4	30.8	6103	27.817	6	0.000
未做过亏心事	16.2	19.5	24.1	15.7	23.0	28.6	38.5	6101	31.071	6	0.000
为社会奉献	29.9	30.9	31.5	27.5	35.0	31.3	15.4	6101	8.416	6	0.209
会享受	6.7	5.1	1.9	3.9	8.0	14.3		6105	11.481	6	0.075
容易满足	15.6	17.2	22.2	9.8	13.4	20.4	11.5	6105	6.619	6	0.357
感觉自己幸福	26.5	20.7	25.9	19.6	29.8	16.3	26.9	6103	11.023	6	0.088

（三）道教信仰者的幸福感最低

分析结果（见表 6 - 4 - 3）表明：不同宗教信仰者对生活是否幸福的看法依据比率选择较高的依次都是：幸福、一般、不幸福。这说明不同宗教信仰者对幸福的自我感觉都很实际、踏实。其差异性表现在：伊斯兰教信仰者认为幸福的比率最高，为 73.5%；基督教信仰者认为不幸福的比率最低，为 5.0%；道教信仰者认为幸福的比率最低，为 55.1%，认为不幸福的比率也最高，为 20.4%。基督教信仰者、天主教信仰者、佛教信仰者认为非常幸福的比率最高。由以上分析可见，基督教信仰者和伊斯兰教信仰者有较高的幸福感，道教信仰者的幸福感最低。从均值来看，也是这一特点：道教信仰者的均值最低，佛教信仰者的均值最高。

表6-4-3　不同宗教者对幸福的自我感觉　（%）

	无	基督教	天主教	伊斯兰教	佛教	道教	不明宗教	合计
非常幸福	26.7	36.6	40.4	28.6	36.3	22.4	26.9	28.0(1702)
比较幸福	42.9	32.3	28.8	44.9	35.5	32.7	46.2	41.6(2533)
一般	21.9	23.8	13.6	18.4	19.6	22.4	23.1	21.6(1315)
不太幸福	2.9	2.7	3.8	2.0	3.7	10.2	—	3.0(185)
不幸福	2.7	2.3	9.6	4.1	3.3	10.2	3.8	2.9(177)
说不清	2.9	2.3	3.8	2.0	1.6	2.0	—	2.9(170)
均值	3.90	4.00	3.90	3.94	3.99	3.48	3.92	3.91
合计	100.0 (5164)	100.0 (257)	100.0 (52)	100.0 (49)	100.0 (485)	100.0 (49)	100.0 (26)	100.0 (6082)
	$\chi^2 = 76.095$		df = 30		p = 0.000		$\lambda = 0.005$	

五、不同人群的人生观与幸福观比较

（一）六种人群的人生观有一定差异

　　分析结果表明（见表6-5-1）：不同人群对人生的意义的选择依据比率排在前三位的分别是：小学生依次是为国家、为自己的进步发展、为民族而奋斗；中学生的依次是为国家、为自己的进步发展、为自己幸福而奋斗；大学生依次是为自己进步发展、为自己幸福、为国家而奋斗；农村居民依次是为家庭、为自己进步发展、为国家而奋斗；城市居民依次是为自己进步发展、为家庭、为自己幸福而奋斗；知识分子依次是为自己进步发展、为国家、为自己幸福而奋斗。由以上分析可以看出，不同人群的人生意义指向都是国家、自己、家庭层面。其选择的差异性表现在：中小学生较其他人群选择为父母、为集体、为民族、为国家、为己荣誉而奋斗的比率要高，高知人群（大学生和知识分子）比其他人群选择为己幸福、为己进步发展的比率要高；居民比其他人群选择为家庭、为己工作、为己财产而奋斗的比率要高。

表6－5－1 六种人群对人生意义的看法 （%）

	小学生	中学生	大学生	农村居民	城市居民	知识分子	合计	N	χ^2	df	p
为父母奋斗	46.8	41.4	36.1	36.3	33.6	18.5	36.1 (2242)	6208	95.022	5	0.000
为家庭奋斗	34.8	39.7	45.0	55.9	53.3	42.1	49.4 (3064)	6208	140.722	5	0.000
为集体奋斗	46.3	37.7	12.9	24.0	20.8	19.4	25.9 (1610)	6208	273.541	5	0.000
为民族奋斗	47.7	43.2	32.1	31.8	28.4	33.1	33.8 (2099)	6208	117.007	5	0.000
为国家奋斗	76.1	67.4	49.5	52.2	50.7	59.8	56.3 (3496)	6208	192.520	5	0.000
为己工作奋斗	21.1	29.9	26.6	34.8	36.0	29.8	32.3 (2006)	6207	66.439	5	0.000
为己权力奋斗	12.1	13.9	5.8	9.5	7.9	3.4	9.2 (569)	6207	51.302	5	0.000
为己财产奋斗	9.1	11.7	8.4	15.5	13.9	5.1	12.8 (792)	6207	50.542	5	0.000
为己荣誉奋斗	26.0	25.0	21.6	18.9	17.9	17.1	20.1 (1250)	6207	35.496	5	0.000
为己幸福奋斗	32.7	53.1	58.1	49.0	51.8	52.8	49.5 (3071)	6206	97.935	5	0.000
为己进步发展奋斗	48.2	62.3	69.9	52.6	58.8	67.7	57.3 (3558)	6207	92.625	5	0.000
为来世而奋斗	15.5	8.7	3.6	10.3	7.5	3.90	8.9 (555)	6204	70.201	5	0.000

可见,小学生和中学生比较关注国家层面,大学生、城市居民和知识分子比较关注自己(个人)层面,而农村居民关注较多的是家庭层面,这基本上与人群自身固有特征相符合,小学生和中学生对人生的看法受教育的正确导向影响很多,大学生、城市居民和知识分子因为所受教育程度较高,对个人有很高的追求,而农村居民则比较看重"齐家"。同时数据表明公众对这几个层面的选择比率都接近或超过50%,有的甚至达到70%以上。

另外,不同人群对为自己财产、为自己权力、为来世而奋斗的认可比率都最低,其中,大学生、知识分子和农村、城市居民更多不认可为权力而奋斗,知识分子、大学生更不看中财产,大学生和知识分子则更不太相信来世。这说明不同人群公众的人生观都是很积极的。

(二)六种人群的幸福观有一定差异

分析结果表明(见表6-5-2):不同人群对什么样的人是幸福的选择依据比率排在前三位的分别是:小学生依次是勤劳、有知识、家庭和睦圆满的人;中学生依次是家庭和睦圆满、有知识、全家身体健康的人;大学生依次是全家身体健康、有知识、有追求的人;农村居民、城市居民以及知识分子依次都是家庭和睦圆满、全家身体健康、有知识的人。可见,其一致性表现在都很看重个人精神层面(有知识),都比较关注家庭和睦圆满、全家身体健康、有知识,选择比率都接近或超过50%,有的甚至达到70%以上。

但是数据显示的差异性在于:小学生比高知人群(大学生和知识分子)选择勤劳、为社会奉献的比率明显高20多个百分点,而小学生比其他人群选择有满意伴侣的比率也要低近20个百分点;高知人群比其他人群选择感觉到自己幸福的比率要高10多个百分点,而高知人群比其他人群选择有权、有很多钱的比率也要低。可见,小学生更看中个人的素质,中学生、农村居民、城市居民和以及知识分子的幸福指向更多的是家庭的和谐,知识分子更关注家人健康。

另外,不同人群对有权力、会享受的认可比率都很低,小学生、中学生、农村居民、城市居民认为会享受的人是幸福的比率是最低的,几乎都在7.0%以下,而大学生和知识分子则认为子孙满堂的人是幸福的比率不到2个百分点。这说明不同人群的幸福观是很中肯,实际的。

由以上分析也可以看出,不同人群对什么样的人是幸福的理解有一定的差异。

表6-5-2　不同人群对"什么样的人是幸福的人"的看法　（%）

	小学生	中学生	大学生	农村居民	城市居民	知识分子	合计	N	χ^2	df	p
有权	13.3	12.1	8.4	15.0	12.9	3.9	12.7 (788)	6208	41.524	5	0.000
有很多钱	13.1	10.9	9.8	11.6	12.8	3.9	11.5 (716)	6209	27.046	5	0.000
有知识	59.2	56.4	51.2	46.2	47.2	53.9	49.9 (3099)	6209	54.613	5	0.000
有追求	17.3	32.3	42.6	21.9	23.9	31.0	25.2 (1564)	6210	128.739	5	0.000
勤劳	59.9	41.3	21.8	44.7	37.3	23.7	40.7 (2530)	6209	230.314	5	0.000
事业有成	27.6	35.8	36.1	36.5	35.9	43.0	35.6 (2210)	6210	28.266	5	0.000
家庭和睦圆满	49.5	69.6	70.8	67.0	69.4	74.3	66.9 (4151)	6209	111.601	5	0.000
有满意伴侣	9.0	23.5	33.3	20.8	22.1	21.8	21.2 (1315)	6208	100.209	5	0.000
全家身体健康	38.9	48.4	61.5	54.7	63.9	70.1	56.6 (3515)	6209	183.356	5	0.000
子孙满堂	11.3	10.2	1.9	18.1	10.9	2.0	12.1 (750)	6210	150.479	5	0.000
经常帮助别人	42.8	32.3	17.5	21.9	22.2	16.2	24.9 (1544)	6208	180.862	5	0.000
没有做过亏心事	23.7	19.3	10.8	17.4	16.1	15.1	17.3 (1072)	6206	36.915	5	0.000
为社会奉献	47.5	36.9	22.7	29.1	26.0	27.4	30.5 (1890)	6206	139.349	5	0.000
会享受	6.1	7.0	9.1	5.9	7.2	5.6	6.7 (413)	6210	7.994	5	0.157
容易满足	7.7	12.8	19.9	14.6	18.6	19.3	15.6 (966)	6210	60.583	5	0.000
感觉到自己幸福	23.0	34.3	40.9	20.9	24.9	37.2	26.3 (1631)	6208	127.462	5	0.000

（三）小学生有最高的幸福感

分析结果（见表6-5-3）表明：不同人群对生活是否幸福的看法依比

率选择较高的依次都是:幸福、一般、不幸福。其差异性表现在:小学生认为非常幸福的比率最高,其他各群体认为比较幸福的比率最高,知识分子对比较幸福的认可比率高达60%以上。知识分子认为不幸福的比率最低,中学生和知识分子认为不太幸福的比率最低,大学生和知识分子认为说不清的比率最低,知识分子认为不太幸福和说不清的比率相当,都是最低的。可见,小学生有最高的幸福感。另外,从均值来看,也表现出这一特点:中小学生的幸福感最高,其次是高知人群(大学生和知识分子),幸福感最低的是农村和城市居民。

表6-5-3　不同人群对幸福的自我感觉　(%)

	小学生	中学生	大学生	农村居民	城市居民	知识分子	合计
非常幸福	57.8	38.5	16.0	23.6	22.7	17.0	27.8(1723)
比较幸福	25.0	42.8	59.8	38.1	43.0	61.6	41.7(2579)
一般	9.2	11.9	19.4	27.6	24.5	18.3	21.8(1339)
不太幸福	3.8	1.5	2.6	3.9	2.9	1.4	3.0(188)
不幸福	1.2	2.6	1.2	4.0	3.4	0.3	2.9(182)
说不清	3.0	2.8	1.0	2.8	3.5	1.4	2.8(176)
均值	4.39	4.17	3.88	3.76	3.82	3.95	3.92
合计	100.0 (664)	100.0 (725)	100.0 (418)	100.0 (1996)	100.0 (2025)	100.0 (359)	100.0 (6187)
$\chi^2 = 607.509$		df = 25		p = 0.000		$\lambda = 0.040$	

六、不同地区公众的人生观与幸福观比较

(一)六个地区公众的人生观比较一致

分析结果表明(见表6-6-1):不同地区公众对人生的意义的选择依据比率排在前三位的分别是:北京人依次是为国家、为自己的进步发展、为

幸福而奋斗;上海人依次是为自己的进步发展、为自己幸福、为国家、为家庭而奋斗;广东人依次是为自己的进步发展、为国家、为自己幸福而奋斗;黑龙江人依次是为国家、为家庭、为自己进步发展而奋斗;陕西人依次是为国家、为自己进步发展、为家庭而奋斗;湖北人依次是为自己进步发展、为国家、为家庭而奋斗。由以上分析可以看出,对于人生的意义是什么,不同地区公众的选择的一致性还是较强的,前三位指向的基本上都包括国家层面,同时也指向自己和家庭层面,选择比率都接近或超过50%,有的甚至达到60%以上。

表6-6-1　不同地区公众对人生意义的看法　（%）

	北京人	上海人	广东人	黑龙江人	陕西人	湖北人	合计	N	χ^2	df	p
为父母奋斗	37.3	32.3	33.3	45.8	38.4	29.5	36.1 (2242)	6208	75.566	5	0.000
为家庭奋斗	48.2	50.8	44.8	51.8	46.5	53.8	49.4 (3064)	6208	23.464	5	0.000
为集体奋斗	22.7	22.3	26.4	28.6	30.2	26.0	25.9 (1610)	6208	26.534	5	0.000
为民族奋斗	31.3	30.3	31.7	35.2	36.7	38.3	33.8 (2099)	6208	24.673	5	0.000
为国家奋斗	57.6	50.8	55.2	57.6	59.0	58.2	56.3 (3496)	6208	19.778	5	0.000
为己工作奋斗	29.3	30.5	32.5	34.5	33.0	34.6	32.3 (2006)	6207	11.009	5	0.051
为己权力奋斗	11.8	8.1	7.8	9.4	11.5	6.3	9.2 (569)	6207	28.703	5	0.000
为己财产奋斗	14.5	14.6	12.4	12.8	10.9	11.0	12.8 (792)	6207	11.6502	5	0.004
为己荣誉奋斗	23.8	21.4	17.5	19.6	20.8	17.4	20.1 (1250)	6207	18.8876	5	0.002
为己幸福奋斗	49.5	53.0	50.6	47.6	46.5	49.2	49.5 (3071)	6206	10.835	5	0.055
为己进步发展奋斗	54.2	59.1	63.7	50.4	56.7	60.3	57.3 (3558)	6207	46.948	5	0.000
为来世而奋斗	8.6	7.8	9.5	10.3	9.9	7.7	8.9 (555)	6204	12.405	5	0.059

数据显示的差异性表现在:经济较发达地区(北京、上海、广东)较之经济一般地区(黑龙江、陕西、湖北)选择为己幸福的比率要高。而经济一般地区较之经济发达地区选择为家庭而奋斗的比率要高。这说明地区经济越发达地区,公众对个人的追求越强。

另外,各个地区公众对为己权力、为来世而奋斗的认可比率都最低,不足10%。其中,北京人、上海人、陕西人认为为来世而奋斗的比率最低,而黑龙江人、广东人、湖北人认为为自己权力而奋斗的最低。这说明不同地区公众的人生观都是很积极的。

(二)黑龙江人的幸福观更中肯、实际

分析结果表明(见表6-6-2):不同地区公众对什么样的人是幸福的选择依据比率排在前三位的分别是:北京人、上海人、广东人、黑龙江人、湖北人公众依次都为家庭和睦圆满、全家身体健康、有知识的人;陕西人的选择排在前三位的稍有不同,依次为家庭和睦圆满、有知识、全家身体健康的人。另外,不同地区公众对会享受的选择比率都是最低的,都不足8个百分点。由以上分析可以看出,不同地区公众对于什么样的人是幸福的选择一致性比较强,都认为家庭和睦圆满、全家身体健康、有知识的人是幸福的,选择比率都接近或超过50%,有的甚至接近70%。这说明不同地区公众的幸福观都是很中肯、踏实的。

其中,经济一般地区公众(黑龙江、陕西、湖北)较经济发达地区公众(北京、上海、广东)选择有知识、勤劳的比率要高;经济发达地区公众较经济一般地区公众选择有满意伴侣、感觉到自己幸福的比率要高。

另外,各个地区公众对会享受的认可比率都最低,都只有7%左右,其中,只有4.8%的黑龙江人认为会享受的人是幸福的。可见不同地区公众的幸福观差别不大,但是黑龙江人的幸福观较之其他地区的公众更中肯、实际些。

表6－6－2　不同地区公众对"什么样的人是幸福的人"的看法　（％）

	北京人	上海人	广东人	黑龙江人	陕西人	湖北人	合计	N	χ^2	df	p
有权	14.6	11.7	10.7	10.8	15.5	13.0	12.7（788）	6208	18.630	5	0.002
有很多钱	11.8	12.4	12.6	10.1	11.5	10.8	11.5（716）	6209	4.658	5	0.059
有知识	49.0	49.8	45.9	54.1	50.3	50.3	49.9（3099）	6209	19.126	5	0.039
有追求	27.7	23.1	22.5	23.8	29.8	24.4	25.2（1564）	6210	22.201	5	0.000
勤劳	39.2	36.5	32.8	47.8	45.0	43.4	40.7（2530）	6209	72.146	5	0.000
事业有成	33.1	34.0	39.3	33.9	35.4	38.2	35.6（2210）	6210	14.311	5	0.014
家庭和睦圆满	66.3	69.5	65.9	68.3	61.6	69.0	66.9（4151）	6209	24.029	5	0.008
有满意伴侣	24.4	20.6	22.1	19.3	19.4	21.2	21.2（1315）	6208	11.101	5	0.049
全家身体健康	55.6	60.4	57.4	55.9	50.0	59.9	56.6（3515）	6209	33.889	5	0.000
子孙满堂	11.6	11.3	13.6	13.2	12.1	10.7	12.1（750）	6210	5.871	5	0.324
经常帮助别人	23.2	24.5	24.4	28.0	28.4	20.8	24.9（1544）	6208	27.312	5	0.002
没有做过亏心事	19.3	18.2	15.3	18.5	16.9	15.1	17.3（1072）	6206	11.028	5	0.051
会享受	7.9	5.8	7.7	4.8	7.6	6.2	6.7（413）	6210	13.252	5	0.021
容易满足	16.4	14.7	17.4	15.1	14.2	15.5	15.6（966）	6210	5.627	5	0.344
感觉到自己幸福	28.0	28.7	31.6	21.5	22.0	25.5	26.3（1631）	6208	41.431	5	0.000

（三）广东人拥有的幸福感最低

分析结果(见表6-6-3)表明:总的来说,各地区公众对幸福的自我感觉选择比率由高到低依次为:幸福、一般、不幸福。其中,黑龙江人选择幸福的比率最高,为76.9%,其次是北京人,为72.0%;黑龙江人选择不幸福的比率最低,为3.2%,再次是上海人,为4.0%;广东人选择幸福的比率最低,为62.4%,选择不幸福的比率最高,为7.2%。可见,黑龙江人拥有最高的幸福感,北京人其次,再次是上海人,而广东人拥有的幸福感最低。从均值来看,也与这一结论一致:黑龙江人的均值为4.16,最高;广东人的均值为3.74,最低。

表6-6-3 不同地区公众对幸福的自我感觉 （%）

	北京人	上海人	广东人	黑龙江人	陕西人	湖北人	合计
非常幸福	30.6	26.7	19.5	42.8	23.6	22.7	27.8(1723)
比较幸福	41.4	44.5	42.9	34.1	40.2	47.0	41.7(2579)
一般	18.1	21.6	26.3	16.2	27.3	20.1	21.8(1339)
不太幸福	4.2	2.0	4.1	1.6	2.9	3.5	3.0(188)
不幸福	4.2	2.0	4.1	1.6	2.9	3.5	2.9(182)
说不清	2.5	2.9	3.1	2.7	3.1	3.2	2.8(176)
均值	3.96	3.92	3.74	4.16	3.80	3.85	3.91
合计	100.0 (1064)	100.0 (1119)	100.0 (996)	100.0 (1049)	100.0 (9675)	100.0 (992)	100.0 (6187)
$\chi^2 = 233.294$		df = 25			p = 0.000		$\lambda = 0.035$

第七章

公众劳动观与奋斗观的
差异分析

一、不同性别者的劳动观与奋斗观比较

（一）不同性别者均大多认可劳动的价值、意义

1. 不同性别者多数不认为"劳动、工作是痛苦"

表7-1-1　性别与对"劳动、工作是痛苦"的认可　（%）

	男	女	合计
非常赞成	11.3	9.8	10.6(649)
比较赞成	11.4	11.1	11.2(685)
一般	18.6	19.6	19.2(1169)
不太赞成	24.9	26.4	25.5(1561)
不赞成	33.8	33.1	33.5(2046)
合计	100.0(3288)	100.0(2806)	100.0(6110)
$\chi^2 = 17.039$	df=4	p=0.383	$\lambda = 0.000$

分析结果（见表7-1-1）显示：22.7%的男性和约20.9%的女性均赞成（非常赞成和比较赞成，下同）劳动、工作很累，是痛苦的，而58.7%的男

性和59.5%的女性均表示不赞成(不太赞成和不赞成,下同),不同性别者的看法较为一致。

2. 不同性别者多数不认为"学习是紧张、辛苦和难受"

表7-1-2　性别与对"学习是紧张、辛苦和难受"的认可　(%)

	男	女	合计
非常赞成	9.3	9.1	9.2(559)
比较赞成	14.0	12.2	13.2(799)
一般	18.5	19.9	19.1(1162)
不太赞成	23.8	25.3	24.5(1485)
不赞成	34.4	33.5	34.0(2061)
合计	100.0(3257)	100.0(2793)	100.0(6066)
$\chi^2 = 17.931$	df = 4	p = 0.328	λ = 0.000

分析结果(见表7-1-2)显示:23.3%的男性和21.3%的女性赞成学习是紧张、辛苦和难受的,而58.2%的男性和58.8%的女性表示不赞成。不同性别者的看法较为一致。

3. 不同性别者对"劳动是为了赚钱"的认知基本一致

分析结果(见表7-1-3)显示:40.9%的男性和41.7%的女性均赞成劳动是为了赚钱,而35.0%的男性和35.2%的女性均表示不赞成,不同性别者的看法较为一致。

表7-1-3　性别与对"劳动是为了赚钱"的认可　(%)

	男	女	合计
非常赞成	18.2	18.3	18.2(1112)
比较赞成	22.7	23.4	23.1(1406)
一般	24.1	23.1	23.6(1442)
不太赞成	16.6	18.2	17.3(1055)
不赞成	18.4	17.0	17.8(1084)
合计	100.0(3278)	100.0(2804)	100.0(6099)
$\chi^2 = 19.186$	df = 4	p = 0.259	λ = 0.001

4. 不同性别者大多均不赞成"有钱就不需要劳动"

分析结果(见表7-1-4)显示:12.3%的男性和近10.6%的女性均赞成如果很有钱就不需要劳动、工作了,而78.4%的男性和79.7%的女性均表示不赞成,不同性别者的看法较为一致。

表7-1-4　性别与对"有钱就不需要劳动"的认可　（%）

	男	女	合计
非常赞成	5.9	5.5	5.7(346)
比较赞成	6.4	5.1	5.8(356)
一般	9.3	9.7	9.5(568)
不太赞成	26.0	25.6	25.8(1562)
不赞成	52.4	54.1	53.2(3219)
合计	100.0(3251)	100.0(2782)	100.0(6049)
$\chi^2 = 11.194$	df = 4	p = 0.988	$\lambda = 0.000$

5. 不同性别者多数认为"不劳动不得食"

分析结果(见表7-1-5)显示:69.8%的男性和近71.3%的女性均赞成不劳动不得食,而18.0%的男性和近16.5%的女性均表示不赞成。其中,不同性别者的看法略有差异:表示赞成的男性比女性的比率略高(相差2.3%);表示不赞成的男性比女性的比率略低(相差3.8%)。

表7-1-5　性别与对"不劳动不得食"的认可　（%）

	男	女	合计
非常赞成	46.2	43.9	45.2(2746)
比较赞成	23.6	27.4	25.4(1542)
一般	12.2	12.2	12.1(740)
不太赞成	7.4	7.2	7.3(445)
不赞成	10.6	9.3	10.0(607)
合计	100.0(3270)	100.0(2794)	100.0(6081)
$\chi^2 = 16.739$	df = 4	p = 0.670	$\lambda = 0.000$

6. 不同性别者多数认为"不劳而获是可耻的"

分析结果(见表7-1-6)显示:69.0%的男性和71.0%的女性均赞成不劳而获是可耻的,而16.4%的男性和15.7%的女性均表示不赞成,不同性别者的看法是基本一致的。

表7-1-6　性别与对"不劳而获是可耻的"的认可　（%）

	男	女	合计
非常赞成	49.2	49.5	49.3(3002)
比较赞成	19.8	21.5	20.6(1254)
一般	14.6	13.3	14.0(851)
不太赞成	7.1	6.6	6.9(418)
不赞成	9.3	9.1	9.2(560)
合计	100.0(3272)	100.0(2796)	100.0(6085)
$\chi^2 = 13.028$	df = 4	p = 0.671	λ = 0.000

7. 不同性别者多数赞成"人生在世就该劳动"

表7-1-7　性别与对"人生在世就该劳动"的认可　（%）

	男	女	合计
非常赞成	49.4	49.2	49.3(3005)
比较赞成	29.1	29.2	29.1(1776)
一般	14.7	15.4	15.1(916)
不太赞成	4.1	3.8	3.9(239)
不赞成	2.7	2.4	2.6(157)
合计	100.0(3280)	100.0(2798)	100.0(6094)
$\chi^2 = 6.325$	df = 4	p = 0.988	λ = 0.000

分析结果(见表7-1-7)显示:78.5%的男性和约78.4%的女性均赞成人生在世就该劳动,只有6.8%的男性和6.2%的女性均表示不赞成,不同性别者的看法无明显差异。

8. 不同性别者多数认可"劳动只有分工无贵贱之分"

分析结果(见表7-1-8)显示:75.4%的男性和约77.3%的女性均赞

成劳动只有分工无贵贱之分,而11.3%的男性和近9.6%的女性均表示不赞成,不同性别者的看法差异不大。

表7-1-8 性别与对"劳动只有分工无贵贱之分"的认可 (%)

	男	女	合计
非常赞成	51.4	54.4	52.8(3209)
比较赞成	24.0	22.9	23.5(1426)
一般	13.3	13.1	13.2(807)
不太赞成	5.9	4.9	5.4(330)
不赞成	5.4	4.7	5.1(309)
合计	100.0(3277)	100.0(2787)	100.0(6081)
$\chi^2 = 17.279$	df = 4	p = 0.368	$\lambda = 0.000$

(二)不同性别者均大多数认可人生应该奋斗

表7-1-9 性别与对"自强不息的人是值得敬佩的"的认可 (%)

	男	女	合计
非常赞成	67.6	67.8	67.8(4148)
比较赞成	22.4	21.8	22.1(1352)
一般	6.5	7.6	6.9(1352)
不太赞成	1.6	1.6	1.6(96)
不赞成	1.9	1.2	1.6(98)
合计	100.0(3301)	100.0(2821)	100.0(6122)
$\chi^2 = 8.336$	df = 4	p = 0.080	$\lambda = 0.000$

分析结果(见表7-1-9)显示:90.0%的男性和约89.6%的女性均赞成自强不息的人是值得敬佩的,而3.5%的男性和2.8%的女性均表示不赞成,不同性别者的看法略有差异。

分析结果(见表7-1-10)显示:57.2%的男性和57.7%的女性均赞成谋事在人、成事在天,而22.5%的男性和21.4%的女性均表示不赞成。可见,不同性别者的看法非常一致。

表7－1－10 性别与对"谋事在人、成事在天"的认可 （%）

	男	女	合计
非常赞成	31.8	31.8	31.8（1931）
比较赞成	25.4	25.9	25.6（1558）
一般	20.3	21.0	20.6（1254）
不太赞成	9.7	11.1	10.4（631）
不赞成	12.8	10.2	11.6（703）
合计	100.0（3283）	100.0（2794）	100.0（6077）
$\chi^2 = 12.552$	df = 4	p = 0.014	$\lambda = 0.000$

（三）不同性别者大多数均认为应依靠自己的劳动、能力获得财富

表7－1－11 性别与对获得财富途径的认可 （%）

	男	女	合计	χ^2	df	p
靠自己的劳动	88.7	88.6	88.7（5470）	1.151	1	0.997
靠自己的知识、能力、特长	81.2	83.2	82.1（5069）	7.145	1	0.848
靠家庭	12.9	13.1	13.0（804）	0.349	1	0.986
靠关系	10.5	8.4	9.6（590）	19.446	1	0.013
靠权力	10.5	9.2	9.9（612）	3.077	1	0.545
靠投机取巧	5.6	4.9	5.3（330）	7.292	1	0.121
靠运气、机会	45.1	46.6	45.8（2827）	3.373	1	0.498
靠菩萨、上帝、老天	2.0	2.9	2.4（150）	6.146	1	0.188

分析结果（见表7－1－11）显示：88.7%的男性和88.6%的女性均赞成靠自己的劳动获得财富。不同性别者的看法高度一致。

81.2%的男性和83.2%的女性均赞成靠自己的知识、能力、特长获得财富。其中，不同性别者的看法差异不大：男性比女性的比率略低（相差2.0%）。

12.9%的男性和13.1%的女性均赞成靠家庭获得财富。其中，不同性别者的看法高度一致。

10.5%的男性和8.4%的女性均赞成靠关系获得财富。不同性别者的看法有差异:男性比女性的比率略高(相差2.1%)。

10.5%的男性和9.2%的女性均赞成靠权力获得财富。其中,不同性别者的看法略有差异:男性比女性的比率略高(相差1.3%)。

5.6%的男性和4.9%的女性均赞成靠投机取巧获得财富。其中,不同性别者的看法大体一致。

45.1%的男性和约46.6%的女性均赞成靠运气、机会获得财富。其中,不同性别者的看法略有差异:男性比女性的比率略低(相差1.5%)。

2.0%的男性和2.9%的女性均赞成靠菩萨、上帝、老天获得财富。男性比女性的比率略低。

对于获得财富的途径:男性和女性排在前三位的都是靠自己的劳动,靠自己的知识、能力和特长,靠运气、机会;排在后三位的,男性是:靠关系和靠权力,靠投机取巧,靠菩萨、上帝、老天,女性是:靠关系,靠投机取巧,靠菩萨、上帝、老天。

分析说明:不同性别者的认识无显著差异。总体而言,不同性别者对获得财富的途径有较深刻的认识,他们大多数均认为应依靠自己的劳动、能力获得财富。

(四)不同性别者均绝大多数肯定竞争的意义和公平规则

表7-1-12　性别与对竞争意义、规则的认同　(%)

	男	女	合计	χ^2	df	p
要有竞争才能推进社会发展	88.5	87.5	88.0(5255)	6.378	1	0.605
不要竞争,要互相帮助	38.2	44.6	41.2(2413)	26.901	1	0.001
要竞争,也要互相帮助	90.4	91.6	91.0(5373)	2.669	1	0.953
竞争要公平	93.7	93.7	93.7(5634)	1.874	1	0.985
竞争要按规则	86.7	87.0	86.8(6078)	12.935	1	0.114
竞争中要讲良心,讲道德	89.6	92.2	9.08(5401)	14.191	1	0.077
既然竞争就可以不择手段	13.2	10.0	11.7(678)	15.175	1	0.056

分析结果(见表7－1－12)显示:88.5%的男性和87.5%的女性均赞成要有竞争才能推进社会发展。其中,不同性别者的看法大体一致。

38.2%的男性和近44.6%的女性均赞成不要竞争,要相互帮助。不同性别者的看法有差异:男性比女性的比率低(相差6.4%)。

90.4%的男性和约91.6%的女性均赞成要竞争,也要相互帮助。其中,不同性别者的看法略有差异。

93.7%的男性和93.7%的女性均赞成竞争要公平。不同性别者的看法无差异。86.7%的男性和87.0%的女性均赞成竞争要按规则。不同性别者的看法大体一致。

89.6%的男性和92.2%的女性均赞成竞争中要讲良心,讲道德。不同性别者的看法略有差异:男性比女性的比率略高(相差2.6%)。

13.2%的男性和10.0%女性均赞成既然竞争就可以不择手段。其中,不同性别者的看法略有差异:男性比女性的比率高(相差3.2%)。

从总体上看,不同性别者的看法没有显著差异。不同性别者对竞争的意义以及公平竞争的规则的认同度都很高。

二、不同年龄者的劳动观与奋斗观比较

(一)不同年龄者均大多认可劳动的价值、意义

1. 年龄越大者赞成"劳动、工作是痛苦"的比率越高

分析结果(见表7－2－1)显示:不同年龄者对"劳动、工作很累,是痛苦的"的看法略有差异:赞成的比率最高的是40—49岁者,占28.1%,比率最低20—29岁者,占16.7%,其余的都在20.0%以上;不赞成的比率最高的是10岁以下者,为65.5%,比率最低的是50—59岁者,为56.4%,其余的都在60.0%左右。可见,年龄越大,越倾向于赞同此观点。

表 7-2-1　年龄与对"劳动、工作是痛苦"的认可　（%）

	10岁以下	10—19岁	20—29岁	30—39岁	40—49岁	50—59岁	60岁及以上	合计
非常赞成	17.3	11.1	6.0	10.3	13.7	14.2	13.9	10.5(617)
比较赞成	7.9	9.6	10.7	10.2	14.4	13.2	10.5	11.0(648)
一般	9.4	20.1	21.9	19.2	18.1	16.2	12.2	19.2(1133)
不太赞成	14.4	22.1	29.9	27.4	25.2	23.9	23.9	25.7(1515)
不赞成	51.1	37.1	31.5	32.9	28.6	32.5	39.5	33.6(1976)
合计	100.0(139)	100.0(1462)	100.0(1542)	100.0(1184)	100.0(952)	100.0(372)	100.0(238)	100.0(5889)
$\chi^2 = 526.549$			df = 312			p = 0.000		G = -0.052

2. 儿童不认为"学习是紧张、辛苦和难受"的比率最高

分析结果（见表 7-2-2）显示：不同的年龄者对"学习是紧张、辛苦和难受的"的看法略有差异：选择赞成的比率最高的是 40—49 岁者，占 28.2%，比率最低的是 20—29 岁者，占 17.1%，其余的都在 20.0% 左右；不赞成的比率最高的是 10 岁以下者，为 65.7%，比率最低的是 40—49 岁者，为 52.1%，其余的都在 60.0% 左右。可见，年龄越大，越倾向于赞同此观点。

表 7-2-2　年龄与对"学习是紧张、辛苦和难受的"的认可　（%）

	10岁以下	10—19岁	20—29岁	30—39岁	40—49岁	50—59岁	60岁及以上	合计
非常赞成	15.0	10.3	5.9	8.1	10.4	11.0	12.8	9.0(525)
比较赞成	9.3	12.8	11.2	12.6	17.8	14.4	14.9	13.2(774)
一般	10.0	18.4	23.0	16.9	19.7	17.4	14.0	19.1(1116)
不太赞成	13.6	20.0	28.3	26.9	24.8	26.5	20.9	24.6(1439)
不赞成	52.1	38.5	31.6	35.5	27.3	30.7	37.4	34.1(1993)
合计	100.0(140)	100.0(1463)	100.0(1536)	100.0(1169)	100.0(942)	100.0(362)	100.0(235)	100.0(5847)
$\chi^2 = 536.278$			df = 312			p = 0.000		G = -0.057

3. 年龄大者赞成"劳动是为了赚钱"的比率相对高

表7-2-3　年龄与对"劳动是为了赚钱"的认可　（%）

	10岁以下	10—19岁	20—29岁	30—39岁	40—49岁	50—59岁	60岁及以上	合计
非常赞成	19.3	12.4	13.3	21.2	25.4	26.3	20.4	17.9(1050)
比较赞成	12.9	15.6	23.6	24.8	31.4	26.6	19.6	22.9(1346)
一般	14.3	23.1	29.4	24.6	19.7	16.4	18.7	23.6(1394)
不太赞成	11.4	19.8	20.6	15.5	13.3	17.5	16.6	17.6(1034)
不赞成	42.1	29.1	13.1	13.9	10.3	13.2	24.7	18.0(1056)
合计	100.0(140)	100.0(1465)	100.0(1537)	100.0(1183)	100.0(948)	100.0(372)	100.0(235)	100.0(5880)
$\chi^2 = 887.037$			df = 312			p = 0.000		G = −0.188

分析结果（见表7-2-3）显示：不同年龄者对"劳动是为了赚钱"的看法有差异：赞成的比率最高的是40—49岁者，占28.2%，比率最低的是20—29岁者，占17.1%，其余的都在20%左右；不赞成的比率最高的是10岁以下者，为65.7%，比率最低的是40—49岁者，为52.1%，其余的都在60.0%左右。可见，年龄越大，越倾向于赞同此观点。

4. 不同年龄者对"如果很有钱就不需要劳动、工作"的看法有差别

表7-2-4　年龄对"如果很有钱就不需要劳动、工作了"的认可　（%）

	10岁以下	10—19岁	20—29岁	30—39岁	40—49岁	50—59岁	60岁及以上	合计
非常赞成	12.3	6.3	4.0	5.2	6.7	5.8	6.8	5.7(331)
比较赞成	8.0	5.8	4.7	6.0	7.7	5.8	2.5	5.8(336)
一般	4.3	8.8	9.3	10.7	10.2	7.3	6.8	9.2(538)
不太赞成	8.0	20.4	30.2	27.8	27.5	29.6	21.2	25.9(1513)
不赞成	67.4	58.7	51.8	50.3	47.9	51.5	62.7	53.4(3114)
合计	100.0(138)	100.0(1453)	100.0(1534)	100.0(1167)	100.0(939)	100.0(365)	100.0(236)	100.0(5832)
$\chi^2 = 479.924$			df = 312			p = 0.000		G = −0.059

分析结果(见表7-2-4)显示:不同年龄者对"如果很有钱就不需要劳动、工作了"的看法略有差异:赞成的比率最高的是 10 岁以下者,占20.3%,比率最低的是 20—29 岁者,占 8.7%,其余的都在 10.0% 左右;不赞成的比率最高的是 60 岁以上者,为83.9%,比率最低的是 10 岁以下者和40—49 岁者,为 75.4%,其余的都在 80.0% 左右。可见,不同年龄者的看法有所差异。

5. 老人更多认可"不劳动不得食"

表7-2-5　年龄与对"不劳动不得食"的认可　(%)

	10 岁以下	10—19 岁	20—29 岁	30—39 岁	40—49 岁	50—59 岁	60 岁及以上	合计
非常赞成	54.7	47.8	35.4	42.1	49.2	54.8	64.7	44.9(2636)
比较赞成	18.7	21.5	30.1	27.6	25.8	22.5	14.7	25.4(1489)
一般	8.6	12.8	15.8	11.9	9.1	7.6	7.1	19.2(715)
不太赞成	2.2	7.0	9.8	8.7	6.2	4.0	3.8	7.5(439)
不赞成	15.8	10.9	8.9	9.7	9.7	11.1	9.7	10.0(588)
合计	100.0 (139)	100.0 (1463)	100.0 (1534)	100.0 (1172)	100.0 (943)	100.0 (378)	100.0 (238)	100.0 (5867)
$\chi^2 = 509.549$		df = 312			p = 0.000		G = -0.054	

分析结果(见表7-2-5)显示:不同年龄者对"不劳动不得食"的看法略有差异:赞成的比率最高的是 60 岁及以上者,为 79.4%,比率最低的是20—29 岁者,占 65.5%,其余的都在 70.0% 左右;不赞成的比率最高的是10 岁以下者,为18.0%,比率最低的是 60 岁及以上者,为 13.5%,其余的都在 15.0% 左右。可见,年龄越大,越倾向于赞同此观点。

6. 老年人更多认可"不劳而获是可耻的"

分析结果(见表7-2-6)显示:不同年龄者对"不劳而获是可耻"的看法有差异:赞成的比率最高的是 60 岁及以上者,为 85.9%,比率最低 20—29 岁者,占61.9%,其余的都在 70.0% 左右;不赞成的比率最高的是 10 岁以下者,为21.4%,比率最低的是 60 岁及以上者,为 8.8%,其余的都在15.0% 左右。可见,年龄越大,越倾向于赞同此观点。年龄差异与对"不劳而获是可耻"的认同(通过检验)可能相关。

表7-2-6 年龄与对"不劳而获是可耻的"的认可 (%)

	10岁以下	10—19岁	20—29岁	30—39岁	40—49岁	50—59岁	60岁及以上	合计
非常赞成	62.1	50.7	36.5	47.0	55.3	65.1	72.1	49.0(2875)
比较赞成	10.7	16.6	25.4	22.5	22.1	18.6	13.8	20.8(1222)
一般	5.8	15.3	19.6	14.2	9.4	5.8	5.3	14.1(821)
不太赞成	5.0	7.0	9.8	6.7	5.5	2.4	2.1	6.9(405)
不赞成	16.4	10.4	8.7	9.6	7.7	8.1	6.7	9.2(540)
合计	100.0(140)	100.0(1459)	100.0(1536)	100.0(1172)	100.0(946)	100.0(370)	100.0(240)	100.0(5863)
$\chi^2=659.004$		df=312			p=0.000		G=-0.1	

7. 不同年龄者均多数认可"人生在世就该劳动"

表7-2-7 年龄与对"人生在世就该劳动"的认可 (%)

	10岁以下	10—19岁	20—29岁	30—39岁	40—49岁	50—59岁	60岁及以上	合计
非常赞成	73.8	50.9	37.2	46.5	54.2	62.8	70.5	49.1(2880)
比较赞成	14.2	24.8	34.6	31.1	29.9	28.9	19.5	29.2(1715)
一般	7.0	16.9	20.3	15.5	10.8	5.6	6.7	15.1(891)
不太赞成	0.7	4.5	5.0	4.1	3.1	1.6	2.1	4.0(232)
不赞成	4.3	2.9	2.9	2.8	2.0	1.1	1.2	2.6(151)
合计	100.0(141)	100.0(1454)	100.0(1537)	100.0(1172)	100.0(950)	100.0(374)	100.0(241)	100.0(5869)
$\chi^2=557.714$		df=312			p=0.000		G=-0.078	

分析结果(见表7-2-7)显示:不同年龄者对"人生在世就该劳动"的看法有差异:赞成的比率最高的是50—59岁者,为91.7%,比率最低的是20—29岁者,占71.8%,其余的都在80.0%左右;不赞成的比率最高的是20—29岁者,为7.9%,比率最低的是50—59岁者,为2.6%,其余的都在6%左右。可见,年龄大者更倾向于赞同此观点。

8. 老年人更多认可"劳动只有分工无贵贱之分"

表7-2-8　年龄与对"劳动只有分工无贵贱之分"的认可　（%）

	10岁以下	10—19岁	20—29岁	30—39岁	40—49岁	50—59岁	60岁及以上	合计
非常赞成	51.1	51.8	47.4	53.0	52.6	62.8	75.9	52.7(3086)
比较赞成	19.7	20.8	26.9	23.8	24.9	22.6	13.1	23.5(1374)
一般	15.4	13.8	15.2	13.2	13.4	7.7	5.5	13.2(779)
不太赞成	3.6	6.7	5.6	4.6	5.2	3.7	4.2	5.4(315)
不赞成	10.2	6.9	4.9	5.4	3.9	3.2	1.3	5.2(304)
合计	100.0(137)	100.0(1445)	100.0(1533)	100.0(1174)	100.0(946)	100.0(376)	100.0(237)	100.0(5858)
$\chi^2=388.938$			df=312		p=0.000			G=-0.086

分析结果（见表7-2-8）显示：不同的年龄者对"劳动只有分工无贵贱之分"的看法略有差异：赞成的比率最高的是60岁及以上者，为89.0%，比率最低的是20—29岁者，占70.8%，其余的都在80.0%左右；不赞成的比率最高的是10岁以下者，为13.8%，比率最低的是60岁及以上者，为5.5%，其余的都在10.0%左右。可见，年龄越大，越倾向于赞同此观点。

（二）不同年龄者大多数认可人生应该奋斗

表7-2-9　年龄与对"自强不息的人是值得敬佩的"的认可　（%）

	10岁以下	10—19岁	20—29岁	30—39岁	40—49岁	50—59岁	60岁及以上	合计
非常赞成	65.2	64.2	66.5	69.0	67.5	79.0	79.3	67.9(4013)
比较赞成	16.7	20.8	24.9	21.9	23.9	17.3	14.5	22.0(1302)
一般	9.4	10.3	6.6	5.6	5.6	2.9	4.6	6.9(407)
不太赞成	0.7	2.5	1.2	1.8	1.1	0.3	1.2	1.6(92)
不赞成	8.0	2.2	0.8	1.7	1.9	0.5	0.4	1.6(97)
合计	100.0(138)	100.0(1465)	100.0(1540)	100.0(1189)	100.0(957)	100.0(381)	100.0(241)	100.0(5911)
$\chi^2=472.324$			df=312		p=0.000			G=-0.099

分析结果(见表7-2-9)显示:不同的年龄者对"自强不息的人是值得敬佩的"的看法有差异:赞成的比率最高的是50—59岁者,为96.3%,比率最低的是10岁以下者,占81.9%,其余的都在90.0%左右;不赞成的比率最高的是10岁以下者,为8.7%,比率最低的是50—59岁者,为0.8%,其余的都在3.0%左右。可见,年龄越大,越倾向于赞同此观点。年龄差异与对"自强不息的人是值得敬佩的"的认同(通过检验)可能相关。

表7-2-10   年龄与对"谋事在人、成事在天"的认可   (%)

	10岁以下	10—19岁	20—29岁	30—39岁	40—49岁	50—59岁	60岁及以上	合计
非常赞成	37.0	27.3	27.0	35.3	34.9	41.2	37.3	31.6(1853)
比较赞成	18.5	21.5	26.5	27.6	27.8	27.9	28.0	25.6(1504)
一般	19.4	25.1	22.9	19.2	18.1	13.8	10.6	20.8(1217)
不太赞成	4.4	11.3	12.4	9.0	9.5	8.4	9.7	10.4(613)
不赞成	20.7	14.8	11.2	8.9	9.7	8.7	14.4	11.6(680)
合计	100.0(135)	100.0(1463)	100.0(1538)	100.0(1183)	100.0(943)	100.0(369)	100.0(236)	100.0(5867)
$\chi^2 = 525.879$			df = 312			p = 0.000		G = -0.101

分析结果(见表7-2-10)显示:不同的年龄者对"谋事在人,成事在天"的看法存在着一定的差异:赞成的比率最高的是50—59岁者,为69.1%,比率最低的是10—19岁者,占48.8%,其余的都在60.0%左右;不赞成的比率最高的是10—19岁者,为26.1%,比率最低的是50—59岁者,为17.1%,其余的都在20.0%左右。可见,年龄越大,越倾向于赞同此观点。年龄差异与对"谋事在人,成事在天"的认同(通过检验)可能相关。

(三)不同年龄者均大多认可通过自己的劳动、能力获得财富

分析结果(见表7-2-11)显示:不同年龄公众对靠自己的劳动获得财富的看法略有差异:选择赞成的比率最高的是10岁以下者,为91.4%,最低的是20—29岁者,为86.6%,其余的都在90.0%左右。

表7－2－11　年龄与获得财富的途径　（%）

	10岁以下	10—19岁	20—29岁	30—39岁	40—49岁	50—59岁	60岁及以上	合计	χ^2	df	P
靠自己的劳动	91.4	90.8	86.6	87.5	89.0	88.3	91.3	88.6 (5261)	18.145	6	0.006
靠自己的知识、能力、特长	76.3	85.9	86.6	80.7	75.7	79.2	81.8	82.5 (4900)	69.956	6	0.000
靠家庭	18.0	15.7	10.3	11.2	15.1	12.7	9.1	12.9 (765)	33.381	6	0.000
靠关系	5.8	6.3	12.6	10.5	10.9	8.3	65.0	9.6 (570)	46.110	6	0.000
靠权力	18.0	10.5	7.6	8.6	12.5	10.1	7.0	9.7 (576)	32.230	6	0.000
靠投机取巧	9.4	10.9	3.9	3.9	3.0	1.8	1.2	5.4 (318)	133.482	6	0.000
靠运气、机会	22.3	34.8	54.0	52.9	47.8	47.9	31.4	46.0 (2732)	190.281	6	0.000
靠菩萨、上帝、老天	3.6	2.1	2.1	2.6	3.1	1.8	2.5	2.4 (142)	4.854	6	0.563

不同年龄公众对靠自己的知识、能力、特长获得财富的看法有差异:赞成的比率最高的是20—29岁者,为86.6%,最低的是40—49岁者,为75.7%,其余的都在80.0%左右。

不同年龄公众对靠家庭获得财富的看法略有差异:赞成的比率最高的是10岁以下者,为18%,最低的是60岁及以上者,为9.1%,其余的都在12.0%左右。

不同年龄公众对靠关系获得财富的看法略有差异:赞成的比率最高的是20—29岁者,为12.6%,最低的是60岁及以上者,为5.0%,其余的都在8.0%左右。

不同年龄公众对靠投机取巧获得财富的看法略有差异:赞成的比率最高的是10—19岁者,为10.9%,10岁以下者为9.4%,最低的是60岁以上者,为1.2%,其余的都在3.0%左右。

不同年龄公众对靠运气、机会获得财富的看法有差异:赞成的比率最高的是20—29岁者,为54.0%,30—39岁者为52.9%,最低的是10岁以下者,为22.3%,其余的都在40.0%左右。

不同年龄公众对靠菩萨、上帝、老天获得财富的看法略有差异:赞成的比率最高的是10岁以下者,为3.6%,最低的是50—59岁者,为1.8%,其余的都在2.0%左右。

对获得财富途径的选择,依比率不同年龄者排在前三位的都是靠自己的劳动、靠自己的知识能力特长、靠运气、机会。排在后三位的分别是:10岁以下者、10—19岁、40—49岁、50—59岁、60岁及以上者都是靠关系、靠投机取巧、靠菩萨、上帝、老天,20—29岁、30—39岁者均是靠权力、靠投机取巧、靠菩萨、上帝、老天。

分析说明:不同年龄者的认识有些明显差异。总体而言,不同年龄者对获得财富的途径有较深刻的认识,他们均大多数认可靠个人的劳动、能力获得财富。

(四)不同年龄者均认可竞争的意义和公平竞争规则

表7-2-12　年龄与对竞争意义、规则的认可　（%）

	10岁以下	10—19岁	20—29岁	30—39岁	40—49岁	50—59岁	60岁及以上	合计	χ^2	df	P
要有竞争才能推进社会发展	64.0	78.1	92.5	91.8	91.5	93.3	95.6	88.0 (5068)	289.862	6	0.000
不要竞争,要互相帮助	75.4	51.8	25.6	38.0	46.0	43.3	39.2	40.8 (2307)	298.597	6	0.000
要竞争,也要互相帮助	85.3	87.8	93.2	91.5	91.3	93.2	93.6	91.0 (5183)	36.361	6	0.000
竞争要公平	83.5	91.2	94.8	94.2	95.3	96.4	96.1	93.7 (5434)	54.483	6	0.000
竞争要按规则	76.7	83.9	86.7	87.4	90.1	92.2	89.7	86.9 (4906)	41.633	6	0.000
竞争中要讲良心、讲道德	92.8	90.8	90.7	90.0	90.8	90.8	93.1	90.7 (5202)	3.059	6	0.801
既然竞争就可以不择手段	25.2	12.7	11.2	9.9	12.9	9.4	5.9	11.6 (649)	39.079	6	0.000

分析结果(见表 7－2－12)显示:不同年龄公众对要有竞争才能推进社会发展的看法略有差异:赞成的比率最高的是 60 岁及以上者,为 95.6%,最低的是 10 岁以下者,为 64.0%,其余的大都在 90.0% 左右。

不同年龄公众对"不要竞争,要互相帮助"的看法略有差异:赞成的比率最高的是 10 岁以下者,为 75.4%,最低的是 20—29 岁者,为 25.6%,其余的都在 40.0% 左右。

不同年龄公众对"要竞争,也要互相帮助"的看法略有差异:赞成的比率最高的是 60 岁及以上者,为 93.6%,最低的是 10 岁以下者,为 85.3%,其余的都在 90.0% 左右。

不同年龄公众对竞争要公平的看法略有差异:赞成的比率最高的是 50—59 岁者,为 96.4%,最低的是 10 岁以下者,为 83.5%,其余的都在 90.0% 以上。

不同年龄公众对竞争要按规则的看法略有差异:赞成的比率最高的是 50—59 岁者,为 92.2%,最低的是 10 岁以下者,为 76.7%,其余的都在 80.0% 以上。

不同年龄公众对"竞争中要讲良心,讲道德"的看法差异不大:赞成的比率最高的是 60 岁及以上者,为 93.1%,最低的是 30—39 岁者,为 90.0%,其余的都在 90.0% 以上。

不同年龄公众对竞争可以不择手段的看法略有差异:赞成的比率最高的是 10 岁以下者,为 25.2%,最低的是 60 岁及以上者,为 5.9%,其余的都在 10.0% 左右。

分析说明:不同年龄者对于"竞争"的某些观点的看法存在一些明显差异,从总体上看,各年龄段公众对竞争的意义以及公平竞争的规则的认同度很高。

三、不同民族者的劳动观与奋斗观比较

（一）不同民族者均大多数认可劳动的价值、意义

1. 不同民族者多数不认为"劳动、工作是痛苦的"

表 7-3-1　民族与对"劳动、工作很累，是痛苦的"认可　　（%）

	汉族	少数民族	合计
非常赞成	10.6	10.1	10.6(649)
比较赞成	11.3	9.6	11.2(685)
一般	19.5	15.5	19.2(1169)
不太赞成	25.4	27.5	25.5(1561)
不赞成	33.2	37.3	33.5(2046)
合计	100.0(5718)	100.0(392)	100.0(6110)
$\chi^2 = 9.289$	df = 8	p = 0.319	$\lambda = 0.000$

分析结果（见表 7-3-1）显示：21.9% 的汉族和 19.7% 的少数民族均赞成劳动、工作是痛苦的，而 58.6% 的汉族和 64.8% 的少数民族均表示不赞成，赞成的汉族比少数民族的比率略高（相差 2.2%）；不赞成的汉族比少数民族的比率低（相差 6.2%）。

2. 不同民族者多数不赞成"学习紧张、辛苦，是难受的"

分析结果（见表 7-3-2）显示：22.6% 的汉族和 19.8% 的少数民族均赞成学习紧张、辛苦，是难受的，而 58.1% 的汉族和 63.7% 的少数民族均表示不赞成。表示赞成的汉族比少数民族的比率略高（相差 3.0%）；表示不赞成的汉族比少数民族的比率低（相差 5.6%）。

表7-3-2　民族与对"学习紧张、辛苦,是难受"的认可　(%)

	汉族	少数民族	合计
非常赞成	9.3	8.6	9.2(559)
比较赞成	13.3	11.2	13.2(799)
一般	19.3	16.5	19.1(1162)
不太赞成	24.4	26.5	24.5(1485)
不赞成	33.7	37.2	34.0(2061)
合计	100.0(5675)	100.0(374)	100.0(6066)
$\chi^2 = 9.139$	df = 8	p = 0.331	$\lambda = 0.000$

3. 不同民族者对"劳动是为了赚钱"的认可大体一致

分析结果(见表7-3-3)显示:41.4%的汉族和38.3%的少数民族均赞成劳动是为了赚钱,而34.7%的汉族和40.2%的少数民族均表示不赞成。赞成的汉族比少数民族的比率略高(相差3.1%);不赞成的汉族比少数民族的比率低(相差5.5%)。

表7-3-3　民族与对"劳动是为了赚钱"的认可　(%)

	汉族	少数民族	合计
非常赞成	18.3	16.8	18.2(1112)
比较赞成	23.1	21.5	23.1(1406)
一般	23.9	21.5	23.6(1442)
不太赞成	17.2	19.7	17.3(1055)
不赞成	17.5	20.5	17.8(1084)
合计	100.0(5706)	100.0(376)	100.0(6099)
$\chi^2 = 11.379$	df = 8	p = 0.181	$\lambda = 0.000$

4. 不同民族者均大多数不认可"很有钱就不需要劳动"

分析结果(见表7-3-4)显示:11.6%的汉族和9.6%的少数民族均赞成如果已经很有钱就不需要劳动工作了,而78.9%的汉族和82.6%的少数民族均表示不赞成。赞成的汉族比少数民族的比率略高(相差2.0%);不赞成的汉族比少数民族的比率低(相差3.7%)。

表7-3-4 民族与对"如果已经很有钱就不需要劳动工作了"的认可 （%）

	汉族	少数民族	合计
非常赞成	5.7	5.6	5.7(346)
比较赞成	5.9	4.0	5.8(352)
一般	9.5	7.8	9.5(568)
不太赞成	25.8	27.0	25.8(1562)
不赞成	53.1	55.6	53.2(3219)
合计	100.0(5658)	100.0(374)	100.0(6049)
$\chi^2 = 4.297$	df = 12	p = 0.977	λ = 0.000

5. 不同民族者多数认可"不劳动不得食"

分析结果(见表7-3-5)显示：70.7%的汉族和68.7%的少数民族均赞成不劳动不得食,而17.1%的汉族和19.9%的少数民族均表示不赞成。赞成的汉族比少数民族的比率略高(相差2.0%);不赞成的汉族比少数民族的比率高(相差2.8%)。

表7-3-5 民族与对"不劳动不得食"的认可 （%）

	汉族	少数民族	合计
非常赞成	44.8	49.9	45.2(2746)
比较赞成	25.9	18.8	25.4(1542)
一般	12.2	11.4	12.1(740)
不太赞成	7.2	8.8	7.3(445)
不赞成	9.9	11.1	10.0(6081)
合计	100.0(5688)	100.0(377)	100.0(6081)
$\chi^2 = 18.890$	df = 10	p = 0.042	λ = 0.000

6. 不同民族者多数认为"不劳而获是可耻的"

分析结果(见表7-3-6)显示：70.0%的汉族和70.2%的少数民族均赞成不劳而获是可耻的,而15.9%的汉族和18.6%的少数民族均表示不赞成。赞成的汉族与少数民族大体一致;表示不赞成的汉族比少数民族的比率低(相差2.7%)。

表7-3-6 民族与对"不劳而获是可耻的"的认可 (%)

	汉族	少数民族	合计
非常赞成	49.2	51.6	49.3(3002)
比较赞成	20.8	18.6	20.6(1254)
一般	14.1	11.2	14.0(851)
不太赞成	6.8	8.8	6.9(418)
不赞成	9.1	9.8	9.2(560)
合计	100.0(5692)	100.0(376)	100.0(6085)
$\chi^2 = 18.433$	df = 8	p = 0.018	$\lambda = 0.000$

7. 不同民族者大多数认可"人生在世就该劳动"

分析结果(见表7-3-7)显示:78.4%的汉族和80.1%的少数民族均赞成人生在世就该劳动,而6.5%的汉族和5.4%少数民族均表示不赞成。赞成的汉族比少数民族的比率略低(相差1.7%);不赞成的汉族比少数民族的比率略高(相差1.1%)

表7-3-7 民族与对"人生在世就该劳动"的认可 (%)

	汉族	少数民族	合计
非常赞成	48.9	54.6	49.3(3005)
比较赞成	29.5	25.5	29.1(1776)
一般	15.1	14.5	15.1(916)
不太赞成	3.9	3.2	3.9(239)
不赞成	2.6	2.2	2.6(157)
合计	100.0(5705)	100.0(372)	100.0(6094)
$\chi^2 = 19.462$	df = 10	p = 0.035	$\lambda = 0.000$

8. 不同民族者大多数赞成"劳动只有分工不同无贵贱之分"

表 7 - 3 - 8　民族与对"劳动只有分工不同无贵贱之分"的认可　（%）

	汉族	少数民族	合计
非常赞成	52.4	58.4	52.8(3209)
比较赞成	23.9	17.4	23.5(1426)
一般	13.2	14.2	13.2(807)
不太赞成	5.4	5.4	5.4(330)
不赞成	5.1	4.6	5.1(309)
合计	100.0(5691)	100.0(373)	100.0(6081)
$\chi^2 = 12.640$	df = 8	p = 0.125	λ = 0.000

分析结果（见表 7 - 3 - 8）显示：76.3%的汉族和75.8%的少数民族均赞成劳动只有分工不同无贵贱之分，而10.5%的汉族和10.0%的少数民族均表示不赞成。

(二)不同民族者均多数认可人生应该奋斗

分析结果（见表 7 - 3 - 9）显示：89.7%的汉族和93.7%的少数民族均赞成自强不息的人值得敬佩，3.2%的汉族和1.6%的少数民族均不赞成。赞成的汉族比少数民族的比率略低（相差4.0%）；不赞成的汉族比少数民族的比率略高（相差1.6%）。

表 7 - 3 - 9　民族与对"自强不息的人是值得敬佩的"的认同　（%）

	汉族	少数民族	合计
非常赞成	67.5	72.7	67.8(4151)
比较赞成	22.2	21.0	22.0(1352)
一般	7.1	4.7	7.0(427)
不太赞成	1.6	0.8	1.6(95)
不赞成	1.6	0.8	1.6(96)
合计	100.0(5744)	100.0(377)	100.0(6121)
$\chi^2 = 7.435$	df = 4	p = 0.115	λ = 0.000

　　分析结果(见表7-3-10)显示:57.2%的汉族和59.6%的少数民族均赞成"谋事在人,成事在天",22.0%的汉族和20.7%的少数民族均表示不赞成。赞成的汉族比少数民族的比率略低(相差2.4%);不赞成的汉族比少数民族的比率略高(相差1.3%)。

表7-3-10　民族与对"谋事在人、成事在天"的认同　（%）

	汉族	其他少数民族	合计
非常赞成	31.6	32.7	31.7(1927)
比较赞成	25.6	26.9	25.7(1560)
一般	20.8	19.7	20.7(1256)
不太赞成	10.3	10.6	10.3(627)
不赞成	11.7	10.1	11.6(706)
合计	100.0(5700)	100.0(376)	100.0(6076)
$\chi^2 = 1.365$	df = 4	p = 0.850	$\lambda = 0.000$

（三）不同民族者均大多数认为依靠自己的劳动和能力获得财富

表7-3-11　民族与对获得财富的手段的认可　（%）

	汉族	少数民族	合计	χ^2	df	p
靠自己的劳动	88.5	91.5	88.7(5470)	3.620	4	0.460
靠自己的知识、能力、特长	81.7	87.2	82.1(5069)	7.185	6	0.304
靠家庭	13.0	13.6	13.0(804)	0.573	2	0.751
靠关系	9.7	7.7	9.6(590)	1.797	2	0.773
靠权力	10.1	7.4	9.9(612)	2.838	2	0.242
靠投机取巧	5.4	3.7	5.3(330)	3.658	2	0.161
靠运气、机会	45.5	49.5	45.8(2827)	2.904	2	0.234
靠菩萨、上帝、老天	2.5	1.9	2.4(150)	1.515	2	0.469

　　分析结果(见表7-3-11)显示:88.5%的汉族和91.5%的少数民族均赞成靠自己的劳动获得财富,赞成的汉族比少数民族的比率略高(相差3.0%)。

81.7%的汉族和约87.2%的少数民族均赞成靠自己的知识、能力、特长获得财富,其中,不同民族者的看法略有差异:表示赞成的汉族比少数民族的比率略低(相差5.5%)。

13.0%的汉族和13.6%的少数民族均赞成靠家庭获得财富,赞成的汉族与少数民族的比率大体一致。

9.7%的汉族和7.7%的少数民族均赞成靠关系获得财富,赞成的汉族比少数民族的比率略高(相差2.0%)。

10.1%的汉族和7.4%的少数民族均赞成靠权力获得财富,赞成的汉族比少数民族的比率略高(相差3.0%)。

5.4%的汉族和3.7%的少数民族均赞成靠投机取巧获得财富,赞成的汉族比少数民族的比率略高(相差1.7%)。

45.5%的汉族和49.5%的少数民族均赞成靠运气、机会获得财富,赞成的汉族比少数民族的比率略低(相差4.0%)。

2.5%的汉族和1.9%的少数民族均赞成靠菩萨、上帝、老天获得财富,赞成的汉族比少数民族的比率略高(相差1.6%)。

对于获得财富的途径,汉族和少数民族排在前三位的都是靠自己的劳动、靠自己的知识、能力、特长、靠运气、机会;排在后三位的汉族是:靠关系、靠投机取巧、靠菩萨、上帝、老天,少数民族是靠权力、靠投机取巧、靠菩萨、上帝、老天。

分析说明:不同民族者的认识无显著差异。总体而言,不同民族者对获得财富的途径有较深刻的认识,他们大多数均认为要靠自己劳动、能力等正确的途径获得财富。

(四)不同民族者均绝大多数肯定竞争的意义与公平规则

分析结果(见表7-3-12)显示:41.4%的汉族和37.7%的少数民族均赞成不要竞争,要相互帮助,汉族比少数民族的比率略高(相差3.7%);90.9%的汉族和92.4%的少数民族均赞成要竞争,也要相互帮助;93.6%的汉族和94.6%的少数民族均赞成竞争要公平;86.9%的汉族和85.4%的

少数民族均赞成竞争要按规则;90.8%的汉族和92.7%的少数民族均赞成
竞争中要讲良心,讲道德;11.8%的汉族和10.8%的少数民族均赞成竞争
可以不择手段;87.8%的汉族和92.2%的少数民族均赞成只有竞争才能推
进社会发展,汉族比少数民族的比率低(相差4.4%);分析说明:不同民族
者的看法没有显著差异,但从总体上看,汉族比少数民族对竞争的意义以及
公平竞争的规则的认同度略高。

表7-1-12　民族与对竞争的意义、规则的认可　(%)

	汉族	少数民族	合计	χ^2	df	p
要有竞争才能推进社会发展	87.8	92.2	88.0(5255)	13.957	4	0.007
不要竞争,要互相帮助	41.4	37.7	41.2(2413)	2.833	4	0.586
要竞争,也要互相帮助	90.9	92.4	91.0(5373)	11.914	4	0.018
竞争要公平	93.6	94.6	93.7(5634)	0.650	4	0.957
竞争要按规则	86.9	85.4	86.8(5078)	19.477	4	0.001
竞争中要讲良心,讲道德	90.8	92.7	90.8(5401)	24.061	4	0.000
既然竞争就可以不择手段	11.8	10.8	11.7(678)	5.052	4	0.282

四、不同宗教信仰者的劳动观与奋斗观比较

(一)不同宗教信仰者劳动的价值、意义

1. 不同宗教信仰者对"劳动、工作很累,是痛苦的"的看法有差别

分析结果(见表7-4-1)显示:不同的宗教信仰者对"劳动、工作很累,
是痛苦的"的看法有差异:赞成的比率最高的是不明宗教信仰,为34.8%,
最低的是伊斯兰教信仰,为19.6%,其余的都在20.0%左右;不赞成的比率
最高的为佛教信仰,为64.2%。

表7-4-1　不同宗教者与对"劳动、工作很累,是痛苦的"的认可　(%)

	无	基督教	天主教	伊斯兰教	佛教	道教	其他	合计
非常赞成	10.1	13.5	14.5	11.8	11.9	21.3	26.1	10.6(638)
比较赞成	11.4	15.5	10.9	7.8	8.6	4.3	8.7	11.2(674)
一般	19.2	23.7	23.6	21.5	15.3	12.7	26.1	19.2(1152)
不太赞成	26.1	17.5	25.5	27.5	25.2	25.5	13.0	25.6(1539)
不赞成	33.2	29.8	25.5	31.4	39.0	36.2	26.1	33.4(2009)
合计	100.0 (5107)	100.0 (252)	100.0 (55)	100.0 (51)	100.0 (477)	100.0 (47)	100.0 (23)	100.0 (6012)
$\chi^2 = 49.282$			df = 24			p = 0.002		$\lambda = 0.000$

2. 不同宗教信仰者对"学习紧张、辛苦,是难受的"的看法有差异

分析结果(见表7-4-2)显示:不同的宗教信仰者对"学习紧张、辛苦,是难受的"的看法有差异:赞成的比率最高的是其他宗教信仰者为34.8%,最低的是佛教信仰者,为21.2%,其余的都在25%左右;不赞成的比率最高的为道教信仰者,为63.8%,最低的是其他宗教信仰者,为43.4%。

表7-4-2　不同宗教者与对"学习紧张、辛苦,是难受的"的认可　(%)

	无	基督教	天主教	伊斯兰教	佛教	道教	其他	合计
非常赞成	8.8	12.0	13.2	14.0	10.6	8.5	8.7	9.2(549)
比较赞成	13.1	14.4	9.4	14.0	10.6	23.4	26.1	13.1(782)
一般	19.3	22.4	17.0	24.0	18.4	4.3	21.7	19.2(1147)
不太赞成	25.0	20.8	26.4	24.0	24.4	19.1	13.0	24.7(1472)
不赞成	33.8	30.4	34.0	24.0	36.0	44.7	30.4	33.8(2021)
合计	100.0 (5076)	100.0 (250)	100.0 (53)	100.0 (50)	100.0 (472)	100.0 (47)	100.0 (23)	100.0 (5971)
$\chi^2 = 32.031$			df = 24			p = 0.126		$\lambda = 0.000$

3. 不同宗教信仰者对"劳动是为了赚钱"的认可略有差异

分析结果(见表7-4-3)显示:不同的宗教信仰者对"劳动是为了赚钱"的看法略有差异:非常赞成或比较赞成的比率最高的是道教信仰者,为58.7%,最低的是无宗教信仰者,为40.6%;不太赞成或不赞成的比率最高的为天主教信仰者,为47.1%,最低的是其他宗教信仰者,为16.0%。

表7-4-3 不同宗教者对"劳动是为了赚钱"的认可 (%)

	无	基督教	天主教	伊斯兰教	佛教	道教	其他	合计
非常赞成	17.3	25.3	17.6	25.5	21.7	28.3	16.0	18.1(1089)
比较赞成	23.3	19.8	23.5	19.6	21.7	30.4	32.0	23.1(1386)
一般	24.3	20.5	11.8	21.5	20.5	15.2	36.0	23.7(1423)
不太赞成	17.4	19.4	25.5	11.8	17.5	10.9	4.0	17.4(1045)
不赞成	17.7	15.0	21.6	21.6	18.6	15.2	12.0	17.7(1061)
合计	100.0 (5099)	100.0 (253)	100.0 (51)	100.0 (51)	100.0 (479)	100.0 (46)	100.0 (25)	100.0 (6004)
$\chi^2 = 40.606$			df = 24			p = 0.018		$\lambda = 0.006$

4. 不同宗教信仰者对"如果已经很有钱,就不用劳动工作了"的看法有差别

表7-4-4 不同宗教者与对"如果已经很有钱, 就不用劳动工作了"的认可 (%)

	无	基督教	天主教	伊斯兰教	佛教	道教	其他	合计
非常赞成	5.5	6.0	5.8	10.0	5.3	9.1	18.2	5.6(334)
比较赞成	5.7	8.4	11.5	4.0	4.6	6.8	4.5	5.8(343)
一般	9.7	11.1	7.7	8.0	5.9	0	18.2	9.4(562)
不太赞成	26.4	21.5	23.1	28.0	26.1	13.6	22.7	26.0(1547)
不赞成	52.7	53.0	51.9	50.0	58.1	70.5	36.4	53.2(3163)
合计	100.0 (5055)	100.0 (251)	100.0 (52)	100.0 (50)	100.0 (475)	100.0 (44)	100.0 (22)	100.0 (5949)
$\chi^2 = 41.760$			df = 24			p = 0.014		$\lambda = 0.000$

分析结果(见表7-4-4)显示:不同的宗教信仰者对"如果已经很有钱,就不用劳动工作了"的看法存在着一定的差异:赞成的比率最高的是不明宗教信仰者,为22.7%,最低的是佛教信仰者,为9.9%,其余的都在15%左右;不赞成的比率最高的为佛教信仰者和道教信仰者,分别为84.2%和84.1%,最低的是不明宗教信仰者,为59.1%。

5. 不同宗教信仰者对"不劳动不得食"的看法略有差异

表7-4-5 不同宗教者与对"不劳动不得食"的认可 （%）

	无	基督教	天主教	伊斯兰教	佛教	道教	其他	合计
非常赞成	44.6	48.8	44.4	39.2	47.3	61.7	29.2	45.0(2694)
比较赞成	26.2	20.1	31.5	23.5	19.6	12.8	37.5	25.4(1520)
一般	12.0	14.2	9.3	17.7	13.5	6.3	16.7	12.3(729)
不太赞成	7.2	7.5	7.4	13.7	7.7	6.4	8.3	7.3(438)
不赞成	10.0	9.4	7.4	5.9	11.9	12.8	8.3	10.0(601)
合计	100.0(5083)	100.0(254)	100.0(54)	100.0(51)	100.0(469)	100.0(47)	100.0(24)	100.0(5982)
$\chi^2=33.243$		df=24		p=0.099		$\lambda=0.000$		

　　分析结果（见表7-4-5）显示：不同的宗教信仰者对"不劳动不得食"的看法存在着一定的差异：赞成的比率最高的是天主教信仰者为75.9%，最低的是伊斯兰教信仰者，为62.7%，其余的都在70%左右；不赞成的比率差异不大：不赞成的比率最高的是伊斯兰教信仰者、佛教信仰者和道教信仰者，分别为19.6%、19.6%和19.2%，最低的是天主教信仰者，为14.8%。

6. 道教信仰者认可"不劳而获是可耻"的比率最高

表7-4-6 不同宗教者与对"不劳而获是可耻的"的认可 （%）

	无	基督教	天主教	伊斯兰教	佛教	道教	其他	合计
非常赞成	49.4	50.6	45.3	46.0	47.6	54.2	36.0	49.2(2948)
比较赞成	20.7	19.4	22.6	24.0	18.9	25.0	36.0	20.7(1237)
一般	14.5	11.4	11.3	20.0	13.0	6.2	12.0	14.2(845)
不太赞成	6.9	6.7	5.7	6.0	6.3	4.2	8.0	6.8(409)
不赞成	8.5	11.9	15.1	4.0	14.2	10.4	8.0	9.1(547)
合计	100.0(5086)	100.0(253)	100.0(53)	100.0(50)	100.0(471)	100.0(48)	100.0(25)	100.0(5986)
$\chi^2=34.212$		df=24		p=0.081		$\lambda=0.000$		

　　分析结果（见表7-4-6）显示：不同的宗教信仰者对"不劳而获是可耻的"看法有一定差异：赞成的比率最高的是道教信仰者，为79.2%，最低的是

佛教信仰者,为66.5%;不赞成的比率最高的为天主教信仰者,为20.8%;最低的是伊斯兰教信仰者,为10%。

7. 伊斯兰教信仰者认可"人生在世就该劳动"的比率最低

表7-4-7　不同宗教者与对"人生在世就该劳动"的认可　(%)

	无	基督教	天主教	伊斯兰教	佛教	道教	其他	合计
非常赞成	47.9	57.1	46.2	49.0	54.9	75.5	33.3	49.0(2936)
比较赞成	30.3	23.4	30.8	19.6	24.6	14.3	37.5	29.4(1760)
一般	15.1	14.7	15.3	19.7	15.7	2.1	25.0	15.1(908)
不太赞成	4.0	2.4	5.8	7.8	2.9	6.1	0	3.9(236)
不赞成	2.7	2.4	1.9	3.9	1.9	2.0	4.2	2.6(155)
合计	100.0 (5092)	100.0 (252)	100.0 (52)	100.0 (51)	100.0 (475)	100.0 (49)	100.0 (24)	100.0 (5995)
$\chi=47.104$			df=24			p=0.003		$\lambda=0.000$

分析结果(见表7-4-7)显示:不同的宗教信仰者对"人生在世就该劳动"的看法存在着一定差异:赞成的比率最高的是道教信仰者,为89.8%;最低的是伊斯兰教信仰者,为68.6%;不赞成的比率最高的为伊斯兰教信仰者,为11.7%。

8. 不同宗教信仰者对"劳动只有分工不同无贵贱之分"的看法有差异

表7-4-8　不同宗教者与对"劳动只有分工不同无贵贱之分"的认可　(%)

	无	基督教	天主教	伊斯兰教	佛教	道教	其他	合计
非常赞成	52.2	51.8	44.2	54.0	57.7	63.6	34.8	52.6(3145)
比较赞成	23.9	18.6	26.9	28.0	22.3	18.2	30.4	23.6(1411)
一般	13.5	15.4	15.4	8.0	10.5	6.9	26.2	13.3(799)
不太赞成	5.5	6.1	5.8	6.0	4.2	6.8	4.3	5.4(325)
不赞成	4.9	8.1	7.7	4.0	5.3	4.5	4.3	5.1(303)
合计	100.0 (5096)	100.0 (247)	100.0 (52)	100.0 (50)	100.0 (471)	100.0 (44)	100.0 (23)	100.0 (5983)
$\chi^2=27.303$			df=24			p=0.291		$\lambda=0.000$

分析结果(见表7-4-8)显示:不同的宗教信仰者对"劳动只有分工不

同无贵贱之分"的看法存在着一定的差异:赞成的比率最高的是伊斯兰教信仰者和道教信仰者,分别为82.0%和81.8%,最低的是不明宗教信仰者,为65.2%,其余的都在75.0%左右;不赞成的比率最高的为基督教信仰者,为13.5%,最低的是其他宗教信仰者,为8.6%,其余的都在10.0%左右。

(二)不同宗教信仰者均大多数认可人生应该奋斗

分析结果(见表7-4-9)显示:不同的宗教信仰者对"自强不息的人是值得敬佩的人"的看法略有差异:赞成的比率最高的是无宗教信仰者和佛教信仰者,分别是90.1%和90.8%,最低的是天主教信仰者和道教信仰者,均是83.0%;不赞成的比率最高的是道教信仰者,为10.6%;最低的是佛教信仰者,为2.5%。

表7-4-9　不同宗教者与对"自强不息的人是值得敬佩的人"的认可　(%)

	无	基督教	天主教	伊斯兰教	佛教	道教	其他	合计
非常赞成	67.5	65.6	54.7	56.9	72.9	66.0	54.2	67.6(4081)
比较赞成	22.6	20.9	28.3	27.5	17.9	17.0	33.3	22.3(1345)
一般	6.9	10.7	11.3	9.7	6.7	6.4	4.1	7.0(423)
不太赞成	1.5	1.6	3.8	2.0	1.0	2.1	4.2	1.5(93)
不赞成	1.5	1.2	1.9	3.9	1.5	8.5	4.2	1.6(94)
合计	100.0 (5128)	100.0 (253)	100.0 (53)	100.0 (51)	100.0 (480)	100.0 (47)	100.0 (24)	100.0 (6036)
	$\chi^2 = 42.147$		df = 24		p = 0.012		$\lambda = 0.000$	

表7-4-10　不同宗教者与对"谋事在人,成事在天"的认可　(%)

	无	基督教	天主教	伊斯兰教	佛教	道教	其他	合计
非常赞成	31.3	31.5	32.7	31.4	35.8	25.5	41.7	31.7(1901)
比较赞成	26.0	28.0	28.8	29.4	22.6	19.1	12.5	25.7(1542)
一般	21.0	16.5	15.4	21.5	19.5	27.8	25.0	20.7(1241)
不太赞成	10.2	13.4	13.5	11.8	10.0	8.5	12.5	10.4(622)
不赞成	11.5	10.6	9.6	5.9	12.1	19.1	8.3	11.5(689)
合计	100.0 (5089)	100.0 (254)	100.0 (52)	100.0 (51)	100.0 (478)	100.0 (47)	100.0 (24)	100.0 (5995)
	$\chi^2 = 21.804$		df = 24		p = 0.591		$\lambda = 0.000$	

分析结果(见表7-4-10)显示:不同的宗教信仰者对"谋事在人,成事在天"的看法存在着一定差异:赞成的比率最高的是天主教信仰者,为61.5%,最低的是道教信仰者,为44.6%;不赞成的比率最高的为道教信仰者,为27.6%,最低的是伊斯兰教信仰者,为17.7%。

(三)不同宗教信仰者认可依靠劳动、能力等正确途径获得财富

表7-4-11　不同宗教者对获得财富途径的认知　(%)

	无	基督教	天主教	伊斯兰教	佛教	道教	其他	合计	χ^2	df	P
靠自己的劳动	88.6	90.6	83.3	86.0	89.1	93.9	65.4	88.6(5374)	18.217	6	0.006
靠自己的知识、能力、特长	82.3	75.8	74.1	86.3	85.2	85.7	65.4	82.2(4984)	18.635	6	0.005
靠家庭	12.8	10.9	25.9	23.5	15.0	16.3	0	13.1(793)	20.141	6	0.003
靠关系	9.7	8.6	9.3	11.8	9.1	14.3	23.1	9.7(587)	7.372	6	0.288
靠权力	9.9	8.6	13.0	17.6	9.7	10.2	15.4	10.0(604)	5.351	6	0.500
靠投机取巧	4.8	7.4	7.4	5.9	10.1	0	19.2	5.4(325)	40.271	6	0.000
靠运气、机会	46.8	41.8	33.3	33.3	43.6	40.8	50.0	46.1(2794)	11.696	6	0.069
靠菩萨、上帝、老天	2.1	6.3	3.7	2.0	4.5	2.0	3.8	2.5(149)	28.069	6	0.000

分析结果(见表7-4-11)显示:不同的宗教信仰者对靠自己的劳动获得财富的看法存在着一定差异:赞成的比率最高的是道教信仰者,为93.9%,最低的是其他宗教信仰者,为65.4%,其余的都在80%以上。

不同宗教信仰者对靠自己的知识、能力、特长获得财富的看法存在着一定的差异:赞成的比率最高的是伊斯兰教信仰者,为86.3%,最低的是其他宗教信仰者,为65.4%,其余的都在70.0%以上。

不同宗教信仰者对靠家庭获得财富的看法存在着一定的差异:赞成的比率最高的是天主教信仰者,为25.9%,最低的是其他宗教信仰者,为0,其

余的都在10.0%以上。

不同宗教信仰者对靠关系获得财富的看法略有差异:赞成的比率最高的是其他宗教信仰者,为23.1%,最低的是基督教信仰者,为8.6%,其余的都在10.0%左右。

不同宗教信仰者对靠权力获得财富的看法的差异不大:赞成的比率最高的是伊斯兰教信仰者,为17.6%,最低的是基督教信仰者,为8.6%,其余的都在10.0%左右。

不同宗教信仰者对靠投机取巧获得财富的看法有一定差异:赞成的比率最高的是其他宗教信仰者,为19.2%,最低的是道教信仰者,为0,其余的都在7.0%左右。

不同宗教信仰者对靠运气、机会获得财富的看法有一定差异:赞成的比率最高的是其他宗教信仰者,为50.0%,最低的是天主教信仰者和伊斯兰教信仰者,均为33.3%,其余的都在40.0%以上。

不同宗教信仰者对靠菩萨、上帝、老天获得财富的看法有一定差异:赞成的比率最高的是基督教信仰者,为6.3%,最低的是道教信仰者和伊斯兰教信仰者,均为2.0%,其余的都在4.0%左右。

对获得财富途径的选择,依比率不同宗教信仰者排在前三位的都是靠自己的劳动、靠自己的知识、能力、特长、靠运气、机会。排在后三位的,无宗教信仰者、天主教信仰者、伊斯兰教信仰者均是靠关系、靠投机取巧、靠菩萨、上帝、老天,基督教是靠关系和靠权力、靠投机取巧、靠菩萨、上帝、老天,佛教信仰者是靠关系、靠权力、靠菩萨、上帝、老天,道教信仰者是靠权力、靠投机取巧、靠菩萨、上帝、老天,不明宗教信仰者是靠家庭、靠权力、靠菩萨、上帝、老天。

分析说明:不同宗教信仰者虽在获得财富的某些途径的认识上有一些差异,但总体而言,不同宗教信仰者对获得财富的途径都有较深刻的认识,他们大多数均认为要靠个人的劳动、能力等正确的途径获得财富。

(四)不同宗教信仰者肯定竞争的意义与公平的规则

分析结果(见表7-4-12)显示:不同宗教信仰者对"要有竞争才能推

进社会发展"的看法存在差异：赞成的比率最高的是道教信仰者，为
93.5%，最低的是天主教信仰者，为73.1%，其余的都在90.0%左右。

表7－4－12　不同宗教者与对竞争的意义、规则的认同　（%）

	无	基督教	天主教	伊斯兰教	佛教	道教	其他	合计	χ^2	df	P
要有竞争才能推进社会发展	88.5	87.9	73.1	91.8	84.9	93.5	80.0	88.1(5173)	20.234	6	0.003
不要竞争，要互相帮助	39.6	45.9	57.7	50.0	47.7	54.8	34.6	40.8(2355)	26.365	6	0.000
要竞争，也要互相帮助	91.1	91.9	88.7	91.8	91.5	86.4	65.2	91.0(5292)	20.779	6	0.002
竞争要公平	94.0	90.2	95.9	95.9	93.8	89.4	84.0	93.8(5552)	12.427	6	0.053
竞争要按规则	87.5	82.9	82.4	87.2	84.3	78.6	69.6	86.9(5005)	17.368	6	0.008
竞争中要讲良心，讲道德	91.1	90.3	88.5	83.7	90.0	88.6	88.0	90.9(5317)	4.899	6	0.557
既然竞争就可以不择手段	11.2	14.3	16.0	19.6	12.9	15.9	20.0	11.7(665)	9.473	6	0.149

不同宗教信仰者对"不要竞争，要互相帮助"的看法存在差异：赞成的
比率最高的是天主教信仰者，为57.7%，最低的是其他宗教信仰者，为
34.6%，其余的都在50.0%左右。

不同宗教信仰者对"要竞争，也要互相帮助"的看法存在差异：赞成的
比率最高的是基督教信仰者，为91.9%，最低的是其他信仰者，为65.2%，
其余的都在90.0%左右。

不同宗教信仰者对竞争要公平的看法存在一定差异：赞成的比率最高
的是天主教者和伊斯兰教信仰者，为95.9%，最低的是其他宗教信仰者，为
84.0%，其余的都在90.0%左右。

不同宗教信仰者对竞争要按规则的看法存在差异：赞成的比率最高的是不信仰宗教者，为87.5%，最低的是其他信仰者，为69.6%，其余的都在80.0%左右。

不同宗教信仰者对"竞争中要讲良心，讲道德"的看法存在一定差异：赞成的比率最高的是无宗教信仰者，为91.1%，最低的是伊斯兰教信仰者，为83.7%，其余的都在90.0%左右。

不同宗教信仰者对既然竞争就可以不择手段的看法存在差异：赞成的比率最高的是其他信仰者，为20.0%，最低的是无宗教信仰者，为11.2%，其余的都在15.0%左右。

分析说明：不同宗教信仰者对某些观点的看法虽存在显著差异，但从总体上看，不同宗教信仰者对竞争的意义以及公平竞争的规则的认同度很高。

五、不同人群的劳动观与奋斗观比较

（一）不同人群均大多认可劳动的价值、意义

1. 知识分子不认可"劳动、工作是痛苦"的比率最高

表7－5－1　人群与对"劳动、工作是痛苦"的认可　（%）

	小学生	中学生	大学生	农村居民	城市居民	知识分子	合计
非常赞成	14.1	9.8	6.5	13.3	9.0	4.8	10.6(649)
比较赞成	8.0	10.5	14.9	12.2	10.8	10.7	11.2(685)
一般	14.8	20.8	27.0	17.6	20.0	18.9	19.2(1169)
不太赞成	16.7	24.2	30.7	22.8	28.2	38.6	25.5(1561)
不赞成	46.4	34.7	20.9	34.1	32.0	27.0	33.5(2046)
合计	100.0 (660)	100.0 (724)	100.0 (417)	100.0 (1961)	100.0 (1993)	100.0 (553)	100.0 (6110)
$\chi^2 = 201.297$		df = 20		p = 0.000		$\lambda = 0.027$	

分析结果（见表7－5－1）显示：不同人群对于"劳动、工作是痛苦的"的看

法略有差异:赞成的在小学生中比率最高,为22.1%,农村居民和知识分子中的比例最低,为15.5%,其他的人群都在20.0%左右;不赞成的比率最高的是知识分子,为65.5%,最低的是大学生,为51.6%,其他人群在60.0%左右。

2. 大学生不赞成"学习是紧张、辛苦和难受的"的比率最低

分析结果(见表7-5-2)显示:不同人群对于"学习是紧张、辛苦和难受的"的看法有一定差异:赞成的在中学生中比率最高,为24.9%,知识分子中的比率最低,为17.6%,其他的人群都在20.0%左右;不赞成的比率最高的是小学生,为65.0%,最低的是大学生,为49.2%,其他的人群都在60.0%左右。

表7-5-2　人群与对"学习是紧张、辛苦和难受的"的认同　（%）

	小学生	中学生	大学生	农村居民	城市居民	知识分子	合计
非常赞成	11.9	10.0	6.3	10.4	8.5	3.7	9.2(559)
比较赞成	11.2	14.9	12.5	13.6	12.8	13.9	13.2(799)
一般	11.9	21.3	32.0	17.8	19.2	19.9	19.1(1162)
不太赞成	15.3	20.2	28.5	22.0	28.7	35.8	24.5(1485)
不赞成	49.7	33.6	20.7	36.2	30.8	26.7	34.0(2061)
合计	100.0 (662)	100.0 (727)	100.0 (416)	100.0 (1931)	100.0 (1989)	100.0 (352)	100.0 (6066)
$\chi^2 = 239.540$			df = 20		p = 0.000		$\lambda = 0.026$

3. 小学生不赞成"劳动是为了赚钱"的比率最高

表7-5-3　人群与对"劳动是为了赚钱"的认同　（%）

	小学生	中学生	大学生	农村居民	城市居民	知识分子	合计
非常赞成	13.6	12.0	8.9	25.7	19.2	4.2	18.2(1112)
比较赞成	11.1	18.0	24.2	25.8	26.4	20.0	23.1(1406)
一般	17.7	22.8	32.7	21.5	24.2	34.7	23.6(1442)
不太赞成	16.5	22.0	21.3	14.4	16.5	24.8	17.3(1055)
不赞成	41.1	25.2	12.9	12.6	13.7	16.3	17.8(1084)
合计	100.0 (660)	100.0 (727)	100.0 (417)	100.0 (1955)	100.0 (1985)	100.0 (355)	100.0 (6099)
$\chi^2 = 568.766$			df = 20		p = 0.000		$\lambda = 0.048$

分析结果(见表7-5-3)显示:不同人群对于"劳动是为了赚钱"的看法有一定差异:赞成的农村居民比率最高,为51.5%,知识分子中的比率最低,为24.2%,其他的人群都在30.0%左右;不赞成的比率最高的是小学生,为57.6%,最低的是大学生,为30.2%,其他的人群都在40.0%左右。

4. 知识分子中不认可"有钱就不需要劳动"的比率最高

分析结果(见表7-5-4)显示:不同人群对于"如果很有钱就不需要劳动、工作了"的看法略有差异:赞成的小学生比率最高,为14.1%,知识分子的比率最低,为5.3%,其他的人群都在10.0%左右;不赞成的比率最高的是知识分子,为85.5%,最低的是大学生,为76.0%,其他人群都在80.0%左右。

表7-5-4 人群与对"有钱就不需要劳动"的认同 （%）

	小学生	中学生	大学生	农村居民	城市居民	知识分子	合计
非常赞成	8.2	6.4	4.3	6.9	4.6	1.1	5.7(346)
比较赞成	5.9	5.6	7.9	7.0	4.5	4.2	5.8(352)
一般	5.4	10.3	11.8	8.6	10.7	9.2	9.5(568)
不太赞成	11.4	23.8	33.6	22.7	30.0	41.9	25.8(1562)
不赞成	69.1	53.9	42.4	54.8	50.2	43.6	53.2(3219)
合计	100.0(656)	100.0(720)	100.0(417)	100.0(1932)	100.0(1969)	100.0(353)	100.0(6047)
$\chi^2=235.441$		df=20		p=0.000		$\lambda=0.023$	

5. 不同人群均多数认可"不劳动不得食"

分析结果(见表7-5-5)显示:不同人群对于"不劳动不得食"的看法略有差异:表示赞成的知识分子比率最高,为72.7%,大学生的比率最低,为69.3%,其他的人群都在70.0%左右;表示不赞成的比率最高的是小学生,为20.6%,最低的是知识分子,为9.8%,其他的人群都在10.0%以上。

表7-5-5 人群与对"不劳动不得食"的认同 （%）

	小学生	中学生	大学生	农村居民	城市居民	知识分子	合计
非常赞成	53.5	48.2	34.3	46.1	43.9	38.6	45.2(2746)
比较赞成	16.4	24.0	35.0	23.9	26.7	34.1	25.4(1542)
一般	9.5	12.3	18.7	10.4	12.4	17.5	12.1(740)
不太赞成	5.9	6.5	7.4	7.9	7.8	5.6	7.3(445)
不赞成	14.7	9.0	4.6	11.7	9.2	4.2	10.0(607)
合计	100.0 (660)	100.0 (724)	100.0 (417)	100.0 (1945)	100.0 (1979)	100.0 (355)	100.0 (6080)
$\chi^2 = 160.783$			df = 20		p = 0.000		$\lambda = 0.01$

6. 大学生认可"不劳而获是可耻的"比率最低

分析结果（见表7-5-6）显示：不同人群对于"不劳而获是可耻的"看法略有差异：赞成的知识分子比率最高，为74.1%，大学生的比率最低，为63.5%，其他的人群都在70.0%左右；不赞成的比率最高的是小学生，为19.3%，最低的是知识分子，为7.9%，其他的人群都在16.0%左右。

表7-5-6 人群与对"不劳而获是可耻的"认同 （%）

	小学生	中学生	大学生	农村居民	城市居民	知识分子	合计
非常赞成	57.6	51.5	33.2	51.8	47.3	46.2	49.3(3002)
比较赞成	12.2	17.5	30.3	19.8	22.0	27.9	20.6(1254)
一般	10.9	15.3	23.0	10.6	15.2	18.0	14.0(851)
不太赞成	5.2	8.0	9.4	6.6	7.1	5.4	6.9(418)
不赞成	14.1	7.7	4.1	11.2	8.4	2.5	9.2(560)
合计	100.0 (658)	100.0 (724)	100.0 (416)	100.0 (1949)	100.0 (1983)	100.0 (355)	100.0 (6085)
$\chi^2 = 213.532$			df = 20		p = 0.000		$\lambda = 0.017$

7. 大学生认可"人生在世就该劳动"的比率最低

表7-5-7　人群与对"人生在世就该劳动"的认同　（%）

	小学生	中学生	大学生	农村居民	城市居民	知识分子	合计
非常赞成	63.9	47.5	32.3	52.8	46.9	40.1	49.3(3005)
比较赞成	19.8	24.8	35.9	28.6	31.2	39.0	29.1(1776)
一般	10.1	20.7	25.5	11.4	15.4	18.6	15.1(916)
不太赞成	2.6	4.6	3.6	4.3	4.1	2.0	3.9(239)
不赞成	3.6	2.4	2.7	2.9	2.4	0.3	2.6(157)
合计	100.0 (660)	100.0 (718)	100.0 (415)	100.0 (1957)	100.0 (1989)	100.0 (354)	100.0 (6093)
$\chi^2 = 210.756$		df = 20			p = 0.000		$\lambda = 0.018$

分析结果（见表7-5-7）显示：不同人群对于"人生在世就该劳动"的看法有差异：赞成的小学生比率最高，为83.7%，大学生的比率最低，为68.2%，其他的人群都在70.0%以上；不赞成的比率最高的是农村居民，为7.2%，最低的是知识分子，为2.3%，其他的人群都在6.0%以上。

8. 农村居民认可"劳动只有分工无贵贱之分"的比率最高

分析结果（见表7-5-8）显示：不同人群对于"劳动只有分工无贵贱之分"的看法有差异：赞成的农村居民比率最高，为79.5%，小学生的比率最低，为69.5%，其他的人群都在70.0%以上；不赞成的比率最高的是小学生，为15.9%，最低的是农村居民，为8.9%，其他的人群都在10.0%左右。

表7-5-8　人群与对"劳动只有分工无贵贱之分"的认同　（%）

	小学生	中学生	大学生	农村居民	城市居民	知识分子	合计
非常赞成	51.7	55.3	41.3	55.7	53.5	43.1	52.8(3209)
比较赞成	17.8	21.3	29.1	23.8	23.6	29.1	23.5(1426)
一般	14.6	11.6	17.3	11.6	13.4	17.7	13.2(807)
不太赞成	8.1	4.9	8.2	4.5	5.0	5.9	5.4(330)
不赞成	7.8	6.9	4.1	4.4	4.5	4.2	5.1(309)
合计	100.0 (656)	100.0 (720)	100.0 (416)	100.0 (1940)	100.0 (1992)	100.0 (357)	100.0 (6081)
$\chi^2 = 95.367$		df = 20			p = 0.000		$\lambda = 0.002$

（二）不同人群多数认可人生应该奋斗

表7－5－9　人群与对"自强不息的人是值得敬佩的人"的认可　（％）

	小学生	中学生	大学生	农村居民	城市居民	知识分子	合计
非常赞成	61.4	70.2	69.7	67.3	68.6	70.3	67.8(4160)
比较赞成	18.6	19.7	24.8	22.0	23.2	23.5	22.1(1354)
一般	12.2	7.8	4.3	7.3	5.7	5.4	6.9(430)
不太赞成	3.0	1.1	0.7	1.9	1.2	0.8	1.6(96)
不赞成	4.8	1.2	0.5	1.5	1.3	0.0	1.6(98)
合计	100.0(660)	100.0(725)	100.0(416)	100.0(1965)	100.0(2015)	100.0(357)	100.0(6138)
$\chi^2 = 120.410$		df = 20		p = 0.000			$\lambda = 0.008$

分析结果（见表7－5－9）显示：不同人群对于"自强不息的人是值得敬佩的人"的看法有一定差异：赞成的大学生比率最高，为94.5％，小学生的比率最低，为80.0％，其他的人群都在90.0％左右；不赞成的比率最高的是小学生，为7.8％，最低的是知识分子，为0.8％，其他的人群都在3.0％左右。

表7－5－10　人群与对"谋事在人、成事在天"的认可　（％）

	小学生	中学生	大学生	农村居民	城市居民	知识分子	合计
非常赞成	34.2	23.9	28.4	31.5	34.0	35.4	31.7(1933)
比较赞成	23.7	17.7	31.3	24.1	28.2	33.1	25.7(1563)
一般	21.8	26.3	19.3	19.4	19.7	20.5	20.6(1258)
不太赞成	6.7	13.7	11.1	11.6	9.5	7.9	10.4(632)
不赞成	13.6	18.4	9.9	13.4	8.6	3.1	11.6(707)
合计	100.0(655)	100.0(723)	100.0(416)	100.0(1950)	100.0(1996)	100.0(353)	100.0(6093)
$\chi^2 = 171.304$		df = 20		p = 0.000			$\lambda = 0.019$

分析结果（见表7－5－10）显示：不同人群对于"谋事在人、成事在天"的看法有一定差异：赞成的知识分子比率最高，为68.5％，中学生的比率最

低,为41.6%,其他的人群都在60.0%左右;不赞成的比率最高的是中学生,为32.1%,最低的是知识分子,为11.0%,其他的人群都在20.0%左右。

(三)不同人群均多数认为要依靠自己的劳动和能力获得财富

表7-5-11 不同人群与对获得财富的途径的认可 (%)

	小学生	中学生	大学生	农村居民	城市居民	知识分子	合计	χ^2	df	P
靠自己劳动	92.3	90.7	83.2	89.7	87.6	84.1	88.7(5470)	35.869	5	0.000
靠自己的知识、能力、特长	81.8	88.9	85.4	77.2	82.6	90.3	82.2(5069)	74.701	5	0.000
靠家庭	17.0	16.4	9.3	15.0	10.1	5.3	13.0(804)	67.035	5	0.000
靠关系	5.0	6.7	17.9	8.5	10.9	11.9	9.6(590)	65.989	5	0.000
靠权力	14.3	8.6	5.7	10.5	9.8	6.7	9.9(612)	28.788	5	0.000
靠投机取巧	15.0	8.4	2.6	4.3	3.3	1.9	5.3(330)	172.680	5	0.000
靠运气、机会	20.3	41.7	59.3	44.1	51.8	60.8	45.8(2827)	274.484	5	0.000
靠菩萨、上帝、老天	2.7	1.7	2.6	2.7	2.4	1.9	2.4(150)	2.992	5	0.701

分析结果(见表7-5-11)显示:不同人群对靠自己的劳动获得财富的看法略有差异:赞成的比率最高的是小学生,为92.3%,最低的是大学生,为83.2%,其余的都在80.0%以上。

不同人群对靠自己的知识、能力、特长获得财富的看法有差异:赞成的比率最高的是知识分子,为90.3%,最低的是农村居民,为77.2%,其余的都在80.0%以上。

不同人群对靠家庭获得财富的看法略有差异:赞成的比率最高的是小学生,为17.0%,最低的是知识分子,为5.3%,其余的都在10.0%左右。

不同人群对靠关系获得财富的看法略有差异:赞成的比率最高的是大

学生,为 17.9% ,最低的是小学生,为 5.0% ,其余的都在 10.0% 左右。

不同人群对靠权力获得财富的看法略有差异:赞成的比率最高的是小学生,为 14.3% ,最低的是大学生,为 2.6% ,其余的都在 10.0% 左右。

不同人群对靠投机取巧获得财富的看法略有差异:赞成的比率最高的是小学生,为 15.0% ,最低的是大学生,为 5.7% ,其余的都在 10.0% 以下。

不同人群对靠运气、机会获得财富的看法略有差异:赞成的比率最高的是知识分子,为 60.8% ,最低的是小学生,为 20.3% ,其余的都在 50.0% 左右。

不同人群对靠菩萨、上帝、老天获得财富的看法大体一致:赞成的比率最高的是小学生和农村居民,为 2.7% ,最低的是中学生,为 1.7% ,其余的都在 2.0% 左右。

对获得财富途径的选择,依比率不同人群排在前三位的都是靠自己的劳动、靠自己的知识能力特长、靠运气、机会。排在后三位的,小学生、中学生、农村居民均是靠关系、靠投机取巧、靠菩萨、上帝、老天,大学生、城市居民是靠权力、靠投机取巧、靠菩萨、上帝、老天,知识分子是靠家庭、靠投机取巧、靠菩萨、上帝、老天。

分析说明:不同人群在虽获得财富某些途径的认识上有一些差异,但总体而言,各类人群对获得财富的途径有较深刻的认识,他们均多数认可要靠个人的劳动和能力等途径获得财富。

(四)不同人群均大多数肯定竞争的意义与公平规则

表 7-5-12　人群与对竞争意义、规则的认可　(%)

	小学生	中学生	大学生	农村居民	城市居民	知识分子	合计	χ^2	df	P
要有竞争才能推进社会发展	63.7	87.1	97.8	89.7	91.9	95.6	88.1(5255)	459.721	5	0.000
不要竞争,要互相帮助	75.2	38.4	10.3	49.6	33.5	13.3	41.2(2413)	685.366	5	0.000

	小学生	中学生	大学生	农村居民	城市居民	知识分子	合计	χ^2	df	P
要竞争,也要互相帮助	82.4	93.3	97.6	89.9	91.7	96.2	91.0(5373)	100.618	5	0.000
竞争要公平	85.8	94.5	99.0	93.3	94.6	98.2	93.7(5634)	106.202	5	0.000
竞争要按规则	77.4	90.4	93.4	85.4	87.1	95.6	86.8(5078)	100.336	5	0.000
竞争中要讲良心、讲道德	90.8	93.1	95.4	89.8	89.4	94.8	90.8(5401)	28.507	5	0.000
既然竞争就可以不择手段	17.1	10.8	7.8	11.7	11.9	7.0	11.7(678)	32.119	5	0.000

　　分析结果(见表7-5-12)显示:不同人群对要有竞争才能推进社会发展的看法存在差异:赞成的比率最高的是大学生,为97.8%,最低的是小学生,为63.7%,其余的大都在90.0%左右。

　　不同人群对"不要竞争,要互相帮助"的看法有差异:赞成的比率最高的是小学生,为75.2%,最低的是知识分子,为10.3%,其余的大都在40.0%左右。

　　不同人群对"要竞争,也要互相帮助"的看法有差异:赞成的比率最高的是大学生,为97.6%,最低的是小学生,为82.4%,其余的大都在90.0%左右。

　　不同人群对竞争要公平的看法略有差异:赞成的比率最高的是大学生,为99.0%,最低的是小学生,为85.8%,其余的大都在90.0%以上。

　　不同人群对竞争要按规则的看法存在差异:赞成的比率最高的是大学生,为95.6%,最低的是小学生,为77.4%,其余的大都在85%以上。

　　不同人群对"竞争中要讲良心、讲道德"的看法略有差异:赞成的比率最高的是大学生,为95.4%,最低的是城市居民,为89.4%,其余的大都在90.0%左右。

不同人群对既然竞争就可以不择手段的看法存在差异:赞成的比率最高的是小学生,为 17.1%,最低的是知识分子,为 7.0%,其余的大都在10.0%左右。

分析说明:不同人群的看法虽存在一定差异,但从总体上看,不同人群对竞争的意义以及公平竞争的规则的认同度都很高。

六、不同地区公众的劳动观与奋斗观比较

(一)不同地区公众均多数认可劳动的价值、意义

1. 湖北人不认为"劳动、工作很累是痛苦"的比率最高

表 7 - 6 - 1　不同地区公众对"劳动、工作是痛苦"的认可　　(%)

	北京人	上海人	广东人	黑龙江人	陕西人	湖北人	合计
非常赞成	13.5	9.4	8.6	13.1	10.7	8.1	10.6(649)
比较赞成	12.3	13.5	11.7	9.8	9.8	9.9	11.2(685)
一般	19.7	19.8	23.6	16.8	20.0	15.1	19.2(1169)
不太赞成	25.3	28.5	23.7	23.0	24.6	28.0	25.5(1561)
不赞成	29.2	28.8	32.4	37.3	34.9	38.9	33.5(2046)
合计	100.0 (1048)	100.0 (1106)	100.0 (962)	100.0 (1044)	100.0 (960)	100.0 (990)	100.0 (6110)
$\chi^2 = 95.933$		df = 20		p = 0.000		$\lambda = 0.013$	

分析结果(见表 7 - 6 - 1)显示:不同地区人对"劳动、工作很累,是痛苦的"的看法略有差异:赞成的北京人比率最高,为 25.8%,湖北人的比率最低,为 18.0%,其他地区的人都在 20.0%左右;不赞成的比率最高的是湖北人,为 66.9%,最低的是北京人,为 54.5%,其他地区的比率都在 60.0%左右。

2. 广东人不认为"学习是紧张、辛苦和难受的"的比率最低

分析结果(见表 7 - 6 - 2)显示:不同地区公众对于"学习是紧张、辛苦

和难受的"的看法略有差异：赞成的北京人比率最高，为25.7%，湖北人的比率最低，为19.0%，其他地区公众都在20.0%左右；不赞成的比率最高的是湖北人和北京人，分别为65.0%和64.0%，最低的是广东人，为53.4%，其他地区的比率都在60.0%左右。

表7-6-2　不同地区公众对"学习是紧张、辛苦和难受的"的认可 （%）

	北京人	上海人	广东人	黑龙江人	陕西人	湖北人	合计
非常赞成	12.4	7.9	8.0	12.1	7.9	6.7	9.2(559)
比较赞成	13.3	13.1	15.6	11.4	13.5	12.3	13.2(799)
一般	20.3	20.7	23.0	15.6	19.4	16.0	19.1(1162)
不太赞成	23.7	28.1	22.8	21.5	23.1	27.5	24.5(1485)
不赞成	30.3	30.2	30.6	39.4	36.1	37.5	34.0(2061)
合计	100.0 (1042)	100.0 (1089)	100.0 (953)	100.0 (1039)	100.0 (956)	100.0 (987)	100.0 (6066)
$\chi^2 = 102.133$			df = 20		p = 0.000		$\lambda = 0.014$

3. 陕西人不赞成"劳动是为了赚钱"的比率最高

分析结果（见表7-6-3）显示：不同地区公众对"劳动是为了赚钱"的看法略有差异：赞成的上海人比率最高，为46.0%，陕西人的比率最低，为35.9%，其他地区的比率都在40.0%左右；不赞成的比率最高的是陕西人，为39.6%，最低的是上海人，为29.6%，其他地区的比率都在30.0%左右。

表7-6-3　不同地区公众对"劳动是为了赚钱"的认同 （%）

	北京人	上海人	广东人	黑龙江人	陕西人	湖北人	合计
非常赞成	18.1	19.6	15.8	22.3	15.7	17.4	18.2(1112)
比较赞成	23.3	26.4	23.3	20.3	20.2	24.4	23.1(1406)
一般	23.0	24.4	28.9	20.2	24.5	21.2	23.6(1442)
不太赞成	18.1	14.0	18.4	16.1	19.0	18.7	17.3(1055)
不赞成	17.5	15.6	13.6	21.1	20.6	18.3	17.8(1084)
合计	100.0 (1047)	100.0 (1098)	100.0 (964)	100.0 (1047)	100.0 (955)	100.0 (988)	100.0 (6099)
$\chi^2 = 95.970$			df = 20		p = 0.000		$\lambda = 0.02$

4. 黑龙江人不赞成"有钱就不需要劳动"的比率最高

表7-6-4 不同地区公众对"有钱就不需要劳动"的认同 （%）

	北京人	上海人	广东人	黑龙江人	陕西人	湖北人	合计
非常赞成	8.4	4.2	5.9	5.5	5.2	5.2	5.7(346)
比较赞成	7.6	6.2	6.7	3.8	7.3	3.4	5.8(352)
一般	9.8	10.4	11.6	6.7	10.1	8.0	9.5(568)
不太赞成	25.0	30.2	24.1	22.2	26.2	26.6	25.8(1562)
不赞成	49.2	49.0	51.7	61.5	51.2	56.8	53.2(3219)
合计	100.0 (1029)	100.0 (1091)	100.0 (950)	100.0 (1039)	100.0 (953)	100.0 (985)	100.0 (6047)
$\chi^2 = 100.937$		df = 20		p = 0.000		$\lambda = 0.02$	

分析结果（见表7-6-4）显示:不同地区公众对"如果很有钱就不需要劳动、工作了"的看法略有差异:赞成的上海人比率最高,为16.0%,湖北人的比率最低,为8.6%,其他地区的都在10.0%左右;不赞成的比率最高的是黑龙江人,为84.0%,最低的是北京人,为74.2%,其他地区的都在80.0%左右。

5. 广东人赞成"不劳动不得食"的比率最低

表7-6-5 不同地区公众对"不劳动不得食"的认同 （%）

	北京人	上海人	广东人	黑龙江人	陕西人	湖北人	合计
非常赞成	42.4	47.4	37.3	51.8	40.1	51.3	45.2(2746)
比较赞成	27.9	26.0	26.1	21.8	27.0	23.4	25.4(1542)
一般	14.0	11.0	15.5	10.4	14.1	8.4	12.1(740)
不太赞成	8.2	6.8	9.9	5.0	7.2	6.9	7.3(445)
不赞成	7.5	8.8	11.2	11.0	11.6	10.1	10.0(607)
合计	100.0 (1043)	100.0 (1100)	100.0 (961)	100.0 (1035)	100.0 (952)	100.0 (989)	100.0 (6080)
$\chi^2 = 111.706$		df = 20		p = 0.000		$\lambda = 0.01$	

分析结果（见表7-6-5）显示:不同地区公众对于"不劳动不得食"的看法略有差异:表示赞成的湖北人比率最高,为74.7%,广东人的比率最

低,为63.4%,其他地区的都在70.0%左右;表示不赞成的比率最高的是广东人,为21.1%,最低的是上海人,为15.6%,其他地区的都在16.0%左右。

6. 广东人认可"不劳而获是可耻的"的比率最低

分析结果(见表7-6-6)显示:不同地区者对"不劳而获是可耻"的看法略有差异:赞成的湖北人比率最高,为74.7%,广东人的比率最低,为58.7%,其他地区的都在70.0%左右;不赞成的比率最高的是广东人,为19.0%,最低的是上海人,为13.3%,其他地区的都在17.0%左右。

表7-6-6 不同地区公众对"不劳而获是可耻的"的认同 (%)

	北京人	上海人	广东人	黑龙江人	陕西人	湖北人	合计
非常赞成	49.1	52.8	37.1	58.9	42.4	54.3	49.3(3002)
比较赞成	22.2	20.1	21.6	15.4	24.2	20.4	20.6(1254)
一般	14.0	13.8	22.3	9.0	15.7	9.9	14.0(851)
不太赞成	6.4	6.2	8.8	6.0	6.9	7.1	6.9(418)
不赞成	8.3	7.1	10.2	10.7	10.8	8.3	9.2(560)
合计	100.0 (1046)	100.0 (1105)	100.0 (957)	100.0 (1036)	100.0 (953)	100.0 (988)	100.0 (6085)
	$\chi^2 = 185.830$		df = 20		p = 0.000		$\lambda = 0.018$

7. 湖北人赞成"人生在世就该劳动"的比率最高

表7-6-7 不同地区公众对"人生在世就该劳动"的认同 (%)

	北京人	上海人	广东人	黑龙江人	陕西人	湖北人	合计
非常赞成	45.9	45.5	43.5	59.0	44.6	57.4	49.3(3005)
比较赞成	30.5	30.6	31.3	22.8	31.5	28.5	29.1(1776)
一般	17.8	16.3	18.4	11.5	15.8	10.2	15.1(916)
不太赞成	3.0	4.8	5.3	3.4	4.6	2.5	3.9(239)
不赞成	2.8	2.8	1.6	3.4	3.5	1.4	2.6(157)
合计	100.0 (1044)	100.0 (1104)	100.0 (962)	100.0 (1041)	100.0 (956)	100.0 (986)	100.0 (6093)
	$\chi^2 = 138.751$		df = 20		p = 0.000		$\lambda = 0.015$

分析结果（见表7-6-7）显示：不同地区公众对"人生在世就该劳动"的看法有差异：赞成的湖北人比率最高，为85.9%，广东人的比率最低，为74.8%，其他地区的都在78.0%左右；不赞成的比率最高的是陕西人，为8.1%，最低的是湖北人，为3.9%，其他地区的都在6.0%左右。

8. 不同地区者均多数认可"劳动只有分工无贵贱之分"

分析结果(见表7-6-8)显示:不同地区者对"劳动只有分工无贵贱之分"的看法略有差异:赞成的湖北人和黑龙江人比率最高,分别为78.5%和78.3%,广东人的比率最低,为74.1%,其他地区的都在76.0%左右;不赞成的各地区比率大致相同,均在10.0%左右。

表7-6-8　不同地区公众对"劳动只有分工无贵贱之分"的认同　（%）

	北京人	上海人	广东人	黑龙江人	陕西人	湖北人	合计
非常赞成	52.1	51.0	46.5	60.6	48.9	57.0	52.8(3209)
比较赞成	23.3	24.6	27.6	17.7	26.4	21.5	23.5(1426)
一般	13.8	14.1	14.8	12.0	13.8	11.2	13.3(807)
不太赞成	6.1	4.9	5.7	4.1	5.9	6.0	5.4(330)
不赞成	4.7	5.4	5.4	5.6	5.0	4.3	5.1(309)
合计	100.0 (1043)	100.0 (1101)	100.0 (950)	100.0 (1041)	100.0 (957)	100.0 (989)	100.0 (6081)
$\chi^2 = 69.020$		df = 20			p = 0.000		$\lambda = 0.01$

（二）不同地区公众均多数认可人生应该奋斗

分析结果（见表7-6-9）显示：不同地区公众对"自强不息的人是值得敬佩的人"的看法略有差异：赞成的湖北人比率最高，为92.3%，广东人的比率最低，为87.5%，其他地区的都在90.0%左右；不赞成的比率最高的是陕西人，为5.0%,最低的是湖北人,为2.1%,其他地区的都在3.0%左右。

表7-6-9　不同地区公众对"自强不息的人是值得敬佩的人"的认可　（%）

	北京人	上海人	广东人	黑龙江人	陕西人	湖北人	合计
非常赞成	66.8	69.1	61.2	75.8	60.9	72.0	67.8(4160)
比较赞成	22.4	22.3	26.3	15.8	25.8	20.3	22.0(1354)
一般	8.1	6.0	8.9	5.3	8.3	5.6	7.0(430)
不太赞成	1.0	1.1	2.0	1.8	2.7	0.9	1.6(96)
不赞成	1.7	1.5	1.6	1.3	2.3	1.2	1.6(98)
合计	100.0 (1059)	100.0 (1100)	100.0 (962)	100.0 (1049)	100.0 (963)	100.0 (955)	100.0 (6138)
$\chi^2 = 98.521$		df = 20		p = 0.000		$\lambda = 0.01$	

分析结果(见表7-6-10)显示:不同地区公众对"谋事在人、成事在天"的看法略有差异:赞成的上海人比率最高,为59.7%,黑龙江人的比率最低,为55.7%,其他地区的都在58.0%左右;不赞成的比率最高是黑龙江人和湖北人,分别为25.5%和23.5%,最低的是广东人,为19.6%,其他地区的都在20.0%左右。

表7-6-10　不同地区公众对"谋事在人、成事在天"的认可　（%）

	北京人	上海人	广东人	黑龙江人	陕西人	湖北人	合计
非常赞成	31.4	31.7	30.0	35.8	29.7	31.4	31.7(1933)
比较赞成	24.5	28.0	28.1	19.9	27.7	26.0	25.7(1563)
一般	21.3	20.5	22.3	18.8	22.0	19.1	20.6(1258)
不太赞成	10.3	10.8	8.6	10.5	11.5	10.6	10.4(632)
不赞成	12.5	9.0	11.0	15.0	9.1	12.9	11.6(707)
合计	100.0 (1048)	100.0 (1100)	100.0 (416)	100.0 (960)	100.0 (1042)	100.0 (958)	100.0 (6093)
$\chi^2 = 61.389$		df = 20		p = 0.000		$\lambda = 0.009$	

(三)不同地区公众均多数认可依靠自己的劳动和能力获得财富

分析结果(见表7-6-11)显示:不同地区公众对靠自己的劳动获得财富的看法略有差异:赞成的比率最高的是黑龙江人,为92.0%,最低的是上海人,为86.0%,其余的都在90.0%左右。

不同地区公众对靠自己的知识、能力、特长获得财富的看法大体一致:赞成的比率最高的是湖北人,为83.8%,最低的是黑龙江人,为80.9%,其余的都在82.0%左右。

不同地区者对靠家庭获得财富的看法大体一致:赞成的比率最高的是陕西人,为14.6%,最低的是广东人,为11.1%,其余的都在13.0%左右。

不同地区公众对靠关系获得财富的看法略有差异:赞成的比率最高的是北京人,为11.9%,最低的是黑龙江人,为7.8%,其余的都在9.0%左右。

不同地区公众对靠权力获得财富的看法略有差异:赞成的比率最高的是黑龙江人,为11.8%,最低的是上海人,为7.3%,其余的都在9.0%左右。

不同地区公众对靠投机取巧获得财富的看法有差异:赞成的比率最高的是广东人,为9.9%,最低的是北京人和湖北人,为4.4%,其余的都在5.0%左右。

不同地区公众对靠运气、机会获得财富的看法有差异:赞成的比率最高的是湖北人,为49.2%,最低的是黑龙江人,为39.5%,其余的都在40.0%左右。

不同地区公众对靠菩萨、上帝、老天获得财富的看法略有差异:赞成的比率最高的是黑龙江人,为3.9%,最低的是湖北人,为0.8%,其余的都在2.0%左右。

对获得财富途径的选择,依比率不同地区公众排在前三位的都是靠自己的劳动、靠自己的知识能力特长、靠运气、机会。排在后三位的,北京人、黑龙江人、陕西人、湖北人均是靠关系、靠投机取巧、靠菩萨、上帝、老天,上海人是靠权力、靠投机取巧、靠菩萨、上帝、老天,广东人是靠关系、靠权力、靠菩萨、上帝、老天。

分析说明:不同地区公众虽在获得财富某些途径的认识上有一定差异,但总体而言,各地区公众对获得财富的途径有较深刻的认识,他们多数均认可靠个人的劳动和能力等途径获得财富。

表7－6－11　不同地区公众对获得财富的手段的认可　（％）

	北京人	上海人	广东人	黑龙江人	陕西人	湖北人	合计	χ^2	df	P
靠自己劳动	86.0	87.8	87.7	92.0	87.2	91.4	88.7 (5470)	30.462	5	0.000
靠自己的知识、能力、特长	81.6	83.3	82.2	80.9	81.0	83.8	82.2 (5069)	4.820	5	0.438
靠家庭	14.2	11.6	11.1	13.4	14.6	13.3	13.0 (804)	8.839	5	0.116
靠关系	11.9	9.6	9.3	7.8	10.3	8.4	9.6 (590)	12.812	5	0.025
靠权力	10.4	8.3	8.7	11.8	10.9	9.4	9.9 (612)	10.921	5	0.053
靠投机取巧	4.2	4.8	9.9	4.3	5.0	4.2	5.3 (330)	50.549	5	0.000
靠运气、机会	47.4	48.8	47.6	39.5	42.1	49.2	45.8 (2827)	33.404	5	0.000
靠菩萨、上帝、老天	2.9	2.1	2.3	3.9	2.5	.8	2.4 (150)	22.084	5	0.000

（四）不同地区公众均大多肯定竞争的意义与公平规则

分析结果（见表7－6－12）显示：不同地区公众对"要有竞争才能推进社会发展"的看法略有差异：赞成的比率最高的是北京人，为90.4％，最低的是广东人，为84.9％，其余的都在88.0％左右。

不同地区公众对"不要竞争，要互相帮助"的看法有差异：赞成的比率最高的是黑龙江人，为50.0％，最低的是湖北人，为35.6％，其余的都在40.0％左右。

不同地区公众对"要竞争，也要互相帮助"的看法略有差异：赞成的比率最高的是上海人，为93.4％，最低的是陕西人，为88.3％，其余的都在90.0％左右。

表 7－6－12　不同地区公众对竞争意义、规则的认可　（%）

	北京	上海	广东	黑龙江	陕西	湖北	合计	χ^2	df	P
要有竞争才能推进社会发展	90.4	89.5	84.9	88.0	85.9	89.4	88.1(5255)	21.961	5	0.001
不要竞争,要互相帮助	42.0	40.6	38.3	50.0	39.7	35.6	41.2(2413)	49.888	5	0.000
要竞争,也要互相帮助	91.6	93.4	90.1	89.5	88.3	92.7	91.0(5373)	23.760	5	0.000
竞争要公平	94.1	95.1	92.6	93.5	92.0	94.8	93.7(5634)	12.547	5	0.028
竞争要按规则	86.4	88.5	85.7	86.1	85.1	89.0	86.8(5078)	11.022	5	0.051
竞争中要讲良心,讲道德	93.1	92.7	89.6	91.6	88.1	89.4	90.8(5401)	24.352	5	0.000
既然竞争就可以不择手段	13.5	9.3	17.7	10.3	10.6	9.5	11.7(678)	47.266	5	0.000

不同地区公众对"竞争要公平"的看法略有差异:赞成的比率最高的是上海人,为95.1%,最低的是陕西人,为92.0%,其余的都在94.0%左右。

不同地区者对"竞争要按规则"的看法略有差异:赞成的比率最高的是湖北人,为89.0%,最低的是陕西人,为85.1%,其余的都在87.0%左右。

不同地区公众对"竞争中要讲良心,讲道德"的看法略有差异:赞成的比率最高的是北京人,为93.1%,最低的是陕西人,为88.1%,其余的都在90.0%左右。

不同地区公众对"既然竞争就可以不择手段"的看法有差异:赞成的比率最高的是广东人,为17.7%,最低的是湖北人,为9.5%,其余的都在10.0%左右。

分析说明:不同地区公众的看法存在一定差异,但从总体上看,各地区公众对竞争的意义以及公平竞争规则的认同度很高。

第八章

公众诚信观与人际观的差异分析

一、不同性别者的诚信观与人际观比较

（一）男性比女性对诚信普遍性的评价略高

表 8‑1‑1　不同性别者对诚信普遍性的评价　（%）

	男	女	合计
大家都讲	10.4	9.8	10.1(621)
多数人讲	39.2	37.7	38.5(2365)
大约一半人讲	20.2	23.0	21.5(1320)
只少数人讲	22.0	20.0	21.1(1294)
大家都不讲	2.1	2.0	2.1(126)
不知道	6.1	7.5	6.7(414)
合计	100.0(3321)	100.0(2819)	100.0(6140)
$\chi^2 = 13.977$	df = 5	p = 0.016	λ = 0.001

　　分析结果(见表 8‑1‑1)显示:对于"目前人们是否讲诚信",认为"大家都讲"和"多数人讲"的男性的比率比女性略高(2.1%),认为"大约一半人讲"的男性的比率比女性略低(2.8%)。可见,男性和女性对诚信普遍性

的评价略有差异,男性比女性对诚信普遍性的评价略高。

(二)女性比男性更倾向于无条件讲诚信

表8-1-2　不同性别者对诚信对象或条件的选择　(%)

	男	女	合计
任何情况下都该讲	0.9	1.1	1.0(60)
对无论是否讲诚信的人都讲	67.9	70.4	69.0(4164)
对讲诚信的人讲,对不讲诚信的人不讲	25.4	23.3	24.4(1475)
大家都不怎么讲诚信,没必要讲	2.6	2.0	2.3(141)
其它	3.2	3.2	3.3(193)
合计	100.0(3264)	100.0(2769)	100.0(6033)
$\chi^2 = 6.589$	df = 4	p = 0.159	$\lambda = 0.000$

分析结果(见表8-1-2)显示:对于"人与人之间是否该讲诚信",认为"对无论是否讲诚信的人都讲"的男性的比率比女性略低(2.5%),认为"对讲诚信的人讲,对不讲诚信的人不讲"的男性的比率比女性略高(2.1%)。可见,相比之下,女性似乎更倾向于认为讲诚信是无条件的,即无论何种情况下,无论他人如何,自己都应讲诚信;而男性似乎更倾向于认为讲诚信应是条件对等的,即对讲诚信的人讲,对不讲诚信的人也不讲。

(三)男性和女性对人际间信任的态度基本相同

表8-1-3　不同性别者对"人与人之间应互相信任"的认同　(%)

	男	女	合计
非常赞成	60.2	60.1	60.2(3675)
比较赞成	27.9	28.3	28.1(1715)
一般	8.8	9.3	9.0(533)
不太赞成	1.8	1.4	1.6(96)
不赞成	1.3	0.9	1.1(70)
合计	100.0(3295)	100.0(2814)	100.0(6109)
$\chi^2 = 4.368$	df = 4	p = 0.358	$\lambda = 0.000$

表8-1-4 不同性别者对"害人之心不可有,防人之心不可无"的认同 （%）

	男	女	合计
非常赞成	53.1	54.3	53.6(3267)
比较赞成	30.7	30.4	30.6(1861)
一般	11.1	10.4	10.8(658)
不太赞成	2.8	2.9	2.9(175)
不赞成	2.3	2.0	2.1(129)
合计	100.0(3283)	100.0(2807)	100.0(6090)
$\chi^2 = 1.878$	df = 4	p = 0.758	$\lambda = 0.000$

分析结果(见表8-1-3和表8-1-4)显示:对于"人与人之间应互相信任"和"害人之心不可有,防人之心不可无",男性与女性的赞成与不赞成的比率都相差甚小。可见,男性和女性对人际间信任的态度是基本相同的,即对"人与人之间应互相信任"和"害人之心不可有,防人之心不可无"都高度赞成。

(四)男性比女性倾向于信任业缘者

表8-1-5 不同性别者对最信任的人的选择 （%）

	男	女	合计	X^2	df	p
自己	77.0	81.0	78.8(4861)	14.797	1	0.000
配偶	40.6	40.2	40.4(2493)	0.113	1	0.737
父母	75.1	78.5	76.7(4729)	12.955	1	0.011
子女	29.2	32.7	30.8(1900)	8.934	1	0.003
亲戚	14.5	16.1	15.3(941)	3.066	1	0.080
老乡	3.0	3.1	3.0(188)	0.058	1	0.810
领导	9.5	9.2	9.4(578)	0.098	1	0.754
同事	6.1	4.8	5.5(342)	5.055	1	0.025
老师	28.3	26.5	27.5(1694)	2.449	1	0.118
同学	16.4	13.2	15.0(922)	12.682	1	0.000
朋友	35.6	32.1	34.0(2097)	8.272	1	0.004
邻居	4.2	5.5	4.8(295)	5.986	1	0.014

分析结果(见表8-1-5)表明:依比率,男性最信任的人排在前五位的是:自己、父母、配偶、朋友和子女;女性最信任的人排在前五位的是:自己、父母、配偶、子女和朋友。男性最信任的人排在后三位的是:老乡、邻居、同事;女性最信任的人排在后三位的是:老乡、同事、邻居。另外,男性与女性选择"配偶、领导、老乡"的比率非常相近;此外,女性选择"自己、父母、子女、亲戚、邻居"的比率比男性略高;男性选择"同事、老师、同学、朋友"的比率比女性略高。从这些差别来看,女性比男性倾向于信任血缘和地缘较近的人,男性比女性倾向于信任业缘上较近的人,这与"男主外、女主内"的传统生活方式是相对应的。

(五)女性比男性待人更加友善

表8-1-6　不同性别者对"人与人之间应互相宽容"的认同　(%)

	男	女	合计
非常赞成	59.7	65.9	62.5(3819)
比较赞成	31.4	27.6	29.7(1811)
一般	6.8	5.5	6.3(382)
不太赞成	1.2	0.4	0.8(48)
不赞成	0.9	0.6	0.7(45)
合计	100.0(3291)	100.0(2814)	100.0(6105)
$\chi^2 = 35.320$	df = 4	p = 0.000	$\lambda = 0.000$

分析结果(见表8-1-6)显示:女性较男性赞成(非常赞成和比较赞成,下同)"人与人之间应互相宽容"的比率高2.4%,其中女性较男性非常赞成的比率高6.2%。可见,女性比男性待人更加友善。

分析结果(见表8-1-7)显示:女性较男性赞成"人人都应该尊重别人"的比率高1.8%,其中女性较男性非常赞成的比率高2.1%。可见,女性比男性略倾向于赞成尊重别人。

表 8 - 1 - 7　不同性别者对"人人都应该尊重别人"的认同　（%）

	男	女	合计
非常赞成	67.0	69.1	68.0(4149)
比较赞成	24.4	24.1	24.3(1483)
一般	6.5	5.8	6.1(372)
不太赞成	1.2	0.7	1.0(62)
不赞成	0.9	0.3	0.6(36)
合计	100.0(3286)	100.0(2816)	100.0(6102)
$\chi^2 = 14.591$	df = 4	p = 0.000	λ = 0.000

表 8 - 1 - 8　不同性别者对"人与人之间应该互相团结、合作"的认同　（%）

	男	女	合计
非常赞成	62.2	65.7	63.8(3890)
比较赞成	27.6	26.5	27.1(1652)
一般	8.3	6.4	7.5(454)
不太赞成	1.2	0.9	1.0(62)
不赞成	0.7	0.5	0.6(37)
合计	100.0(3283)	100.0(2812)	100.0(6095)
$\chi^2 = 13.932$	df = 4	p = 0.008	λ = 0.000

　　分析结果（见表 8 - 1 - 8）显示：女性较男性赞成"人与人之间应该互相团结、合作"的比率高 2.4%，其中女性较男性非常赞成的比率高 3.5%。可见，女性比男性略注重团结合作。

表 8 - 1 - 9　不同性别者对"人与人的交往应该礼尚往来"的认同　（%）

	男	女	合计
非常赞成	41.1	41.1	41.1(2494)
比较赞成	30.3	27.9	29.2(1772)
一般	18.8	19.5	19.1(1158)
不太赞成	5.6	6.9	6.2(377)
不赞成	4.2	4.6	4.4(268)
合计	100.0(3273)	100.0(2796)	6069.0(100)
$\chi^2 = 7.667$	df = 4	p = 0.105	λ = 0.001

分析结果(见表8－1－9)显示:男性和女性非常赞成"人与人的交往应该礼尚往来"的比率相同,但男性较女性比较赞成的比率高2.4%。可见,男性比女性略注重人与人之间的礼尚往来。

表8－1－10　不同性别者对"人与人之间的交往是很珍贵的"的认同　(%)

	男	女	合计
非常赞成	67.4	68.6	67.9
比较赞成	24.2	22.9	23.6
一般	6.4	7.4	6.9
不太赞成	1.4	0.7	1.1
不赞成	0.6	0.4	0.5
合计	100.0(3285)	100.0(2811)	100.0(6096)
$\chi^2 = 11.829$	df = 4	p = 0.019	λ = 0.000

分析结果(见表8－1－10)显示:女性和男性赞成"人与人之间的交往是很珍贵的"的比率非常相近,但女性较男性非常赞成的比率高1.2%。可见,女性比男性略注重人际交往的珍贵性。

表8－1－11　不同性别者对"良好人际关系在生活中很重要"的认同　(%)

	男	女	合计
非常赞成	63.9	64.5	64.2(3920)
比较赞成	25.6	25.1	25.4(1549)
一般	8.0	8.0	7.9(489)
不太赞成	1.4	1.3	1.4(84)
不赞成	1.1	1.1	1.1(66)
合计	100.0(3295)	100.0(2813)	100.0(6108)
$\chi^2 = 0.384$	df = 4	p = 0.984	λ = 0.000

分析结果(见表8－1－11)显示:女性和男性赞成"良好人际关系在生活中很重要"的比率非常相近,但女性较男性非常赞成的比率高0.6%。可见,女性比男性略注重良好人际关系的重要性。

（六）女性比男性更赞成应尽力帮助别人

表 8-1-12 不同性别者对"别人在困难时自己应尽力帮忙"的认同 （%）

	男	女	合计
非常赞成	57.4	62.2	59.6(3666)
比较赞成	31.0	28.6	29.9(1839)
一般	9.4	8.2	8.8(544)
不太赞成	0.8	0.6	0.7(45)
不赞成	1.4	0.4	1.0(59)
合计	100.0(3323)	100.0(2830)	100.0(6153)
$\chi^2 = 27.438$	df = 4	p = 0.000	$\lambda = 0.000$

分析结果（见表 8-1-12）显示：女性较男性赞成"别人在困难时自己应尽力帮忙"的比率高 2.8%，其中女性较男性非常赞成的比率高 4.8%。可见，女性比男性更赞成应尽力帮助别人。

表 8-1-13 不同性别者对"帮助别人要看对自己是否有利"的认同 （%）

	男	女	合计
非常赞成	8.3	8.0	8.2(494)
比较赞成	11.2	11.3	11.2(678)
一般	17.4	15.4	16.5(991)
不太赞成	29.5	30.2	29.8(1796)
不赞成	33.6	35.1	34.3(2068)
合计	100.0(3248)	100.0(2779)	100.0(6027)
$\chi^2 = 4.800$	df = 4	p = 0.308	$\lambda = 0.000$

分析结果（见表 8-1-13）显示，男性和女性不赞成（不太赞成和不赞成，下同）"帮助别人要看对自己是否有利"都有约 65% 的比率，可见男性和女性对这一说法的态度是基本相同的。

二、不同年龄者的诚信观与人际观比较

（一）不同年龄者对诚信普遍性的评价呈"U"型趋势

表 8-2-1　不同年龄者对诚信普遍性的评价　（%）

	10 岁以下	10—19 岁	20—29 岁	30—39 岁	40—49 岁	50—59 岁	60 岁以上	合计
大家都讲	27.5	12.7	5.3	8.1	12.7	10.2	10.1	9.9(601)
多数人讲	36.6	37.7	38.4	40.1	38.3	36.5	43.3	38.6(2331)
大约一半人讲	18.3	24.2	23.9	19.6	19.3	19.7	16.8	21.6(1308)
只少数人讲	6.3	17.5	23.1	23.7	21.0	23.1	23.9	21.2(1280)
大家都不讲	4.2	1.1	1.4	1.8	3.4	4.2	2.1	2.0(123)
不知道	7.1	6.8	7.9	6.7	5.2	6.3	3.8	6.7(402)
合计	100.0(142)	100.0(1461)	100.0(1552)	100.0(1194)	100.0(960)	100.0(498)	100.0(351)	100.0(6045)
$\chi^2 =$ 197.865		df = 30			p = 0.000			$\lambda = 0.006$

分析结果（见表 8-2-1）显示：对"目前人们是否讲诚信"，认为"大家都讲"和"多数人讲"的，在 10 岁以下的比率最高，达到 54.1%，随着年龄的升高比率呈下降趋势，到 20—29 岁的比率最低，只有 43.7%，然后比率逐渐回升，除 50—59 岁的稍有下降之外，比率回升到 60 岁以上的 53.4%。可见，各年龄段的人们对社会诚信状况的判断显示出不同的特征，选择"大家都讲"和"多数人讲"的比率在年龄段上基本成两头高、中间低的"U"型趋势，这些特征可能与他们各自的成长背景有关。

（二）不同年龄者认可无条件讲诚信呈"U"型趋势

表8-2-2　不同年龄者对诚信对象或条件的选择　（%）

	10岁以下	10—19岁	20—29岁	30—39岁	40—49岁	50—59岁	60岁以上	合计
任何情况下都该讲	0.0	0.3	1.2	1.5	1.4	0.8	0.9	1.0(59)
对无论是否讲诚信的人都讲	85.1	77.4	62.1	65.2	68.2	70.8	73.2	69.0(4101)
对讲诚信的人讲，对不讲诚信的人不讲	11.2	17.0	30.5	27.7	24.6	24.1	22.6	24.5(1455)
大家都不怎么讲诚信，没必要讲	2.2	2.2	1.5	2.6	3.0	3.5	1.3	2.3(136)
其他	1.5	3.1	4.7	3.0	2.8	0.8	2.1	3.2(189)
合计	100.0(134)	100.0(1435)	100.0(1539)	100.0(1169)	100.0(938)	100.0(490)	100.0(235)	100.0(5940)
$\chi^2 = 151.459$		df = 24		p = 0.000		$\lambda = 0.002$		

分析结果（见表8-2-2）显示：10岁以下有近85%的比率选择无条件讲诚信，21—29岁的比率最低，只有约63%，而后随年龄的增高有回升趋势，60岁以上的比率为约73%；相应地，条件对等诚信的选择则呈倒"U"型，21—30岁的比率最高，达30%左右，10岁以下的比率最低，只有12%左右，30岁以后年龄段以后基本呈下降趋势，60岁以上选择的比率为20%左右。可见，选择无条件讲诚信的比率是两端高、中间低的"U"型趋势。

（三）不同年龄者赞成人际间信任的呈"U"型趋势

表8－2－3 不同年龄者对"人与人之间应该互相信任"的认同 （%）

	10岁以下	10—19岁	20—29岁	30—39岁	40—49岁	50—59岁	60岁以上	合计
非常赞成	67.4	64.8	52.3	58.4	60.4	65.5	77.4	60.3(3627)
比较赞成	17.0	21.6	34.6	30.8	29.7	25.9	15.9	28.0(1688)
一般	6.4	10.1	11.1	8.0	8.1	6.2	4.6	9.0(540)
不太赞成	5.7	2.5	1.0	1.6	0.5	1.2	1.3	1.6(94)
不赞成	3.5	1.0	1.0	1.2	1.3	1.2	0.8	1.1(69)
合计	100.0(141)	100.0(1459)	100.0(1543)	100.0(1184)	100.0(957)	100.0(495)	100.0(239)	100.0(6018)
	$\chi^2 = 169.585$		df = 24		p = 0.000		$\lambda = 0.006$	

表8－2－4 不同年龄者对"害人之心不可有,防人之心不可无"的认同 （%）

	10岁以下	10—19岁	20—29岁	30—39岁	40—49岁	50—59岁	60岁以上	合计
非常赞成	63.0	55.0	48.3	51.8	55.5	60.4	67.2	53.8(3230)
比较赞成	15.9	24.4	36.5	33.6	30.8	29.0	22.7	30.5(1828)
一般	10.9	13.3	11.7	9.8	9.6	7.4	5.9	10.7(647)
不太赞成	2.9	4.6	2.1	3.3	1.9	1.4	2.1	2.9(172)
不赞成	7.2	2.7	1.4	1.5	2.2	1.8	2.1	2.1(124)
合计	100(138)	100(1459)	100(1546)	100(1181)	100(952)	100(487)	100(238)	100(6001)
	$\chi^2 = 154.135$		df = 24		p = 0.000		$\lambda = 0.004$	

分析结果(见表8－2－3和表8－2－4)发现,儿童和老人比中青壮年更赞成"人与人之间应该互相信任"和"害人之心不可有,防人之心不可无"。非常赞成"人与人之间应该互相信任"的比率,最高为60岁以上年龄段者,约77%,最低为20—29岁年龄段者,约52%;非常赞成"害人之心不可有,防人之心不可无"的比率,最高仍为60岁以上年龄段者,约67%,最低为20—29岁年龄段者,约48%。可见,对于上述两种说法,虽然各年龄段者赞

成的比率相当,但非常赞成的比率呈中间低、两端高的"U"型趋势。

(四)最信任配偶和子女的比率随年龄增长而上升

表 8－2－5　不同年龄者对最信任的人的选择　(%)

	10岁以下	10—19岁	20—29岁	30—39岁	40—49岁	50—59岁	60岁以上	合计	χ²	df	p
自己	65.2	79.2	80.9	77.0	79.1	81.1	77.7	78.9(4793)	23.962	6	0.001
配偶	—	—	34.9	61.9	57.8	62.7	62.8	40.4(2454)	1185.069	6	0.000
父母	84.4	79.8	84.2	77.5	72.2	62.0	50.0	76.7(4656)	229.489	6	0.000
子女	—	—	16.0	43.4	57.4	58.2	59.5	30.7(1865)	1285.861	6	0.000
亲戚	19.1	21.4	12.8	13.1	14.2	11.2	14.9	15.2(925)	63.147	6	0.000
老乡	6.4	3.4	2.2	2.6	3.6	3.2	5.0	3.1(187)	14.738	6	0.022
领导	21.3	9.5	5.5	9.2	11.7	9.2	17.4	9.3(566)	76.248	6	0.000
同事			5.1	6.0	5.7	4.6	7.4	5.4(330)	7.341	6	0.290
老师	68.8	50.6	19.3	15.8	21.5	16.7	16.5	27.3(1660)	711.234	6	0.000
同学	43.3	31.1	12.3	8.1	7.4	4.2	7.9	15.1(917)	534.958	6	0.000
朋友	44.7	49.9	38.5	27.6	23.2	16.5	18.6	34.2(2076)	351.565	6	0.000
邻居	9.9	5.8	1.8	4.8	7.3	3.8	4.6	4.7(286)	57.731	6	0.000

分析结果(见表 8－2－5)显示:对自己最信任的人,依比率各年龄段者排在前五位的分别是,10 岁以下的为:父母、老师、自己、朋友和同学;10—19 岁的为:父母、自己、老师、朋友和同学;20—29 岁的为:父母、自己、朋友、配偶和老师;30—39 岁的为:父母、自己、配偶、子女和朋友;40—49 岁的为:自己、父母、配偶、子女和朋友;50—59 岁的为:自己、配偶、父母、子女和老师;60 岁以上的为:自己、配偶、子女、父母和朋友。各年龄段者最信任的人排在后三位的是,10 岁以下的为:老乡、邻居和亲戚;10—19 岁的为:老乡、邻居和领导;20—29 岁的为:邻居、老乡和同事;30—39 岁的为:老乡、邻居和同事;40—49 岁的为:老乡、同事和邻居;50—59 岁的为:老乡、邻居和同学;60 岁以上的为:邻居、老乡和同事。另外,信任自己的比率 10 岁以下的为 65% 左右,其他年龄段的都在 77%—82% 之间,选择"配偶"和"子女"的比率随年龄增长上升,而选择"父母、亲戚、老师、同学、朋友"的比率则随年

龄增长基本呈下降趋势。这可能与人们处于不同的生命周期有关,随着年龄的增长和共同生活时间的增加,配偶和子女越来越上升为中心的地位,对他们的信任逐渐增强。

(五)儿童和老人比青中壮年更认可人际的意义

表8－2－6 不同年龄者对"人与人之间应相互宽容"的认同 （％）

	10 岁以下	10—19 岁	20—29 岁	30—39 岁	40—49 岁	50—59 岁	60 岁以上	合计
非常赞成	78.0	67.3	55.7	59.7	62.4	66.0	76.9	62.6(3762)
比较赞成	12.1	24.0	37.1	31.8	30.5	26.5	19.7	29.7(1785)
一般	7.1	6.2	6.2	6.6	6.4	6.1	3.0	6.2(373)
不太赞成	0.0	1.2	0.8	1.3	0.2	0.4	0.0	0.8(48)
不赞成	2.8	1.3	0.2	0.6	0.5	1.0	0.4	0.7(44)
合计	100.0(141)	100.0(1457)	100.0(1544)	100.0(1184)	100.0(957)	100.0(491)	100.0(238)	100.0(6012)
	$\chi^2 = 145.198$		df = 24		p = 0.000		$\lambda = 0.021$	

分析结果(见表8－2－6)显示:各年龄段赞成"人与人之间应相互宽容"的比率相近,但各年龄段非常赞成的比率呈"U"型趋势,10 岁以下比率为78.0%,20—29 岁比率为55.7%,60 岁以上比率为76.9%。

表8－2－7 不同年龄者对"人人都应该尊重别人"的认同 （％）

	10 岁以下	10—19 岁	20—29 岁	30—39 岁	40—49 岁	50—59 岁	60 岁以上	合计
非常赞成	81.4	74.5	63.7	64.0	65.4	68.4	81.4	68.1(4160)
比较赞成	12.9	17.3	29.1	27.7	27.0	24.5	11.8	24.2(1453)
一般	5.0	6.2	5.9	6.0	6.4	5.9	5.6	6.1(364)
不太赞成	0.0	1.1	0.8	1.5	0.9	0.8	0.8	1.0(62)
不赞成	0.7	0.9	0.5	0.8	0.3	0.4	0.4	0.6(36)
合计	100.0(140)	100.0(1460)	100.0(1544)	100.0(1182)	100.0(958)	100.0(490)	100.0(237)	100.0(6011)
	$\chi^2 = 113.405$		df = 24		p = 0.000		$\lambda = 0.018$	

分析结果(见表8-2-7)显示:各年龄段赞成"人人都应该尊重别人"的比率相近,但各年龄段非常赞成的比率呈"U"型趋势,三个点分别为:10岁以下比率为81.4%,20—29岁比率为63.7%,60岁以上比率为81.4%。

表8-2-8 不同年龄者对"人与人之间应该互相团结、合作"的认同 (%)

	10岁以下	10—19岁	20—29岁	30—39岁	40—49岁	50—59岁	60岁以上	合计
非常赞成	77.3	70.8	57.0	60.1	61.8	67.6	77.8	63.9(3838)
比较赞成	17.0	20.1	32.5	29.5	30.9	25.1	17.6	27.1(1626)
一般	2.2	7.5	8.8	8.2	6.2	6.3	3.8	7.4(444)
不太赞成	1.4	1.1	1.2	1.4	0.8	0.2	0.4	1.0(62)
不赞成	2.1	0.5	0.5	0.8	0.3	0.8	0.4	0.6(36)
合计	100.0(141)	100.0(1456)	100.0(1540)	100.0(1179)	100.0(961)	100.0(490)	100.0(239)	100.0(6006)
	$\chi^2 = 134.717$		df = 24		p = 0.000		$\lambda = 0.023$	

分析结果(见表8-2-8)显示:各年龄段赞成"人与人之间应该互相团结、合作"的比率相近,但各年龄段非常赞成的比率呈"U"型趋势,三个点分别为:10岁以下比率为77.3%,20—29岁比率为57%,60岁以上比率为77.8%。

表8-2-9 不同年龄者对"人与人交往应该礼尚往来"的认同 (%)

	10岁以下	10—19岁	20—29岁	30—39岁	40—49岁	50—59岁	60岁以上	合计
非常赞成	59.3	40.5	32.7	40.3	44.5	49.4	58.6	41.0(2451)
比较赞成	17.1	22.5	33.1	32.8	31.1	32.0	22.2	29.2(1748)
一般	12.1	21.6	23.6	18.2	16.7	11.6	9.6	19.2(1144)
不太赞成	3.6	8.3	7.6	5.5	3.6	3.9	5.4	6.2(372)
不赞成	7.9	7.1	3.0	3.2	4.1	3.1	4.2	4.4(262)
合计	100.0(140)	100.0(1451)	100.0(1539)	100.0(1170)	100.0(954)	100.0(484)	100.0(239)	100.0(5977)
	$\chi^2 = 242.116$		df = 24		p = 0.000		$\lambda = 0.019$	

　　分析结果(见表8-2-9)显示:各年龄段赞成"人与人交往应该礼尚往来"的比率相近,但各年龄段非常赞成的比率呈"U"型趋势,三个点分别为:10岁以下比率为59.3%,20—29岁比率为32.7%,60岁以上比率为58.6%。

表8-2-10　不同年龄者对"人与人之间的友谊是很珍贵的"的认同　(%)

	10 岁以下	10—19 岁	20—29 岁	30—39 岁	40—49 岁	50—59 岁	60 岁以上	合计
非常赞成	75.2	75.1	64.1	64.2	65.3	68.3	76.1	68.0(4085)
比较赞成	14.2	16.9	27.2	27.0	25.3	24.0	19.7	23.6(1411)
一般	6.4	5.7	7.4	7.3	8.0	6.5	3.8	6.8(411)
不太赞成	1.4	2.0	1.0	0.8	0.7	0.6	0.4	1.1(67)
不赞成	2.8	0.3	0.3	0.7	0.7	0.6	0.0	0.5(30)
合计	100.0 (141)	100.0 (1453)	100.0 (1542)	100.0 (1183)	100.0 (955)	100.0 (492)	100.0 (238)	100.0 (6004)
$\chi^2 = 116.592$		df = 24			p = 0.000		$\lambda = 0.019$	

　　分析结果(见表8-2-10)显示:各年龄段赞成"人与人之间的友谊是很珍贵的"的比率相近,但各年龄段非常赞成的比率呈"U"型趋势,三个点分别为:10岁以下比率为75.2%,20—29岁比率为64.1%,60岁以上比率为76.1%。

表8-2-11　不同年龄者对"良好人际关系在生活中很重要"的认同　(%)

	10 岁以下	10—19 岁	20—29 岁	30—39 岁	40—49 岁	50—59 岁	60 岁以上	合计
非常赞成	67.6	63.1	64.9	61.9	63.3	68.6	72.9	64.3(3868)
比较赞成	19.0	22.0	26.4	29.1	27.5	23.1	20.3	25.4(1526)
一般	7.8	10.6	7.3	6.8	7.4	6.9	6.0	8.0(476)
不太赞成	2.8	2.1	0.8	1.4	1.4	0.8	0.4	1.4(82)
不赞成	2.8	2.2	0.6	0.8	0.4	0.6	0.4	1.0(63)
合计	100.0 (142)	100.0 (1457)	100.0 (1546)	100.0 (1181)	100.0 (959)	100.0 (494)	100.0 (236)	100.0 (6015)
$\chi^2 = 90.333$		df = 24			p = 0.000		$\lambda = 0.013$	

分析结果(见表 8-2-11)显示:各年龄段赞成"良好人际关系在生活中很重要"的比率相近,但各年龄段非常赞成的比率呈"U"型趋势,三个点分别为:10 岁以下比率为 67.6% ,30—39 岁比率为 61.9% ,60 岁以上比率为 72.9% 。

对于人际意义的如上六种说法各年龄段赞成的比率相当,但非常赞成的比率在年龄段上基本都是呈中间低、两端高的"U"型结构,即以 10 岁以下为起点,比率逐渐下降,20—29 岁(非常赞成"良好人际关系在生活中很重要"的最低比率在 30—39 岁这一年龄段)为比率最低点,然后比率逐渐回升到 60 岁以上这个年龄段。说明儿童和老人比中青壮年更认可人际的意义。

(六)老年人更认同无条件地帮助别人

表 8-2-12　不同年龄者对"别人在困难时应尽力帮助"的认同　(%)

	10 岁以下	10—19 岁	20—29 岁	30—39 岁	40—49 岁	50—59 岁	60 岁以上	合计
非常赞成	88.1	71.9	47.4	52.5	60.2	60.9	76.3	59.6(3610)
比较赞成	7.0	21.1	38.9	36.5	28.3	29.2	14.6	29.9(1811)
一般	4.2	6.2	12.3	8.6	9.2	7.5	7.5	8.8(534)
不太赞成	0.0	0.3	0.8	1.0	1.1	0.4	0.8	0.7(43)
不赞成	0.7	0.5	0.6	1.4	1.3	2.0	0.8	1.0(59)
合计	100(143)	100(1467)	100(1548)	100(1194)	100(969)	100(496)	100(240)	100(6057)
$\chi^2 = 322.381$		df = 24			$p = 0.000$			$\lambda = 0.013$

分析结果(见表 8-2-12)显示:对于"别人在困难时自己应尽力帮助",表示赞成的在 10 岁以下年龄段比率为 95.1% ,在 10—19 岁年龄段比率为 93% ,在 20—29 岁年龄段比率为 86.3% ,在 30—39 岁年龄段比率为 89% ,在 40—49 岁年龄段比率为 88.5% ,在 50—59 岁年龄段比率为 90.1% ,在 60 岁以上年龄段比率为 90.9% 。可见,赞成的比率在年龄段上呈中间低、两端高的"U"型结构,以 20—29 岁年龄段为最低,说明儿童和老

年人比青中壮年更认同在别人困难的时候尽力帮助。

表8－2－13　不同年龄者对"帮助别人要看对自己有利"的认同　（％）

	10岁以下	10—19岁	20—29岁	30—39岁	40—49岁	50—59岁	60岁以上	合计
非常赞成	28.2	11.6	3.8	6.4	9.3	8.5	7.6	8.2(488)
比较赞成	14.8	13.9	9.8	9.1	13.4	9.1	5.8	11.2(663)
一般	14.0	16.6	19.1	16.0	14.8	15.5	11.5	16.5(977)
不太赞成	12.0	22.0	36.2	35.3	29.2	29.0	26.7	29.9(1777)
不赞成	31.0	35.9	31.1	33.2	33.3	37.9	48.4	34.2(2034)
合计	100(142)	100(1465)	100(1529)	100(1164)	100(942)	100(472)	100(109)	100(5939)
χ^2 = 274.192		df = 24		p = 0.000			λ = 0.024	

　　分析结果（见表8－2－13）显示：对于"帮助别人要看对自己有利"，反对的比率在10岁以下年龄段最低，只有43％，其余年龄段都在57％—70％之间，60岁以上年龄段的占到75.1％。可见，老年人最反对在帮助别人时为自己谋取利益。10岁以下年龄段反对这一说法的最低比率与赞成"别人在困难时自己应尽力帮助"的最高比率形成鲜明对比，其原因和影响因素值得进一步研究。

三、不同民族者的诚信观与人际观比较

（一）汉族比少数民族对诚信普遍性的评价略高

　　分析结果（见表8－3－1）显示：对于"目前人们是否讲诚信"，虽然汉族和少数民族都有一半的人肯定诚信的普遍性，但认为"大家都讲"的汉族的比率比少数民族略高（2.0％），认为"多数人讲"的汉族的比率比少数民族比率略低（3.8％）。可见，汉族比少数民族对诚信普遍性的评价略高。

表8-3-1　不同民族者对诚信普遍性的评价　（%）

	汉族	少数民族	合计
大家都讲	10.2	8.2	10.1(620)
多数人讲	38.3	42.1	38.6(2368)
大约一半人讲	21.6	20.1	21.4(1320)
只少数人讲	20.9	23.0	21.1(1293)
大家都不讲	2.1	1.1	2.0(125)
不知道	6.8	5.5	6.8(415)
合计	100.0(5763)	100.0(378)	100.0(6141)
$\chi^2 = 6.563$	df = 5	p = 0.255	$\lambda = 0.000$

（二）少数民族比汉族略倾向于无条件讲诚信

表8-3-2　不同民族者对诚信对象或条件的选择　（%）

	汉族	少数民族	合计
任何情况下都该讲	1.0	0.8	1.0(60)
对无论是否讲诚信的人都讲	69.0	70.1	69.1(4169)
对讲诚信的人讲,对不讲诚信的人不讲	24.6	22.9	24.5(1476)
大家都不怎么讲诚信,没必要讲	2.4	1.6	2.3(140)
其他	3.0	4.6	3.1(191)
合计	100.0(5661)	100.0(375)	100.0(6036)
$\chi^2 = 3.855$	df = 4	p = 0.426	$\lambda = 0.000$

分析结果(见表8-3-2)显示:对于"人与人之间是否该讲诚信",认为"对无论是否讲诚信的人都讲"的汉族的比率比少数民族略低(1.1%),认为"对讲诚信的人讲,对不讲诚信的人不讲"的汉族的比率比少数民族略高(1.7%)。可见,少数民族略倾向于无条件讲诚信,汉族略倾向于认为讲诚信应该是条件对等的。

（三）少数民族比汉族更赞成人际间应该互相信任

表8-3-3　不同民族者对"人与人之间应该互相信任"的认同　（％）

	汉族	少数民族	合计
非常赞成	59.8	65.8	60.2(3677)
比较赞成	28.4	23.9	28.1(1716)
一般	9.1	7.6	9.0(551)
不太赞成	1.6	1.6	1.6(96)
不赞成	1.1	1.1	1.1(69)
合计	100(5732)	100(377)	100(6109)
$\chi^2 = 13.932$	df = 4	p = 0.008	λ = 0.000

分析结果（见表8-3-3）发现：汉族和少数民族赞成"人与人之间应该互相信任"的比率相当，但汉族较少数民族非常赞成的比率低6.0%，说明少数民族更赞成人际间应该互相信任。

表9-3-4　不同民族者对"害人之心不可有，防人之心不可无"的认同　（％）

	汉族	少数民族	合计
非常赞成	53.3	58.4	53.6(3265)
比较赞成	30.9	25.3	30.6(1861)
一般	10.9	9.6	10.8(661)
不太赞成	2.8	4.3	2.9(174)
不赞成	2.1	2.4	2.1(129)
合计	100(5715)	100(375)	100(6090)
$\chi^2 = 8.786$	df = 4	p = 0.067	λ = 0.000

分析结果（见表8-3-4）发现：汉族和少数民族赞成"害人之心不可有，防人之心不可无"的比率相当，但汉族较少数民族非常赞成的比率低5.1%，说明少数民族更倾向于赞成"害人之心不可有，防人之心不可无"。

（四）少数民族比汉族更信任自己身边的和熟识的人

表8-3-5　不同民族者对最信任的人的选择　（%）

	汉族	少数民族	合计	χ^2	df	p
自己	78.6	81.5	78.8(4862)	1.717	1	0.190
配偶	40.3	42.3	40.4(2493)	0.614	1	0.433
父母	76.8	75.9	76.7(4732)	0.151	1	0.698
子女	30.7	33.3	30.8(1901)	1.198	1	0.274
亲戚	15.3	15.6	15.3(941)	0.032	1	0.857
老乡	3.1	2.1	3.1(189)	1.217	1	0.270
领导	9.3	10.8	9.4(581)	0.963	1	0.326
同事	5.6	5.0	5.5(341)	0.194	1	0.660
老师	27.3	31.7	27.5(1699)	3.568	1	0.059
同学	14.9	16.4	15.0(925)	0.624	1	0.430
朋友	34.1	34.7	34.1(2103)	0.056	1	0.812
邻居	4.7	5.6	4.8(295)	0.528	1	0.467

　　分析结果（见表8-3-5）显示：对自己最信任的人，依比率汉族和少数民族排在前五位的均是：自己、父母、配偶、朋友和子女。汉族排在后三位的是：老乡、邻居和同事；少数民族排在后三位的是：老乡、同事和邻居。另外，汉族与少数民族选择"父母、亲戚、老乡、同事、朋友、邻居"的比率非常相近，少数民族选择"自己、配偶、子女、领导、老师、同学"的比率都比汉族高出1.5%—4.5%，即除了选择比率相当的信任对象之外，少数民族选择其他信任对象的比率均比汉族高，说明少数民族比汉族更信任自己身边的和熟识的人。

（五）少数民族比汉族更认可人际的意义

　　分析结果（见表8-3-6）显示：对于"人与人之间应互相宽容"，少数民族赞成的比率为93.6%，汉族赞成的比率为92.1%，相差1.5个百分点；其中少数民族较汉族非常赞成的比率高出6.8%。

表8－3－6　不同民族者对"人与人之间应互相宽容"的认同　（%）

	汉族	少数民族	合计
非常赞成	62.1	68.9	62.5(3817)
比较赞成	30.0	24.7	29.7(1814)
一般	6.3	5.0	6.3(382)
不太赞成	0.8	1.1	0.8(48)
不赞成	0.8	0.3	0.7(44)
合计	100.0(5729)	100.0(376)	100.0(6105)
$\chi^2 = 8.407$	df = 4	p = 0.078	λ = 0.000

表8－3－7　不同民族者对"人人都应该尊重别人"的认同　（%）

	汉族	少数民族	合计
非常赞成	67.8	70.1	68.0(4148)
比较赞成	24.4	23.0	24.4(1486)
一般	6.2	4.8	6.0(371)
不太赞成	1.0	1.3	1.0(61)
不赞成	0.6	0.8	0.6(36)
合计	100.0(5728)	100.0(374)	100.0(6102)
$\chi^2 = 2.364$	df = 4	p = 0.669	λ = 0.000

分析结果(见表8－3－7)显示:对于"人人都应该尊重别人",少数民族赞成的比率为93.1%,汉族赞成的比率为92.2%,相差0.9个百分点;其中少数民族较汉族非常赞成的比率高出2.3%。

表8－3－8　不同民族者对"人与人之间应该互相团结、合作"的认同　（%）

	汉族	少数民族	合计
非常赞成	63.4	70.1	63.8(3889)
比较赞成	27.4	22.5	27.1(1654)
一般	7.6	5.5	7.5(454)
不太赞成	1.0	0.8	1.0(61)
不赞成	0.6	1.1	0.6(37)
合计	100.0(5721)	100.0(374)	100.0(6095)
$\chi^2 = 9.009$	df = 4	p = 0.061	λ = 0.000

分析结果(见表8-3-8)显示:对于"人与人之间应该互相团结、合作",少数民族赞成的比率为92.6%,汉族赞成的比率为90.8%,相差1.8个百分点;其中少数民族较汉族非常赞成的比率高出6.7%。

表8-3-9 不同民族者对"人与人交往应该礼尚往来"的认同 (%)

	汉族	少数民族	合计
非常赞成	41.2	39.7	41.1(2493)
比较赞成	28.9	33.1	29.2(1771)
一般	19.2	17.4	19.2(1162)
不太赞成	6.3	5.3	6.2(376)
不赞成	4.4	4.5	4.4(268)
合计	100.0(5695)	100.0(375)	100.0(6070)
$\chi^2 = 3.423$	df = 4	p = 0.490	$\lambda = 0.000$

分析结果(见表8-3-9)显示:对于"人与人交往应该礼尚往来",少数民族赞成的比率为72.8%,汉族赞成的比率为70.1%,相差2.7个百分点;其中汉族较少数民族非常赞成的比率高出1.5%。

表9-3-10 不同民族者对"人与人之间的友谊是很珍贵的"的认同 (%)

	汉族	少数民族	合计
非常赞成	67.6	74.0	68.0(4143)
比较赞成	23.8	21.4	23.7(1442)
一般	7.1	4.1	6.7(414)
不太赞成	1.1	0.5	1.1(67)
不赞成	0.5	0.0	0.5(30)
合计	100.0(5723)	100.0(373)	100.0(6096)
$\chi^2 = 10.534$	df = 4	p = 0.032	$\lambda = 0.000$

分析结果(见表8-3-10)显示:对于"人与人之间的友谊是很珍贵的",少数民族赞成的比率为95.4%,汉族赞成的比率为91.4%,相差4个百分点;其中少数民族较汉族非常赞成的比率高出7.4%。

表8-3-11　不同民族者对"良好人际关系在生活中很重要"的认同　（%）

	汉族	少数民族	合计
非常赞成	63.9	68.5	64.2(3920)
比较赞成	25.5	23.7	25.4(1552)
一般	8.2	4.3	7.9(487)
不太赞成	1.4	1.1	1.4(83)
不赞成	1.0	2.4	1.1(66)
合计	100.0(5733)	100.0(375)	100.0(6108)
$\chi^2 = 15.195$	df = 4	p = 0.000	$\lambda = 0.000$

分析结果(见表8-3-11)显示:对于"良好人际关系在生活中很重要",少数民族赞成的比率为92.2%,汉族赞成的比率为89.4%,相差2.8个百分点;其中少数民族较汉族非常赞成的比率高出4.6%。

可见,对于以上六种说法,少数民族较汉族赞成的比率都要高,说明少数民族比汉族更认可人际的意义。

(六)少数民族比汉族更倾向于无条件帮助别人

表8-3-12　不同民族者对"别人在困难时应尽力帮助"的认同　（%）

	汉族	少数民族	合计
非常赞成	59.4	62.7	59.6(3667)
比较赞成	29.9	29.9	29.9(1840)
一般	9.0	5.5	8.8(544)
不太赞成	0.7	1.1	0.7(44)
不赞成	1.0	0.8	1.0(59)
合计	100.0(5776)	100.0(378)	100.0(6154)
$\chi^2 = 6.346$	df = 4	p = 0.175	$\lambda = 0.000$

分析的结果(见表8-3-12)发现:汉族和少数民族比较赞成"别人在困难时应尽力帮助"的比率相近,但汉族较少数民族非常赞成的比率低3.3%,表明少数民族比汉族更倾向于赞成尽力帮助有困难的人。

表8－3－13　不同民族者对"帮助别人要看对自己是否有利"的认同　（%）

	汉族	少数民族	合计
非常赞成	8.3	6.0	8.2(492)
比较赞成	11.3	10.4	11.3(679)
一般	16.7	13.3	16.4(994)
不太赞成	29.7	31.3	29.8(1795)
不赞成	34.0	39.0	34.3(2068)
合计	100.0(5661)	100.0(367)	100.0(6028)
$\chi^2 = 7.660$	df = 4	p = 0.105	$\lambda = 0.000$

分析的结果（见表8－3－13）发现：少数民族较汉族反对"帮助别人要看对自己是否有利"的比率高出6.6%，表明少数民族比汉族更倾向于反对在帮助别人时为自己谋取利益。

四、不同宗教信仰者的诚信观与人际观比较

（一）道教信仰者对诚信普遍性的评价最高

表8－4－1　不同宗教者对诚信普遍性的评价　（%）

	无	基督教	天主教	伊斯兰教	佛教	道教	不明宗教	合计
大家都讲	10.0	10.6	7.7	13.7	11.0	10.2	4.3	10.1(610)
多数人讲	38.3	36.9	38.5	35.3	40.0	42.9	47.8	38.4(2327)
大约一半人讲	21.3	22.4	23.1	19.6	22.8	20.4	30.4	21.5(1302)
只少数人讲	21.2	22.7	21.2	23.5	20.1	20.4	8.7	21.2(1283)
大家都不讲	2.1	2.0	5.8	2.0	1.2	2.0	4.3	2.0(123)
不知道	7.1	5.4	3.7	5.9	4.9	4.1	4.5	6.8(411)
合计	100.0(5144)	100.0(255)	100.0(52)	100.0(51)	100.0(482)	100.0(49)	100.0(23)	100.0(6056)
$\chi^2 = 19.125$		df = 30		p = 0.937		$\lambda = 0.000$	

分析结果(见表8-4-1)显示:不同的宗教信仰者对诚信普遍性的评价略有差异:认为"大家都讲"的为伊斯兰教信仰者的比率最高,不明宗教信仰者的比率最低,相差9.4%;认为"多数人讲"的不明宗教信仰者的比率最高,伊斯兰教信仰者的比率最低,相差12.5%;将"大家都讲"和"多数人讲"的比率相加,大部分的比率都在46%—54%之间,道教的比率最高,为53.1%,天主教的比率最低,为46.2%。可见,道教信仰者对诚信普遍性的评价最高。

另外,经分析发现,不信教者和信教者(基督教、天主教、伊斯兰教、佛教、道教、不明宗教,下同)选择"大家都讲"和"多数人讲"的比率相近,即对诚信普遍性的评价差异不大。

(二)伊斯兰教信仰者最倾向于无条件讲诚信

表8-4-2 不同宗教者对诚信对象或条件的选择 (%)

	无	基督教	天主教	伊斯兰教	佛教	道教	不明宗教	合计
任何情况下都应该讲诚信	1.0	0.4	2.0	0.0	1.1	0.0	4.0	1.0(59)
对无论是否讲诚信的人都讲	68.6	71.5	68.6	80.0	72.1	55.1	48.0	68.9(4102)
对讲诚信的人讲,对不讲诚信的人不讲	24.8	23.7	21.6	20.0	21.7	36.7	32.0	24.6(1462)
现在大家都不怎么讲诚信,没必要讲	2.3	2.4	7.8	0.0	1.7	6.1	8.0	2.4(140)
其他	3.3	2.0	0.0	0.0	3.4	2.1	8.0	3.2(191)
合计	100.0 (5062)	100.0 (253)	100.0 (51)	100.0 (45)	100.0 (469)	100.0 (49)	100.0 (25)	100.0 (5954)
$\chi^2 = 36.445$		df = 24			p = 0.050		$\lambda = 0.000$	

分析结果(见表8-4-2)显示:不同的宗教信仰者对"人与人之间应不应该讲诚信"存在一定差异:选择"对无论是否讲诚信的人都讲"的比率最高的是伊斯兰教信仰者,最低的是不明宗教者,相差32%;选择"对讲诚信的人讲,对不讲诚信的人不讲"的比率最高的是道教信仰者为36.7%,最低

的是伊斯兰教信仰者,为20%,相差16.7%。可见,信仰伊斯兰教信仰者最倾向于认为讲诚信是无条件的,道教信仰者最倾向于认为讲诚信是条件对等的,即对讲诚信的人讲,对不讲诚信的人不讲。

另外,经分析发现,不信教者和信教者选择"对无论是否讲诚信的人都讲"和"对讲诚信的人讲,对不讲诚信的人不讲"的比率相近,即对诚信对象或条件的选择差异不大。

(三)不信教者最认同人际信任,但心态最为矛盾

表8-4-3 不同宗教者对"人与人之间应该互相信任"的认同 (%)

	无	基督教	天主教	伊斯兰教	佛教	道教	不明宗教	合计
非常赞成	59.9	60.0	63.0	54.0	64.0	67.3	48.0	60.2(3629)
比较赞成	28.7	27.1	24.1	20.0	24.4	16.3	24.0	28.1(1693)
一般	8.8	8.9	12.9	22.0	9.3	10.3	28.0	9.0(541)
不太赞成	1.4	2.4	0.0	4.0	2.3	2.0	0.0	1.6(94)
不赞成	1.2	1.6	0.0	0.0	0.0	4.1	0.0	1.1(69)
合计	100.0 (5121)	100.0 (255)	100.0 (54)	100.0 (50)	100.0 (472)	100.0 (49)	100.0 (25)	100.0 (6026)
$\chi^2 = 49.158$		df = 30		p = 0.015		$\lambda = 0.000$		

分析结果(见表8-4-3)显示:不同的宗教信仰者对"人与人之间应该互相信任"的看法存在一定的差异:赞成的比率最高的是无宗教信仰者,为88.6%,最低的是不明宗教信仰者,为72%。其中,非常赞成的比率最高的为道教信仰者,最低的为不明宗教信仰者,相差19.3%。总的来说,无宗教信仰者最认同人与人之间的相互信任。

分析结果(见表8-4-4)显示:不同的宗教信仰者对"害人之心不可有,防人之心不可无"的看法存在一定的差异:赞成的比率最高的是道教信仰者,为86%,最低的是不明宗教信仰者,为69.5%,其余的都在80%左右。其中,非常赞成的比率最高的是道教信仰者,最低的是不明宗教信仰者,相差24.9%。总的来说,道教信仰者对人际信任的心态最为矛盾,即一方面

赞成信任他人,另一方面又认为对他人应抱有防范之心。

表8-4-4 不同宗教者对"害人之心不可有,防人之心不可无"的认同 (%)

	无	基督教	天主教	伊斯兰教	佛教	道教	不明宗教	合计
非常赞成	53.4	50.2	58.5	58.8	55.7	64.0	39.1	53.6(3219)
比较赞成	31.2	27.7	22.6	19.6	28.3	22.0	30.4	30.6(1857)
一般	10.6	16.1	15.1	11.8	10.3	6.0	21.9	10.8(652)
不太赞成	2.8	2.8	3.8	7.8	3.0	2.0	4.3	2.9(172)
不赞成	2.0	3.2	0.0	2.0	2.7	6.0	4.3	2.1(127)
合计	100.0(5103)	100.0(253)	100.0(53)	100.0(51)	100.0(474)	100.0(50)	100.0(23)	100.0(6007)
	$\chi^2=34.742$		df=30		p=0.252		$\lambda=0.000$	

(四)有宗教信仰者认为朋友比子女更值得信任

表8-4-5 不同宗教者对最信任的人的选择 (%)

	无	基督教	天主教	伊斯兰教	佛教	道教	不明宗教	合计	χ^2	df	p
自己	79.3	74.2	78.2	72.0	78.6	73.5	79.2	78.9(4797)	6.127	6	0.409
配偶	41.2	35.2	25.5	44.0	35.2	40.8	41.7	40.4(2455)	15.289	6	0.018
父母	76.8	72.7	76.4	78.0	79.0	67.3	79.2	76.7(4667)	6.385	6	0.381
子女	31.3	25.8	23.6	22.0	26.5	36.7	41.7	30.6(1863)	13.034	6	0.043
亲戚	15.2	11.3	23.6	22.0	16.3	14.3	29.2	15.3(933)	11.715	6	0.069
老乡	2.8	4.7	12.7	4.0	2.9	16.3	0.0	3.1(188)	50.215	6	0.000
领导	8.8	14.1	16.4	14.0	9.9	24.5	4.2	9.4(569)	26.940	6	0.000
同事	5.6	5.5	0.0	6.0	5.1	8.2	0.0	5.5(335)	5.499	6	0.482
老师	26.7	27.7	30.9	36.0	32.5	38.8	20.8	27.4(1668)	13.424	6	0.037
同学	14.8	14.5	16.4	12.0	17.9	18.4	12.5	15.1(917)	4.301	6	0.636
朋友	34.0	35.5	27.3	28.0	37.3	24.5	29.2	34.1(2074)	6.747	6	0.345
邻居	4.5	7.0	10.9	8.0	3.9	18.4	4.2	2.3(140)	30.730	6	0.000

分析结果(见表8-4-5)显示:对最信任的人的选择,虽然不同宗教信仰者们选择的比率主要集中在自己、父母、配偶、子女、朋友等选项,他们的选择存在着一定的差异:依比率最信任的人排在前五位的分别是,无宗教信

仰者为自己、父母、配偶、朋友和子女;基督教信仰者为自己、父母、朋友、配偶和老师;天主教信仰者为自己、父母、老师、朋友和配偶;伊斯兰教信仰者为父母、自己、配偶、老师和朋友;佛教者信仰为父母、自己、朋友、配偶和老师;道教者信仰为自己、父母、配偶、老师和子女;不明宗教信仰者为自己和父母(并列)、配偶和子女(并列)、朋友和亲戚(并列)。不同宗教者最信任的人排在后三位的依次是:无宗教信仰者为老乡、邻居和同事;基督教信仰者为老乡、同事和邻居;天主教信仰者为同事、邻居和老乡;伊斯兰教信仰者为老乡、同事和邻居;佛教信仰者为老乡、邻居和同事;道教信仰者为同事、亲戚和老乡;不明宗教信仰者为老乡和同事(并列)、邻居和领导(并列)。可见,在基督教信仰者、天主教信仰者、伊斯兰教信仰者和佛教信仰者中,朋友比子女更值得信任。

另外,经分析发现,不信教者选择"自己"、"配偶"、"子女"的比率高于信教者的比率;信教者选择"老乡"、"领导"、"老师"、"同学"、"邻居"的比率高于不信教者的比率。可见,不信教者比信教者更信任家人,而信教者比不信教者更信任家人以外的熟识的人。

(五)佛教信仰者最认可人际的意义

表 9-4-6　不同宗教者对"人与人之间应该互相宽容"的认同　(%)

	无	基督教	天主教	伊斯兰教	佛教	道教	不明宗教	合计
非常赞成	62.1	62.6	70.4	56.0	67.2	56.3	52.2	62.4(3758)
比较赞成	30.5	27.2	22.2	30.0	25.7	25.0	30.4	29.8(1796)
一般	6.0	9.4	5.6	12.0	5.4	14.6	13.0	6.2(374)
不太赞成	0.7	0.0	0.0	2.0	1.3	2.1	4.3	0.8(47)
不赞成	0.7	0.8	1.9	0.0	0.4	2.1	0.0	0.7(44)
合计	100.0 (5112)	100.0 (254)	100.0 (54)	100.0 (50)	100.0 (478)	100.0 (48)	100.0 (23)	100.0 (6019)
	$\chi^2 = 36.865$		df = 24		p = 0.045		$\lambda = 0.000$	

分析结果(见表 8-4-6)显示:不同的宗教者对"人与人之间应该互相宽

容"的看法存在一定的差异：赞成的比率最高的是佛教信仰者，为92.9%，最低的是道教信仰者，为81.3%。其中，非常赞成的比率最高的为天主教信仰者，最低的为不明宗教信仰者，相差18.2%。总的来说，佛教信仰者最倾向于人与人之间的相互宽容。

表8-4-7 不同宗教者对"人人都应该尊重别人"的认同 （%）

	无	基督教	天主教	伊斯兰教	佛教	道教	不明宗教	合计
非常赞成	67.9	64.7	81.1	60.8	70.7	60.0	62.5	67.9(4087)
比较赞成	24.9	25.1	11.3	19.6	21.3	18.0	29.2	24.4(1469)
一般	5.8	8.2	7.6	17.6	5.5	14.0	8.3	6.1(365)
不太赞成	1.0	0.8	0.0	2.0	1.1	4.0	0.0	1.0(61)
不赞成	0.4	1.2	0.0	0.0	1.5	4.0	0.0	0.6(34)
合计	100.0(5108)	100.0(255)	100.0(53)	100.0(51)	100.0(475)	100.0(50)	100.0(24)	100.0(6016)
$\chi^2=57.927$			df=24		p=0.000		$\lambda=0.000$	

分析结果（见表8-4-7）显示：不同的宗教信仰者对"人人都应该尊重别人"的看法基本相同：赞成的比率都在90%左右。但非常赞成的比率最高的是天主教信仰者，最低的是道教信仰者，相差21.1%。总的来说，天主教信仰者最倾向于赞成人与人之间的相互尊重。

表8-4-8 不同宗教者对"人与人之间应该互相团结合作"的认同 （%）

	无	基督教	天主教	伊斯兰教	佛教	道教	不明宗教	合计
非常赞成	63.3	63.9	64.2	71.4	68.2	76.0	37.5	63.8(3831)
比较赞成	27.7	25.8	24.5	18.4	24.0	8.0	50.0	27.2(1632)
一般	7.6	7.9	7.5	6.1	5.7	10.0	8.3	7.5(448)
不太赞成	0.9	2.0	1.9	4.1	1.5	4.0	0.0	1.0(62)
不赞成	0.5	0.4	1.9	0.0	0.6	2.0	4.2	0.6(34)
合计	100.0(5108)	100.0(252)	100.0(53)	100.0(49)	100.0(471)	100.0(50)	100.0(24)	100.0(6007)
$\chi^2=46.962$			df=24		p=0.003		$\lambda=0.001$	

分析结果（见表8-4-8）显示：不同的宗教者对"人与人之间应该互相

团结合作"的看法有差异:赞成的比率最高的是佛教信仰者为92.2%,最低的是道教信仰者,为84%。其中非常赞成的比率最高的为道教信仰者,最低的为不明宗教信仰者,相差38.5%。总的来说,佛教信仰者最倾向于人与人之间的团结合作。

表8-4-9 不同宗教者对"人与人之间应该礼尚往来"的认同 (%)

	无	基督教	天主教	伊斯兰教	佛教	道教	不明宗教	合计
非常赞成	40.8	37.9	55.6	33.3	42.7	43.8	20.8	40.9(2445)
比较赞成	30.1	26.9	18.5	35.3	22.5	29.2	41.7	29.3(1754)
一般	18.6	23.3	16.6	17.7	22.5	18.6	37.5	19.2(1151)
不太赞成	6.1	8.7	5.6	9.8	7.0	6.3	0.0	6.3(374)
不赞成	4.4	3.2	3.7	3.9	5.3	2.1	0.0	4.3(260)
合计	100.0 (5083)	100.0 (253)	100.0 (54)	100.0 (51)	100.0 (471)	100.0 (48)	100.0 (24)	100.0 (5984)
	$\chi^2=39.117$		df = 24		p = 0.027		$\lambda=0.001$	

分析结果(见表8-4-9)显示:不同的宗教信仰者对"人与人之间应该礼尚往来"的看法有差异:赞成的比率最高的是天主教信仰者,为74.1%,最低的是不明宗教信仰者,为62.5%。其中,非常赞成的比率最高的为天主教信仰者,最低的为不明宗教信仰者,相差34.8%。总的来说,天主教信仰者最倾向于赞成人与人之间的礼尚往来。

表8-4-10 不同宗教者对"人与人之间的友谊是很珍贵的"的认同 (%)

	无	基督教	天主教	伊斯兰教	佛教	道教	不明宗教	合计
非常赞成	67.7	65.7	71.7	62.0	73.1	72.9	41.7	68.0(4087)
比较赞成	24.0	22.4	22.6	28.0	20.2	16.7	37.5	23.6(1421)
一般	6.8	10.3	3.8	8.0	5.7	4.1	16.6	6.8(410)
不太赞成	1.0	1.6	1.9	2.0	0.8	4.2	4.2	1.1(66)
不赞成	0.5	0.0	0.0	0.0	0.2	2.1	0.0	0.5(29)
合计	100.0 (51109)	100.0 (254)	100.0 (53)	100.0 (50)	100.0 (475)	100.0 (48)	100.0 (24)	100.0 (6013)
	$\chi^2=34.339$		df = 24		p = 0.079		$\lambda=0.000$	

分析结果(见表9-4-10)显示:不同的宗教信仰者对"人与人之间的友谊是很珍贵的"的看法有差异:赞成的比率最高的是天主教信仰者为94.3%,最低的是不明宗教信仰者,为79.2%。其中,非常赞成的比率最高的是佛教信仰者,最低的是不明宗教信仰者,相差31.4%。总的来说,天主教信仰者最倾向于赞成认为人与人之间的友谊是珍贵的。

表8-4-11　不同宗教者对"良好人际关系很重要"的认同　(%)

	无	基督教	天主教	伊斯兰教	佛教	道教	不明宗教	合计
非常赞成	64.0	62.4	54.5	52.9	69.5	67.3	52.2	64.2(3866)
比较赞成	25.9	24.3	30.9	31.4	20.8	14.3	26.1	25.4(1530)
一般	7.8	9.4	12.8	7.8	7.3	16.4	13.0	7.9(476)
不太赞成	1.3	2.0	0.0	5.9	1.3	0.0	0.0	1.4(83)
不赞成	1.0	2.0	1.8	2.0	1.1	2.0	8.7	1.1(65)
合计	100.0(5115)	100.0(255)	100.0(55)	100.0(51)	100.0(472)	100.0(49)	100.0(23)	100.0(6020)
$\chi^2 = 46.522$		df = 324			p = 0.004		$\lambda = 0.000$	

分析结果(见表8-4-11)显示:不同的宗教信仰者对"良好人际关系很重要"的看法有差异:赞成的比率最高的是佛教信仰者,为90.3%,最低的是不明宗教信仰者,为78.3%。其中,非常赞成的比率最高的是佛教信仰者,最低的是不明宗教信仰者,相差17.3%。总的来说,佛教信仰者最倾向于认同良好的人际关系。

另外,经分析发现,虽然信教者和不信教者赞成以上观点的比率相近,但信教者非常赞成的比率均比不信教者略高,说明信教者比不信教者更认可人际的意义。

(六)佛教信仰者最愿意帮助他人,倾向于不要回报

分析结果(表8-4-12)显示:不同的宗教信仰者对"别人困难时自己应尽力帮助"的认同有差异:赞成的比率最高的是佛教信仰者,为91.6%,最低的是不明宗教信仰者,为84%,其余的都在90%左右。其中,

非常赞成的比率最高的是天主教信仰者,最低的是伊斯兰教信仰者,相差5.3%。可见,佛教信仰者最倾向于尽力帮助别人。

表8-4-12 不同宗教者对"别人困难时自己应尽力帮助"的认同 （%）

	无	基督教	天主教	伊斯兰教	佛教	道教	不明宗教	合计
非常赞成	58.2	63.0	72.2	56.9	68.3	68.0	60.0	59.4(3604)
比较赞成	31.1	27.2	16.7	31.4	23.3	20.0	24.0	30.0(1822)
一般	8.9	8.6	11.1	11.7	7.0	8.0	12.0	9.0(537)
不太赞成	0.8	0.8	0.0	0.0	0.4	2.0	0.0	0.7(45)
不赞成	1.0	0.4	0.0	0.0	1.0	2.0	4.0	0.9(57)
合计	100.0 (5148)	100.0 (257)	100.0 (54)	100.0 (51)	100.0 (480)	100.0 (50)	100.0 (25)	100.0 (6065)
	$\chi^2 = 36.426$		df = 24		p = 0.050		$\lambda = 0.000$	

表8-4-13 不同宗教者对"帮助别人要看对自己是否有利"的认同 （%）

	无	基督教	天主教	伊斯兰教	佛教	道教	不明宗教	合计
非常赞成	7.9	11.3	15.1	4.0	7.9	10.4	13.0	8.1(484)
比较赞成	11.5	12.1	18.9	24.0	5.9	12.5	13.0	11.2(669)
一般	16.7	16.9	22.6	14.0	15.0	12.5	21.8	16.6(983)
不太赞成	30.3	25.8	20.8	30.0	30.4	16.7	17.4	29.9(1781)
不赞成	33.6	33.9	22.6	28.0	40.8	47.9	34.8	34.2(2033)
合计	100 (5057)	100 (248)	100 (53)	100 (50)	100 (471)	100 (48)	100 (23)	100 (5950)
	$\chi^2 = 52.709$		df = 24		p = 0.001		$\lambda = 0.000$	

分析结果(见表8-4-13)显示:不同的宗教者对"帮助别人要看对自己是否有利"的认同有差异:赞成的比率最高的是天主教信仰者,为34%,最低的是佛教信仰者,为13.8%,其余的都在25%左右;而反对的比率最高的是佛教信仰者,为71.2%,最低的是天主教信仰者,为43.4%。可见,佛教信仰者最倾向于无条件帮助他人。

另外,经分析发现,虽然赞成"别人困难时自己应尽力帮助"的比率相近,但不信教者非常赞成的比率为58.2%,信教者的比率为66.2%,相差

8%;虽然反对"帮助别人要看对自己是否有利"的比率也相当,但不信教者明确不赞成的比率为33.6%,信教者的比率为37.3%,相差3.7%。可见,信教者比不信教者更倾向于帮助别人时不考虑自己的利益。

五、不同人群的诚信观与人际观比较

(一)学生比非学生对诚信普遍性的评价略高

表8-5-1　不同人群对诚信普遍性的评价　(%)

	小学生	中学生	大学生	农村居民	城市居民	知识分子	合计
大家都讲	21.4	10.7	4.6	10.3	8.4	2.8	10.1(622)
多数人讲	36.1	40.4	34.6	40.2	38.8	33.8	38.6(2374)
大约一半人讲	19.2	26.2	29.1	19.1	20.1	28.5	21.5(1324)
只少数人讲	13.5	16.9	23.3	19.8	24.4	28.8	21.0(1295)
大家都不讲	1.8	1.0	1.2	2.7	2.4	0.3	2.0(126)
不知道	8.0	4.8	7.2	7.9	5.9	5.8	6.8(417)
合计	100.0(665)	100.0(721)	100.0(416)	100.0(1983)	100.0(2015)	100.0(358)	100.0(6158)
$\chi^2 = 238.536$		df = 25			p = 0.000		$\lambda = 0.012$

分析结果(见表8-5-1)显示:对于"目前人们是否讲诚信",认为"大家都讲"的小学生的比率最高,知识分子的比率最低,相差18.6%;认为"多数人讲"的中学生的比率最高,知识分子的比率最低,相差6.6%。从"大家都讲"和"多数人讲"的比率相加来看,比率从高到低依次为小学生(57.5%)、中学生(51.1%)、农村居民(50.5%)、大学生(39.2%)、城市居民(37.2%)和知识分子(36.6%),最高比率与最低比率相差20.9%。可见,小学生对诚信普遍性的评价最高,知识分子对诚信普遍性的评价最低。

另外,将六种人群分为学生(小学生、中学生、大学生,下同)和非学生(农村居民、城市居民、知识分子,下同)两类,分析发现,学生中选择"大家都讲"的比率为13.2%,非学生中选择"大家都讲"的为8.8%,相差4.4%。可见,学生比非学生对诚信普遍性的评价略高。

(二)小学生最倾向于无条件讲诚信

表8-5-2　不同人群对诚信对象或条件的选择　(%)

	小学生	中学生	大学生	农村居民	城市居民	知识分子	合计
任何情况下都该讲	0.0	0.0	0.0	2.5	0	3.1	1.0(60)
对无论是否讲诚信的人都讲	81.5	78.6	60.4	66.3	67.2	63.2	69.1(4178)
对讲诚信的人讲,对不讲诚信的人不讲	13.9	16.8	34.1	25.7	26.7	27.6	24.4(1478)
现在大家都不怎么讲诚信,没必要讲	2.8	1.1	1.0	3.1	2.4	0.9	2.3(141)
其他	1.8	3.5	4.5	2.4	3.7	5.2	3.2(193)
合计	100.0(642)	100.0(709)	100.0417)	100.0(1963)	100.0(1968)	100.0(351)	100.0(6050)
$\chi^2=231.256$		df=20		p=0.000		$\lambda=0.010$	

分析结果(见表8-5-2)显示:对于"人与人之间应不应该讲诚信",赞成"对无论是否讲诚信的人都讲"的小学生的比率最高,大学生的比率最低,相差21.1%;赞成"对讲诚信的人讲,对不讲诚信的人不讲"的大学生的比率最高,小学生的比率最低,相差20.2%。可见,小学生最倾向于认为讲诚信是无条件的,无论何种情况下,无论他人如何,自己都应该讲诚信;大学生最倾向于认为讲诚信是条件对等的,即对讲诚信的人讲,对不讲诚信的人不讲。

另外,在学生与非学生中,选择"对无论是否讲诚信的人都讲"的学生的比率为75.3%,非学生的比率为66.5%,相差8.8%;选择"对讲诚信的人讲,对不讲诚信的人不讲"的学生的比率为19.8%,非学生的比率为26.3%,相差6.5%。可见,学生比非学生倾向于无条件讲诚信,非学生比学生倾向于条件对等的诚信。

(三)知识分子最倾向于人际信任

表8-5-3 不同人群对"人与人之间应该互相信任"的认同 (%)

	小学生	中学生	大学生	农村居民	城市居民	知识分子	合计
非常赞成	68.2	67.0	52.8	60.2	57.6	55.5	60.2(3688)
比较赞成	15.8	22.1	36.7	27.8	31.0	37.3	28.0(1718)
一般	9.8	8.8	8.4	9.6	8.9	6.1	9.1(554)
不太赞成	4.1	1.8	1.4	1.0	1.4	0.8	1.6(96)
不赞成	2.1	0.3	0.7	1.4	1.1	0.3	1.1(70)
合计	100.0(658)	100.0(724)	100.0(417)	100.0(1970)	100.0(2000)	100.0(357)	100.0(6126)
$\chi^2 = 144.683$			df = 20		p = 0.000		$\lambda = 0.007$

分析结果(见表8-5-3)显示:知识分子赞成"人与人之间应该互相信任"的比率最高,为92.8%,其余五种人群的比率均在84%—90%之间,小学生赞成的比率最低,为84%。其中,非常赞成的小学生的比率略高,大学生的比率最低,相差5.4%。可见,知识分子最倾向于认为人与人之间应该互相信任。

表8-5-4 不同人群对"害人之心不可有,防人之心不可无"的认同 (%)

	小学生	中学生	大学生	农村居民	城市居民	知识分子	合计
非常赞成	56.7	56.0	51.9	52.8	54.6	44.3	53.6(3275)
比较赞成	19.4	26.0	36.4	30.4	32.4	43.1	30.5(1864)
一般	13.3	11.9	9.8	11.2	9.7	10.6	10.9(663)
不太赞成	6.0	3.5	1.7	3.0	1.9	2.0	2.9(176)
不赞成	4.6	2.6	0.2	2.6	1.4	0.0	2.1(129)
合计	100.0(653)	100.0(723)	100.0(418)	100.0(1951)	100.0(2005)	100.0(357)	100.0(6107)
$\chi^2 = 145.882$			df = 20		p = 0.000		$\lambda = 0.009$

分析结果(见表8－5－4)显示:六种人群中小学生赞成"害人之心不可有,防人之心不可无"的比率最低,为76.1%,其余五种人群赞成的比率在84%—89%,大学生赞成的比率最高,为88.3%。其中,非常赞成的小学生的比率最高,知识分子的比率最低,相差12.4%。可见,大学生对人际信任的心态最为矛盾,既认为应该信任他人,又认为应该对他人有防范之心。

另外,经分析发现,学生和非学生中,虽然赞成"人与人之间应该互相信任"的比率相当,但学生非常赞成的比率为64.1%,非学生的比率为58.6%,相差5.5%;二者非常赞成"害人之心不可有,防人之心不可无"的比率相当。可见,学生比非学生更赞成人际间的相互信任。

(四)不同人群对最信任的人的选择各有特点

表8－5－5 不同人群对最信任的人的选择 (%)

	小学生	中学生	大学生	农村居民	城市居民	知识分子	合计	χ^2	df	p
自己	70.9	82.2	84.4	78.1	80.1	76.1	78.8(4873)	41.737	5	0.000
配偶	—	—	—	50.1	50.7	73.9	40.4(2499)	992.028	5	0.000
父母	83.5	78.7	88.0	74.0	74.5	75.0	76.7(4745)	63.267	5	0.000
子女	—	—	—	41.8	39.6	44.4	30.8(1908)	732.971	5	0.000
亲戚	22.2	21.4	13.2	15.6	12.3	7.6	15.3(944)	77.983	5	0.000
老乡	5.2	2.5	3.3	4.3	1.6	0.8	3.1(190)	42.428	5	0.000
领导	16.5	5.7	1.4	12.8	7.5	5.6	9.4(584)	123.314	5	0.000
同事	—	—	—	6.1	5.9	7.3	5.5(342)	15.706	5	0.000
老师	67.6	47.2	24.2	20.7	16.2	18.8	27.5(1701)	869.885	5	0.000
同学	41.9	27.9	17.7	8.0	8.3	12.4	15.0(926)	623.519	5	0.000
朋友	43.3	56.5	55.0	26.5	26.2	33.4	34.0(2105)	375.631	5	0.000
邻居	8.1	4.7	1.0	6.5	3.3	2.0	4.8(297)	58.683	5	0.000

分析结果(见表8－5－5)显示:依比率,不同人群最信任的人排在前五位的分别是:小学生为父母、自己、老师、朋友和同学;中学生为自己、父母、朋友、老师和同学;大学生为父母、自己、朋友、老师和同学;农村居民为自

己、父母、配偶、子女和朋友;城市居民为自己、父母、配偶、子女和朋友;知识分子为自己、父母、配偶、子女和朋友。最信任的人的比率排在后三位的依次是:小学生为老乡、邻居和领导;中学生为老乡、邻居和领导;大学生为邻居、领导和老乡;农村居民为老乡、同事和邻居;城市居民为老乡、邻居和同事;知识分子为老乡、邻居和领导。六种人群中,小学生、中学生和大学生在比率上有一定的同质性,农村居民、城市居民和知识分子在比率上有一定的同质性。学生中,选择"自己、朋友"的比率随教育程度的升高而升高,而选择"亲戚、领导、老师、同学、邻居"则随教育程度的升高而下降。可见,学生中教育程度越高,对朋友越看重。大学生远离父母,朋友可能是出门在外的主要依靠;与亲戚和邻居的联系相对较少,信任感较弱。非学生中,知识分子选择"配偶"和"朋友"的比率远远高于农村居民和城市居民,选择"子女"和"同学"的比率略高于农村居民和城市居民,而选择"亲戚"、"领导"、"老乡"的比率略低于农村居民和城市居民。农村居民选择"亲戚"、"老乡"、"领导"、"老师"和"邻居"的比率都略高于知识分子和城市居民。可见,知识分子更信任家人和同学,农村居民更信任和自己地缘相近的人。

另外,经分析发现,学生和非学生中,学生选择"父母"、"亲戚"、"老师"、"同学"、"朋友"的比率远比非学生高,这与他们的生活经历是相关的。

(五)知识分子最认可人际的意义

表8-5-6 不同人群对"人与人之间应相互宽容"的认同 （%）

	小学生	中学生	大学生	农村居民	城市居民	知识分子	合计
非常赞成	71.8	69.4	59.1	60.5	61.1	54.8	62.5(3828)
比较赞成	17.1	24.5	35.2	30.9	31.9	38.2	29.7(1818)
一般	7.1	4.4	4.8	7.1	6.0	6.4	6.3(383)
不太赞成	1.4	1.0	0.7	0.8	0.6	0.6	0.8(48)
不赞成	2.6	0.7	0.2	0.7	0.4	0.0	0.7(45)
合计	100.0 (655)	100.0 (722)	100.0 (418)	100.0 (1961)	100.0 (2010)	100.0 (356)	100.0 (6122)
$\chi^2 = 129.876$			df = 20		p = 0.000		$\lambda = 0.005$

分析结果(见表8-5-6)显示:小学生赞成"人与人之间应互相宽容"的比率最低,为88.9%,其余人群赞成的比率在91%—95%之间,大学生赞成的比率最高,为94.3%。其中,非常赞成的小学生的比率最高,知识分子的比率最低,相差17.0%。可见,大学生最倾向于认为人与人之间应该相互宽容。

表8-5-7 不同人群对"人人都应该尊重别人"的认同 (%)

	小学生	中学生	大学生	农村居民	城市居民	知识分子	合计
非常赞成	77.5	76.9	67.8	63.8	67.1	60.4	68.0(4160)
比较赞成	13.7	16.3	27.6	27.2	25.2	35.1	24.3(1488)
一般	5.8	6.1	4.1	7.0	6.2	4.5	6.1(373)
不太赞成	1.2	0.6	0.5	1.4	1.0	0.0	1.0(62)
不赞成	1.8	0.1	0.0	0.6	0.5	0.0	0.6(36)
合计	100.0(659)	100.0(723)	100.0(416)	100.0(1961)	100.0(2004)	100.0(356)	100.0(6119)
$\chi^2 = 98.100$			df = 15		p = 0.000		$\lambda = 0.008$

分析结果(见表8-5-7)显示:六种人群赞成"人人都应该尊重别人"的比率相近,均在90%—96%之间,知识分子赞成的比率最高,为95.5%,农村居民赞成的比率最低,为91.0%。其中,非常赞成的小学生的比率最高,知识分子的比率最低,相差17.1%。可见,知识分子最倾向于人与人之间的相互尊重。

表8-5-8 不同人群对"人与人之间应该互相团结、合作"的认同 (%)

	小学生	中学生	大学生	农村居民	城市居民	知识分子	合计
非常赞成	75.1	72.6	60.7	61.7	61.0	56.4	63.8(3899)
比较赞成	15.2	20.6	30.7	28.9	28.9	38.8	27.1(1659)
一般	6.8	6.0	8.1	7.4	8.6	4.5	7.5(455)
不太赞成	1.7	0.7	0.5	1.3	0.8	0.3	1.0(62)
不赞成	1.2	0.1	0.0	0.7	0.7	0.0	0.6(37)
合计	100.0(658)	100.0(719)	100.0(417)	100.0(1957)	100.0(2003)	100.0(358)	100.0(6112)
$\chi^2 = 131.340$			df = 20		p = 0.000		$\lambda = 0.001$

分析结果(见表8-5-8)显示:六种人群赞成"人与人之间应该互相团

结、合作"的比率相近,基本处于90%—95%之间,知识分子赞成的比率最高,为95.2%,城市居民赞成的比率最低,为89.9%。其中非常赞成的小学生的比率最高,知识分子的比率最低,相差18.7%。可见,知识分子最倾向于人与人之间的相互团结与合作。

表8－5－9　不同人群对"人与人交往应该礼尚往来"的认同　（%）

	小学生	中学生	大学生	农村居民	城市居民	知识分子	合计
非常赞成	49.2	39.9	35.3	41.0	40.9	37.4	41.1(2501)
比较赞成	21.5	21.2	36.0	28.8	31.1	42.5	29.2(1775)
一般	17.9	21.3	23.2	17.9	19.6	15.9	19.1(1164)
不太赞成	4.9	9.6	4.1	7.2	5.4	3.1	6.2(378)
不赞成	6.5	8.0	1.4	5.1	2.9	1.1	4.4(268)
合计	100.0 (651)	100.0 (721)	100.0 (417)	100.0 (1956)	100.0 (1988)	100.0 (353)	100.0 (6086)
$\chi^2 = 169.678$		df = 20		p = 0.000		$\lambda = 0.012$	

分析结果(见表8－5－9)显示:中学生赞成"人与人交往应该礼尚往来"的比率最低,为61.1%,小学生、大学生、农村居民和城市居民的比率基本处于70%—72%之间,知识分子比率最高,为79.9%。其中,非常赞成的小学生的比率最高,大学生的比率最低,相差8.2%。可见,知识分子最倾向于人与人之间的礼尚往来。

表8－5－10　不同人群对"人与人之间的友谊是很珍贵的"的认同　（%）

	小学生	中学生	大学生	农村居民	城市居民	知识分子	合计
非常赞成	74.0	79.1	69.4	64.4	65.7	65.0	68.0(4155)
比较赞成	15.3	16.0	25.8	25.4	25.8	29.4	23.6(1442)
一般	7.7	3.1	4.6	8.0	7.5	5.3	6.8(418)
不太赞成	1.8	1.8	0.2	1.5	0.6	0.3	1.1(68)
不赞成	1.2	0.0	0.0	0.7	0.4	0.0	0.5(30)
合计	100.0 (655)	100.0 (719)	100.0 (418)	100.0 (1965)	100.0 (2002)	100.0 (354)	100.0 (6113)
$\chi^2 = 131.354$			df = 20			p = 0.005	

分析结果(见表 8－5－10)显示:小学生赞成"人与人之间的友谊是很珍贵的"的比率最低,为 89.3%,大学生的比率最高,为 95.2%。其中,非常赞成的小学生的比率最高,农村居民的比率最低,相差 9.6%。可见,大学生最倾向于认为人与人之间的友谊是珍贵的。

表 8－5－11　不同人群对"良好人际关系在生活中很重要"的认同　(%)

	小学生	中学生	大学生	农村居民	城市居民	知识分子	合计
非常赞成	56.4	69.0	71.0	61.9	65.3	67.7	64.2(3932)
比较赞成	23.4	20.6	23.5	25.8	26.9	29.8	25.4(1553)
一般	13.7	8.0	5.0	9.4	6.4	1.9	7.9(490)
不太赞成	3.0	1.4	0.5	1.9	0.6	0.6	1.4(84)
不赞成	3.5	1.0	0.0	1.0	0.8	0.0	1.1(66)
合计	100.0(659)	100.0(719)	100.0(417)	100.0(1966)	100.0(2008)	100.0(356)	100.0(6125)
$\chi^2 = 162.208$			df = 20		p = 0.000		$\lambda = 0.014$

分析结果(见表 8－5－11)显示:小学生赞成"良好人际关系在生活中很重要"的比率最低,为 79.8%,知识分子赞成的比率最高,为 97.5%,其余四种人群的比率在 87%—95%。其中,非常赞成的大学生的比率最高,小学生的比率最低,相差 14.6%。可见,知识分子最注重良好的人际关系,小学生在人际方面的观念需要加强。

另外,经分析发现,学生与非学生中,学生与非学生赞成以上六个观点的比率相当,但学生非常赞成的比率均比非学生的比率要高,说明学生更认可人际的意义。

(六)小学生最愿意助人,知识分子最倾向于提供无私帮助

分析结果(见表 8－5－12)显示:六种人群赞成"对别人在困难时应尽力帮助"的比率在 87%—95%,小学生赞成的比率最高,为 95%,城市居民赞成的比率最低,为 87.2%。但六种人群非常赞成的比率相差较大,小学生非常赞成的比率最高,大学生非常赞成的比率最低,相差 40.3%,小学

和大学生的比率出现这么大的差异,其原因值得进一步研究。从分析看出,小学生最倾向于帮助他人。

表8-5-12　不同人群对"别人在困难时应尽力帮助"的认同　(%)

	小学生	中学生	大学生	农村居民	城市居民	知识分子	合计
非常赞成	84.8	69.6	44.5	58.0	54.1	50.0	59.6(3677)
比较赞成	10.2	23.7	45.7	30.1	33.1	41.9	29.9(1845)
一般	4.2	5.8	9.1	9.7	10.7	6.7	8.8(545)
不太赞成	0.2	0.3	0.5	0.7	1.1	1.4	0.7(45)
不赞成	0.6	0.6	0.2	1.5	1.0	0.0	1.0(59)
合计	100.0 (664)	100.0 (726)	100.0 (416)	100.0 (1990)	100.0 (2017)	100.0 (358)	100.0 (6171)
$\chi^2 = 329.074$			df = 20		p = 0.000		$\lambda = 0.011$

表8-5-13　不同人群对"帮助别人要看对自己是否有利"的认同　(%)

	小学生	中学生	大学生	农村居民	城市居民	知识分子	合计
非常赞成	19.4	8.7	2.9	8.6	5.9	2.6	8.2(494)
比较赞成	15.3	14.2	11.1	11.5	9.4	6.6	11.2(679)
一般	12.7	19.8	23.7	15.0	15.7	20.0	16.5(997)
不太赞成	14.8	23.9	41.6	28.0	34.5	39.7	29.8(1799)
不赞成	37.8	33.4	20.7	36.9	34.5	31.1	34.3(2075)
合计	100.0 (661)	100.0 (725)	100.0 (416)	100.0 (1936)	100.0 (1956)	100.0 (350)	100.0 (6044)
$\chi^2 = 335.759$			df = 20		p = 0.000		$\lambda = 0.031$

分析结果(见表8-5-13)显示:六种人群反对"帮助别人要看对自己是否有利"的比率有一定差异。知识分子反对的比率最高,为70.8%,小学生反对的比率最低,为52.6%。可见,知识分子最倾向于无条件帮助别人,小学生需要加强无私助人的观念。

另外,经分析发现,学生与非学生中,赞成的比率相近,但非常赞成"对别人在困难时是否尽力帮助"的学生的比率为69.4%,非常赞成的非学生的比率为55.5%,相差13.9%;学生反对"帮助别人要看对自己是否有利"

的比率为 56.7%,非学生反对的比率为 67.2%,相差 10.5%。可见,学生比非学生更加倾向于帮助别人,但是非学生比学生更加倾向于无条件帮助别人。

六、不同地区公众的诚信观与人际观比较

(一)黑龙江人对诚信普遍性的评价最高

表 8-6-1 不同地区公众对诚信普遍性的评价 (%)

	北京人	上海人	广东人	黑龙江人	陕西人	湖北人	合计
大家都讲	11.0	6.9	8.4	15.7	11.3	7.2	10.1(622)
多数人讲	37.9	38.5	38.9	37.0	36.5	42.4	38.6(2374)
大约一半人讲	22.1	26.0	24.2	17.2	20.4	18.7	21.5(1324)
只少数人讲	20.5	19.4	19.0	20.9	23.2	23.5	21.0(1295)
大家都不讲	2.3	2.7	1.0	2.1	2.5	1.6	2.0(126)
不知道	6.2	6.5	8.5	7.1	6.1	6.6	6.8(417)
合计	100.0 (1061)	100.0 (1111)	100.0 (986)	100.0 (1050)	100.0 (956)	100.0 (995)	100.0 (6158)
$\chi^2 = 113.713$		df = 25		p = 0.000			$\lambda = 0.013$

分析结果(见表 8-6-1)显示:对于目前人们是否讲诚信,认为"大家都讲"的黑龙江人的比率最高,上海人的比率最低,相差 8.8%;认为"多数人讲"的湖北人的比率最高,陕西人的比率最低,相差 5.9%。从"大家都讲"和"多数人讲"的比率相加来看,比率从高到低依次是黑龙江人(52.7%)、湖北人(49.6%)、北京人(48.9%)、陕西人(47.8%)、广东人(47.3%)、上海人(45.4%),最高比率与最低比率相差 7.3%。可见,黑龙江人对诚信普遍性的评价最高,上海人对诚信普遍性的评价最低。

（二）黑龙江人最倾向于无条件讲诚信

表8－6－2　不同地区公众对诚信对象或条件的选择　（％）

	北京人	上海人	广东人	黑龙江人	陕西人	湖北人	合计
任何情况下都该讲	2.7	0.4	0.7	0.8	1.4	0.0	1.0(60)
对无论是否讲诚信的人都讲	68.0	66.0	69.8	73.7	69.9	67.1	69.1(4178)
对讲诚信的人讲,对不讲诚信的人不讲	24.4	28.6	22.4	20.3	21.6	28.7	24.4(1478)
现在大家都不怎么讲诚信,没必要讲	2.1	1.9	2.5	2.8	3.3	1.4	2.3(141)
其他	2.8	3.1	4.6	2.4	3.8	2.8	3.2(193)
合计	100.0(1035)	100.0(1090)	100.0(954)	100.0(1037)	100.0(947)	100.0(987)	100.0(6050)
$\chi^2 = 97.489$		df = 20		p = 0.000		$\lambda = 0.013$	

分析结果(见表8－6－2)显示:对于"人与人之间应不应该讲诚信",赞成"对无论是否讲诚信的人都讲"的黑龙江人的比率最高,上海人的比率最低,相差7.7％;赞成"对讲诚信的人讲,对不讲诚信的人不讲"的湖北人的比率最高,黑龙江人的比率最低,相差8.4％。可见,黑龙江人最倾向于认为讲诚信是无条件的,无论何种情况下,无论他人如何,自己都应该讲诚信;湖北人最倾向于认为讲诚信是条件对等的,即对讲诚信的人讲,对不讲诚信的人不讲。

（三）黑龙江人最倾向于相互信任,湖北人信任心态最为矛盾

分析结果(见表8－6－3)显示:六个地区公众赞成"人与人之间应该互相信任"的比率相近,均在85％—90％之间,黑龙江人(90％)和湖北人(90％)赞成的比率最高,北京人(85.6％)赞成的比率最低;其中非常赞成

的黑龙江人的比率最高,广东人的比率最低,相差 11.8%。可见,黑龙江人最倾向于人与人之间的相互信任。

表 8-6-3　不同地区公众对"人与人之间应该互相信任"的认同　（%）

	北京人	上海人	广东人	黑龙江人	陕西人	湖北人	合计
非常赞成	57.8	60.0	55.2	67.0	55.6	65.0	60.2(3688)
比较赞成	27.8	29.3	31.6	23.0	31.9	25.0	28.0(1718)
一般	11.5	8.3	10.3	7.3	9.1	8.0	9.0(554)
不太赞成	1.8	1.1	1.6	1.8	1.9	1.2	1.6(96)
不赞成	1.1	1.3	1.3	0.9	1.5	0.8	1.2(70)
合计	100.0 (1050)	100.0 (1110)	100.0 (973)	100.0 (1047)	100.0 (966)	100.0 (992)	100.0 (6126)
$\chi^2 = 64.470$		df = 20		p = 0.000		$\lambda = 0.010$	

表 8-6-4　不同地区公众对"害人之心不可有,防人之心不可无"的看法　（%）

	北京人	上海人	广东人	黑龙江人	陕西人	湖北人	合计
非常赞成	55.1	53.6	49.8	54.3	49.6	59.0	53.6(3275)
比较赞成	29.0	32.9	32.7	28.8	32.1	27.6	30.5(1864)
一般	10.8	10.0	12.5	10.8	11.6	9.6	10.9(663)
不太赞成	3.1	2.1	2.9	3.4	4.0	1.9	2.9(176)
不赞成	2.0	1.4	2.1	2.7	2.8	1.9	2.1(129)
合计	100.0 (1055)	100.0 (1096)	100.0 (961)	100.0 (1044)	100.0 (962)	100.0 (989)	100.0 (6107)
$\chi^2 = 42.211$		df = 20		p = 0.003		$\lambda = 0.005$	

分析结果(见表 8-6-4)显示:六个地区公众赞成"害人之心不可有,防人之心不可无"的比率相当,均在 81%—87% 之间,湖北人(86.6%)和上海人(86.5%)赞成的比率最高,陕西人(81.7%)赞成的比率最低;其中非常赞成的湖北人的比率最高,陕西人的比率最低,相差 9.4%。可见,湖北人对人际间信任的心态最为矛盾,一方面认为应该信任他人,另一方面又对他人抱着防范之心。

（四）湖北人比其他地区的人更信任家人和领导

表 8－6－5 不同地区公众对最信任的人的选择 （％）

	北京人	上海人	广东人	黑龙江人	陕西人	湖北人	合计	χ^2	df	p
自己	76.1	82.4	76.2	80.0	79.2	78.5	78.8(4873)	18.101	5	0.003
配偶	39.3	41.1	36.9	41.2	36.8	47.0	40.4(2499)	29.232	5	0.000
父母	75.5	76.3	77.5	78.2	75.6	77.4	76.7(4745)	3.573	5	0.612
子女	27.4	31.0	23.2	33.2	31.1	39.4	30.8(1908)	70.085	5	0.000
亲戚	16.2	12.9	14.5	16.2	16.6	15.4	15.3(944)	8.068	5	0.153
老乡	3.9	1.9	2.2	3.4	4.3	2.3	3.1(190)	19.277	5	0.002
领导	8.6	7.8	9.9	9.1	9.0	12.5	9.4(584)	16.015	5	0.007
同事	6.6	5.4	6.3	5.7	5.5	3.6	5.5(342)	10.371	5	0.035
老师	25.7	25.9	27.4	29.0	28.5	28.7	27.5(1701)	5.519	5	0.365
同学	13.7	13.5	15.2	18.6	15.5	13.3	15.0(926)	16.274	5	0.006
朋友	36.4	35.0	34.6	33.2	32.5	32.2	34.0(2105)	6.204	5	0.004
邻居	4.9	5.2	2.5	5.8	5.4	4.9	4.8(297)	14.855	5	0.011

分析结果(见表8－6－5)显示:依比率,六个地区公众最信任的人排在前五位的分别是:北京人为自己、父母、配偶、朋友和子女;上海人为自己、父母、配偶、朋友和子女;广东人为父母、自己、配偶、朋友和老师;黑龙江人为自己、父母、配偶、子女和朋友(并列);陕西人为自己、父母、配偶、朋友和子女;湖北人为自己、父母、配偶、子女和朋友。六个地区公众最信任的人排在后三位的是:北京人为老乡、邻居和同事;上海人为老乡、邻居和同事;广东人为老乡、邻居和同事;黑龙江人为老乡、同事和邻居;陕西人为老乡、邻居和同事;湖北人为老乡、同事和邻居。可见,六个地区公众选择最多的都是自己、父母、配偶、朋友和子女,但在比率上略有差别,上海人选择"自己"的比率最高,黑龙江人选择"父母"的比率最高,湖北人选择"配偶"和"子女"的比率均最高,北京人选择"朋友"的比率最高。其中湖北人选择"子女"的比率超过选择"朋友"的比率,其余地区公众选择"朋友"的比率均超过选择

"子女"的比率,广东人选择"朋友"的比率超出选择"子女"的比率最多,为11.4%。六个地区公众选择老师的比率均在25%—30%之间,黑龙江人选择的比率最高。六个地区公众选择"亲戚"和"同学"的比率都在10%—20%之间,其中选择"亲戚"比率最高的为陕西人,选择"同学"比率最高的为黑龙江人。六个地区公众选择"老乡"、"领导"、"邻居"的比率都在10%以下,只有湖北人选择"领导"的比率为12.5%。可见,相对而言,湖北人比其他地区公众更信任家人和领导。

(五)黑龙江人最认可人际的意义,广东人的人际观念需加强

表8-6-6 不同地区公众对"人与人之间应互相宽容"的认同 (%)

	北京人	上海人	广东人	黑龙江人	陕西人	湖北人	合计
非常赞成	60.5	63.5	57.6	69.3	58.8	64.8	62.5(3828)
比较赞成	29.8	29.5	34.1	23.9	33.3	28.2	29.7(1818)
一般	7.4	5.7	6.8	5.2	6.6	6.1	6.3(383)
不太赞成	1.2	0.7	0.7	0.8	0.4	0.8	0.8(48)
不赞成	1.1	0.6	0.8	0.8	0.9	0.1	0.7(45)
合计	100.0 (1054)	100.0 (1104)	100.0 (963)	100.0 (1051)	100.0 (958)	100.0 (992)	100.0 (6122)
$\chi^2 = 55.898$		df = 20		p = 0.000		$\lambda = 0.007$	

分析结果(见表8-6-6)显示:六个地区公众赞成"人与人之间应互相宽容"的比率相当,均在90%—94%之间,陕西人(93.2%)赞成的比率最高,上海人(90%)赞成的比率最低;其中非常赞成的黑龙江人的比率最高,广东人的比率最低,相差11.7%。可见,黑龙江人最倾向于人与人之间的相互宽容。

分析结果(见表8-6-7)显示:六个地区公众赞成"人人都应该尊重别人"的比率相近,均在90%—95%之间,黑龙江人(94.5%)赞成的比率最高,北京人(90.4%)赞成的比率最低;其中非常赞成的黑龙江人的比率最高,广东人的比率最低,相差11.6%。可见,黑龙江人最倾向于人与人之间

的相互尊重，广东人需加强尊重别人的观念。

表 8－6－7　不同地区公众对“人人都应该尊重别人”的认同　（%）

	北京人	上海人	广东人	黑龙江人	陕西人	湖北人	合计
非常赞成	65.7	69.4	63.6	75.2	64.6	68.9	68.0(4160)
比较赞成	24.7	24.0	27.0	19.3	26.1	25.3	24.3(1488)
一般	8.0	5.3	7.0	4.1	7.1	5.1	6.1(373)
不太赞成	1.0	1.0	1.7	0.6	1.3	0.5	1.0(62)
不赞成	0.6	0.4	0.7	0.8	0.9	0.2	0.6(36)
合计	100.0 (1051)	100.0 (1104)	100.0 (373)	100.0 (1048)	100.0 (963)	100.0 (992)	100.0 (6119)
$\chi^2=63.202$		df = 20		p = 0.000		λ = 0.008	

分析结果（见表 8－6－8）显示：六个地区公众赞成“人与人之间应该互相团结、合作”的比率相当，均在 88%—93% 之间，湖北人（92.8%）赞成的比率最高，北京人（88.8%）赞成的比率最低；其中非常赞成的黑龙江人的比率最高，广东人的比率最低，相差 11.6%。可见，黑龙江人最倾向于人与人之间的相互团结与合作，广东人需加强团结合作的观念。

表 8－6－8　不同地区公众对“人与人之间应该互相团结、合作”的认同　（%）

	北京人	上海人	广东人	黑龙江人	陕西人	湖北人	合计
非常赞成	61.4	64.1	59.8	71.4	60.9	64.6	63.8(3899)
比较赞成	27.4	28.4	30.3	20.3	28.6	28.2	27.1(1659)
一般	9.2	6.3	8.5	6.6	7.7	6.4	7.5(455)
不太赞成	1.6	0.7	0.7	0.9	1.7	0.6	1.0(62)
不赞成	0.4	0.5	0.7	0.8	1.1	0.2	0.6(37)
合计	100.0 (1051)	100.0 (1101)	100.0 (961)	100.0 (1045)	100.0 (964)	100.0 (991)	100.0 (6112)
$\chi^2=66.697$		df = 20		p = 0.000		λ = 0.011	

分析结果（见表 8－6－9）显示：六个地区公众赞成“人与人交往应该礼尚往来”的比率广东人最低，为 66.7%，其他地区的比率均在 70%—73% 之

间。其中,非常赞成的黑龙江人的比率最高,广东人的比率最低,相差
9.9%。可见,黑龙江人最倾向于人与人之间的礼尚往来,广东人需加强礼
尚往来的观念。

表8-6-9 不同地区者对"人与人交往应该礼尚往来"的认同 (%)

	北京人	上海人	广东人	黑龙江人	陕西人	湖北人	合计
非常赞成	44.0	41.3	35.7	45.6	41.1	38.3	41.1(2501)
比较赞成	28.4	28.7	31.0	25.3	30.2	31.7	29.2(1775)
一般	18.2	18.8	22.2	16.9	19.0	20.0	19.1(1164)
不太赞成	5.8	7.0	6.5	6.0	5.6	6.3	6.2(378)
不赞成	3.6	4.2	4.6	6.2	4.1	3.7	4.4(268)
合计	100.0 (1054)	100.0 (1093)	100.0 (954)	100.0 (1038)	100.0 (957)	100.0 (990)	100.0 (6086)
$\chi^2 = 45.497$			df = 20		p = 0.001		$\lambda = 0.005$

表8-6-10 不同地区公众对"人与人之间的友谊是很珍贵的"的认同 (%)

	北京人	上海人	广东人	黑龙江人	陕西人	湖北人	合计
非常赞成	67.1	69.3	62.5	74.5	63.8	69.9	68.0(4155)
比较赞成	24.7	22.5	27.9	18.7	24.4	23.9	23.6(1442)
一般	6.7	6.9	7.8	5.4	8.5	5.7	6.8(418)
不太赞成	1.0	0.8	1.3	1.0	2.3	0.4	1.1(68)
不赞成	0.5	0.5	0.5	0.4	1.0	0.1	0.5(30)
合计	100.0 (1054)	100.0 (1100)	100.0 (957)	100.0 (1049)	100.0 (958)	100.0 (996)	100.0 (6113)
$\chi^2 = 70.384$			df = 20		p = 0.000		$\lambda = 0.009$

分析结果(见表8-6-10)显示:陕西人赞成"人与人之间的友谊是很
珍贵的"的比率为88.2%,其余五个地区公众赞成的比率均在90%—94%
之间,湖北人赞成的比率最高,为93.8%。其中,非常赞成的黑龙江人的比
率最高,广东人的比率最低,相差12%。可见,黑龙江人最倾向于认为人与
人之间的友谊是珍贵的。

　　分析结果(见表 8－6－11)显示:六个地区公众赞成"良好人际关系在生活中很重要"的比率相当,均在 88%—91% 之间,湖北人(90.4%)赞成的比率最高,陕西人(88.1%)赞成的比率最低。其中,非常赞成的黑龙江人的比率最高,广东人的比率最低,相差 6.9%。可见,黑龙江人最注重良好的人际关系,广东人在人际方面的观念需加强。

表 8－6－11　不同地区公众对"良好人际关系在生活中很重要"的认同　(%)

	北京人	上海人	广东人	黑龙江人	陕西人	湖北人	合计
非常赞成	64.0	67.5	60.1	67.0	61.4	64.4	64.2(3932)
比较赞成	25.0	22.8	28.5	22.7	27.7	26.0	25.4(1553)
一般	8.8	7.5	9.1	7.2	8.7	7.0	7.9(490)
不太赞成	1.3	1.2	1.1	1.5	1.5	1.6	1.4(84)
不赞成	0.9	1.1	1.1	1.6	0.7	1.0	1.1(66)
合计	100.0 (1055)	100.0 (1106)	100.0 (963)	100.0 (1048)	100.0 (959)	100.0 (994)	100.0 (6125)
$\chi^2 = 29.521$		df = 20			p = 0.078		$\lambda = 0.006$

(六)黑龙江人最乐于帮助别人,湖北人更愿意无条件助人

表 8－6－12　不同地区公众对"别人在困难时应尽力帮助"的认同　(%)

	北京人	上海人	广东人	黑龙江人	陕西人	湖北人	合计
非常赞成	61.4	57.7	52.7	68.4	58.6	58.0	59.6(3677)
比较赞成	28.6	31.6	34.6	22.1	31.4	31.5	29.9(1845)
一般	8.6	9.1	11.3	7.6	8.1	8.6	8.8(545)
不太赞成	0.8	0.9	0.4	0.7	0.5	1.1	0.7(45)
不赞成	0.6	0.7	1.0	1.2	1.4	0.8	1.0(59)
合计	100.0 (1066)	100.0 (1117)	100.0 (977)	100.0 (1051)	100.0 (967)	100.0 (994)	100.0 (6171)
$\chi^2 = 74.594$		df = 20			p = 0.000		$\lambda = 0.012$

　　分析结果(见表 8－6－12)显示:六个地区公众赞成"对别人在困难时

应尽力帮助"的比率相近,均在87%—91%之间,黑龙江人赞成的比率最高,为90.5%。但六个地区非常赞成的比率相差较大,黑龙江人的比率最高,广东人的比率最低,相差15.7%。这代表了南方和北方对人际间帮助的态度。

分析结果(见表8-6-13)显示:六个地区公众反对"帮助别人要看对自己是否有利"的比率在59%—73%之间,湖北人反对的比率最高,为72.9%,陕西人和北京人反对的比率最低,约59%,相差13.9%。相应地,六个地区赞成的比率在14%—25%之间,湖北人赞成的比率最低,陕西人赞成的比率最高。

表8-6-13　不同地区公众对"帮助别人要看对自己是否有利"的认同　(%)

	北京人	上海人	广东人	黑龙江人	陕西人	湖北人	合计
非常赞成	10.0	9.4	5.6	8.8	8.6	6.2	8.2(494)
比较赞成	12.8	10.7	9.9	10.7	14.9	8.5	11.2(679)
一般	18.2	18.1	21.1	11.7	17.6	12.4	16.5(997)
不太赞成	29.5	31.9	30.2	25.7	27.5	33.8	29.8(1799)
不赞成	29.5	29.9	33.2	43.1	31.4	39.1	34.3(2075)
合计	100.0 (1042)	100.0 (1092)	100.0 (944)	100.0 (1037)	100.0 (953)	100.0 (980)	100.0 (6044)
$\chi^2 = 152.68$		df = 20		p = 0.000			$\lambda = 0.019$

第九章

公众社会发展观的
差异分析

一、不同性别者的社会发展观比较

表 9-1-1　不同性别者对社会发展观的认同

	男	女	合计	χ^2	df	p
国家经济发展	62.0	64.6	63.2(3923)	4.505	1	0.034
国家科学技术发展	57.4	57.6	57.5(3569)	0.030	1	0.862
国家教育水平提高	61.1	63.5	62.2(3859)	3.661	1	0.056
国家环境经济协调发展	38.2	37.4	37.9(2351)	0.371	1	0.543
国家综合国力提高	51.2	41.7	46.9(2909)	55.741	1	0.000
国家社会持续发展	31.4	27.7	29.7(1843)	9.708	1	0.002
国家无论哪方面只要增长	11.0	11.6	11.3(702)	0.562	1	0.453
人们收入增加	34.7	33.4	34.1(2117)	1.174	1	0.279
人们生活环境好	37.4	36.0	36.8(2285)	1.242	1	0.265
人们生活水平提高	57.6	56.9	57.3(3547)	0.311	1	0.577

　　江泽民总书记在纪念建党 80 周年的讲话中指出:"我们建设有中国特色社会主义的各项事业,我们进行的一切工作,既要着眼于人民现实的物质

文化生活需要,同时又要着眼于促进人民素质的提高,也就是要努力促进人的全面发展。"这一精辟而深刻的论断,科学地阐述了一种新型的社会发展观念——以人为本的社会发展观。那么不同性别公众对社会发展观是如何认识的呢?

分析结果(见表9－1－1)表明:男性认同的社会发展观排在前五位的依次是"国家经济发展"、"国家教育水平提高"、"人们生活水平提高"、"国家科学、技术发展"和"国家综合国力提高"。女性认同的社会发展观排在前五位的依次是"国家经济发展"、"国家教育水平提高"、"国家科学、技术发展"、"人们生活水平提高"和"国家综合国力提高"。其中,男性比女性认同"综合国力提高"的比率高约10%。

总体说来,不同性别公众都认为经济、科技、教育是社会发展的首要内容,基本理解了科学发展观的含义。

二、不同年龄者的社会发展观比较

分析结果(见表9－2－1)显示:不同年龄者认同的社会发展观的内容,依比率,10岁以下者排在前五位的依次是"国家教育水平提高"、"国家经济发展"、"国家科学、技术发展"、"人们生活水平提高"和"人们生活环境好"。10—19岁者排在前五位的依次是"国家教育水平提高"、"国家经济发展"、"国家科学、技术发展"、"人们生活水平提高"和"综合国力提高"。20—29岁者排在前五位的依次是"国家经济发展"、"国家教育水平提高"、"人们生活水平提高"、"国家科学、技术发展"和"国家综合国力提高"。30—39岁者排在前五位的依次是"国家教育水平提高"、"国家经济发展"、"人们生活水平提高"、"国家科学、技术发展"和"综合国力提高"。40—49岁者排在前五位的依次是"国家经济发展"、"国家教育水平提高"、"人们生活水平提高"、"国家科学、技术发展"和"国家综合国力提高"。50—59岁者排在前五位的依次是"国家经济发展"、"国家教育水平提高"、"国家科学、技术发展"、"人们生活水平提高"和"国家综合国力提高"。60岁以上者排在前五位的依次是"国家教育水平提高"、"国家经济发展"、"人们生活水平提高"、"国家科学、技术发展"和"国家综合国力提高"。

表9-2-1 不同年龄者对社会发展的认同 （%）

	10岁以下	10—19岁	20—29岁	30—39岁	40—49岁	50—59岁	60岁以上	合计	χ^2	df	p
国家经济发展	55.7	63.0	65.3	58.2	65.8	65.3	65.1	63.2(3923)	23.644	6	0.001
国家科学技术发展	51.4	60.5	58.3	52.8	55.9	61.9	58.9	57.5(3569)	23.972	6	0.001
国家教育水平提高	65.5	63.4	64.5	59.0	58.8	62.7	65.4	62.2(3859)	16.462	6	0.011
国家环境经济协调发展	30.7	40.3	43.9	32.6	32.1	36.5	40.0	37.9(2351)	60.454	6	0.000
国家综合国力提高	34.3	45.2	52.4	43.1	45.2	47.5	51.0	46.9(2909)	40.378	6	0.000
社会持续发展	24.3	29.7	34.0	27.4	26.9	28.5	30.1	29.7(1843)	22.930	6	0.001
国家无论哪方面只要增长	18.6	15.5	9.4	7.5	11.1	8.0	18.0	11.3(702)	77.334	6	0.000
人们收入增加	29.3	27.5	33.4	33.2	39.7	44.9	39.4	34.1(2117)	74.682	6	0.000
生活环境好	37.9	37.0	37.2	34.0	37.3	39.7	38.2	36.8(2285)	6.462	6	0.373
生活水平提高	47.5	51.9	63.2	55.4	56.9	61.1	59.7	57.3(3547)	50.254	6	0.000

其中,60岁以上者比10岁以下者认同"国家综合国力提高"的高约15%;50—59岁者比10岁以下者认同"人们收入增加"的高约15%;20—29岁者比10岁以下者认同"人们生活水平提高"的高约15%;20—29岁者较其他年龄段者,认同"国家经济发展"、"国家环境经济协调发展"、"国家综合国力提

高"、"社会能持续发展"、"人们生活水平提高"的比率都是最高的。

总体说来,不同年龄公众对社会发展观的认同存在差异,同时对"国家环境经济协调发展"、"社会持续发展"的认同均相对较少。科学的社会发展观念强调:一个国家的社会发展是以人为中心的社会经济、政治、文化、生态自然诸领域协调互动、全面进步的过程,是人的多种价值要求的实现过程和人的自身价值的提高过程。它也承认社会发展在物相层面必然表现为追求经济增长、开发自然资源、提高科技应用水平等经验事实,但它更强调社会发展的人文价值方面,认为社会发展在物相层面的经验事实只有在"人本"价值原则的规约和引导中,才能获得持续发展和真实意义。因此我们有必要加强宣传,引导公众树立科学全面的社会发展观。

三、不同民族者的社会发展观比较

表 9 - 3 - 1　不同民族者对社会发展的认同　（％）

	汉族	其他少数民族	合计	χ^2	df	p
国家经济发展	63.1	64.3	63.2(3923)	0.669	4	0.955
国家科学技术发展	57.2	61.9	57.5(3569)	25.768	6	0.000
国家教育水平提高	61.8	66.9	62.2(3859)	5.439	4	0.245
国家环境经济协调发展	37.6	42.1	37.9(2351)	3.082	2	0.214
国家综合国力提高	46.5	52.9	46.9(2909)	5.945	4	0.203
社会持续发展	29.6	32.0	29.7(1843)	2.253	4	0.689
国家无论哪方面只要增长	11.2	12.7	11.3(702)	1.473	2	0.479
人们收入增加	34.2	32.8	34.1(2117)	0.480	2	0.787
人们生活环境好	36.8	37.8	36.8(2285)	0.379	4	0.984
人们生活水平提高	57.2	59.3	57.3(3547)	1.512	6	0.959

我国是一个统一的多民族国家,汉族和各少数民族处于平等地位,和睦相处,各个民族对社会发展观的认可是否相同对于民族团结具有重要意义。

分析结果(见表9－3－1)显示:不同民族者认同的社会发展观的内容,依比率,汉族排在前五位的依次是"国家经济发展"、"国家教育水平提高"、"国家科学、技术发展"、"人们生活水平提高"和"国家综合国力提高"。其他少数民族排在前五位的依次是"国家教育水平提高"、"国家经济发展"、"国家科学、技术发展"、"人们生活水平提高"和"国家综合国力提高"。

其中,少数民族比汉族认同"国家教育水平提高"、"国家环境经济协调发展"、"国家综合国力提高"的比率高约5%,其他观点认同的比率相当。

不同民族对社会发展观的认同基本相同充分表明了各民族共同关注社会发展并且取得一定的共识。

四、不同宗教信仰者的社会发展观比较

表9－4－1 不同宗教者对社会发展的认同 （%）

	无	基督教	天主教	伊斯兰教	佛教	道教	不明宗教	合计	χ^2	df	p
国家经济发展	63.3	56.6	64.8	70.6	65.3	60.0	61.5	63.2(3923)	7.202	6	0.303
国家科学技术发展	57.2	57.4	59.3	54.9	62.4	66.0	42.3	57.5(3569)	9.155	6	0.165
国家教育水平提高	62.0	58.6	57.4	64.7	66.7	66.0	53.8	62.2(3859)	7.551	6	0.273
国家环境经济协调发展	38.6	29.7	29.6	39.2	38.0	34.0	26.9	37.9(2351)	11.661	6	0.070
国家综合国力提高	47.8	40.2	33.3	51.0	44.8	42.0	30.8	46.9(2909)	14.689	6	0.023
社会持续发展	30.4	24.2	33.3	25.5	26.5	34.0	23.1	29.7(1843)	8.984	6	0.174
国家无论哪方面只要增长	11.0	11.3	22.2	9.8	11.9	16.0	15.4	11.3(702)	8.594	6	0.198
人们收入增加	34.4	33.2	40.7	29.4	30.4	34.0	46.2	34.1(2117)	6.578	6	0.362
生活环境好	37.1	30.1	40.7	39.2	36.6	42.0	42.3	36.8(2285)	6.537	6	0.366
生活水平提高	57.9	54.3	59.3	54.9	53.8	52.0	50.0	57.3(3547)	5.364	6	0.498

在社会主义时期,我国对待宗教唯一正确的政策就是宗教信仰自由政策。只有这样,才能团结一切可以团结的人,为建设中国特色的社会主义共同奋斗。那么,各种不同的宗教信仰者对社会发展是如何认同的呢?

调查结果(见表9-4-1)显示:不同宗教信仰者认同的社会发展观的内容,依比率,无宗教信仰者排在前五位的依次是"国家经济发展"、"国家教育水平提高"、"人们生活水平提高"、"国家科学、技术发展"、和"国家综合国力提高";基督教信仰者排在前五位的依次是"国家教育水平提高"、"国家科学、技术发展"、"国家经济发展"、"人们生活水平提高"和"国家综合国力提高";天主教信仰者排在前五位的依次是"国家经济发展"、"国家科学、技术发展"、"人们生活水平提高"、"国家教育水平提高"和"人们生活环境好";伊斯兰教信仰者排在前五位的依次是"国家经济发展"、"国家教育水平提高"、"国家科学、技术发展"、"人们生活水平提高"和"国家综合国力提高";佛教信仰者排在前五位的依次是"国家教育水平提高"、"国家经济发展"、"国家科学、技术发展"、"人们生活水平提高"和"国家综合国力提高"。道教信仰者排在前五位的依次是"国家科学、技术发展"、"国家教育水平提高"、"国家经济发展"、"人们生活水平提高"和"国家综合国力提高";不明宗教信仰者排在前五位的依次是"国家教育水平提高"、"国家经济发展"、"人们生活水平提高"、"人们收入增加"和"国家科学、技术发展"。

其中,伊斯兰教信仰者比基督教信仰者认同"国家经济发展"的比率高约15%;伊斯兰教信仰者比天主教信仰者认同"国家综合国力提高"的比率高约15%;道教信仰者比基督教信仰者认同"人们生活环境好"的比率高约10%。

由此可见,不同的宗教信仰者对社会发展观的认同存在一定的差异,但总体而言,各种宗教信仰者认同"国家经济发展"、"国家科学、技术发展"、"国家教育水平提高"、"人们生活水平提高"的比率都高于50%,说明各种宗教都是坚定不移地拥护社会主义建设的,因此,我们应该积极引导宗教与社会主义社会相适应,实现社会发展。

五、不同人群的社会发展观比较

表9-5-1　不同人群对社会发展的认同　（%）

	小学生	中学生	大学生	农村居民	城市居民	知识分子	合计	χ^2	df	p
国家经济发展	56.1	71.0	65.5	62.5	62.8	64.4	63.2(3923)	34.980	5	0.000
国家科学技术发展	57.4	63.6	55.4	55.5	58.5	54.0	57.5(3569)	17.619	5	0.003
国家教育水平提高	59.4	67.3	66.4	59.6	62.4	65.3	62.2(3859)	20.608	5	0.001
国家环境经济协调发展	28.5	49.5	57.9	30.6	36.4	57.8	37.9(2351)	245.323	5	0.000
国家综合国力提高	30.2	57.6	71.7	37.6	48.5	69.7	46.9(2909)	357.023	5	0.000
社会持续发展	23.2	33.7	48.7	22.8	29.5	51.4	29.7(1843)	217.943	5	0.000
国家无论哪方面只要增长	16.7	15.2	6.9	10.1	11.3	5.0	11.3(702)	55.288	5	0.000
人们收入增加	21.7	33.7	32.8	35.2	37.4	34.2	34.1(2117)	56.758	5	0.000
人们生活环境好	36.1	38.2	46.5	33.4	36.3	46.1	36.8(2285)	40.951	5	0.000
人们生活水平提高	42.8	58.5	72.4	54.3	59.5	67.9	57.3(3547)	123.427	5	0.000

　　分析结果(见表9-5-1)显示：不同人群认同的社会发展的内容,依比率,小学生排在前五位的依次是"国家教育水平提高"、"国家科学、技术发展"、"国家经济发展"、"人们生活水平提高"和"人们生活环境好"；中学生排在前五位的依次是"国家经济发展"、"国家教育水平提高"、"国家科学、技术发展"、"人们生活水平提高"和"国家综合国力提高"；大学生排在前五位的依次是"人们生活水平提高"、"国家综合国力提高"、"国家教育水平提高"、"国家经济发展"、"国家环境经济协调发展"；农村居民排在前五位的

依次是"国家经济发展"、"国家教育水平提高"、"国家科学、技术发展"、"人们生活水平提高"和"国家综合国力提高";城市居民排在前五位的依次是"国家经济发展"、"国家教育水平提高"、"人们生活水平提高"、"国家科学、技术发展"和"国家综合国力提高";知识分子排在前五位的依次是"国家综合国力提高"、"人们生活水平提高"、"国家教育水平提高"、"国家经济发展"、"国家科学、技术发展"和"国家环境经济协调发展"。

其中,大学生比小学生认同"国家环境经济协调发展"的比率高约30%;大学生比小学生认同"国家综合国力提高"的比率高约40%;知识分子比小学生认同"社会能持续发展"的比率高约30%;大学生比小学生认同"人们生活水平提高"的比率高约30%;大学生和知识分子这两类群体认同"国家环境经济协调发展"的比率均高于平均数约20%,认同"国家综合国力提高"的比率均高于平均数约40%,认同"社会能持续发展"的比率均高于平均数约20%。

由此可见,不同人群对社会发展的认同差异较大,大学生和知识分子这两类群体的认识总体上更加接近科学的社会发展观,可能是由于自身文化水平、知识积累的差异所致。小学生群体与其他群体的差异更为显著,可能是由于其特定的年龄结构决定了他们尚处于学习知识的起步阶段,对社会发展这一宏观概念的认识尚有一定的局限性。新型的社会发展观念——以人为本的社会发展观,是同传统的重物质轻精神、重眼前轻长远的单向度社会发展观迥异的社会发展观念。因此只有提高全体人民的科学文化素质才能更好地理解这一观念。

六、不同地区公众的社会发展观比较

分析结果(见表9-6-1)显示:不同地区公众认同的社会发展观的内容,依比率,北京人排在前五位的依次是"国家经济发展"、"国家教育水平提高"、"人们生活水平提高"、"国家科学、技术发展"和"国家综合国力提高";上海人排在前五位的依次是"国家经济发展"、"国家教育水平提高"、"人们生活水平提高"、"国家科学、技术发展"和"国家综合国力提高";广东人排在前五位的依次是"国家经济发展"、"国家教育水平提高"、"国家科学、技术发展"、"人们生活水平提高"和"国家综合国力提高";黑龙江人排在前五位的依次是"国家教育水平提高"、"国家经济发展"、"国家科学、技术发展"、"人们生活水平提高"和"国家综合国力提高";陕西人排在前五位的依次是"国家经济发展"、"国家教育水平提高"、"人们生活水平提高"、"国家科学、技术发展"和"国家综合国力提高";湖北人排在前五位的依次是"国家经济发展"、"国家科学、技术发展"、"国家教育水平提高"、"人们生活水平提高"和"国家综合国力提高"。

表9-6-1 不同地区对社会发展的认同 （%）

	北京人	上海人	广东人	黑龙江人	陕西人	湖北人	合计	χ^2	df	p
国家经济发展	63.3	61.3	63.7	62.7	63.4	65.2	63.2(3923)	3.705	5	0.593
国家科学技术发展	55.8	53.2	57.2	60.9	55.3	63.3	57.5(3569)	30.496	5	0.000
国家教育水平提高	62.5	60.6	61.7	64.8	61.8	61.9	62.2(3859)	40.498	5	0.480
国家环境经济协调发展	37.9	39.3	41.4	33.4	35.6	39.7	37.9(2351)	18.903	5	0.002
国家综合国力提高	47.6	52.8	48.7	40.9	43.5	47.1	46.9(2909)	36.827	5	0.000
社会持续发展	29.1	30.3	34.4	26.4	28.0	29.9	29.7(1843)	17.613	5	0.003
国家无论哪方面只要增长	11.5	8.6	12.8	12.7	12.9	9.6	11.3(702)	17.705	5	0.003
人们收入增加	34.2	33.8	33.8	36.8	33.1	33.0	34.1(2117)	4.506	5	0.479
人们生活环境好	37.1	38.1	37.3	34.5	36.1	38.0	36.8(2285)	4.160	5	0.527
人们生活水平提高	56.9	58.4	56.2	56.8	58.0	57.4	57.3(3547)	1.390	5	0.925

其中,湖北人比上海人认同"国家科学、技术发展"的高约10%;上海人比黑龙江人认同"国家综合国力提高"的高约10%;湖北人认同"国家科学、技术发展"的比率比平均数高约5%;上海人认同"综合国力提高"的比率比平均数高约5%;广东人认同"社会能持续发展"的比率比平均数高约5%。

可见,不同地区公众对社会发展观的认同存在一定的差异,略偏重于不同的方面。说明地区差异对科学的社会发展观的认识有一定影响,这可能是由于不同地区经济发展水平和面临的具体情况不同。统筹城乡发展、统筹区域发展是落实科学发展观的根本要求,我们应该继续全面贯彻区域发展的总体战略,逐步缩小区域发展差距,实现优势互补、共同发展。

后　记

本书虽由我主编,但却是华中科技大学社会学系及课题组的集体成果,在本书出版之际,不能不记载我们一百多位师生做此项研究的艰辛工作和贡献,并真诚向诸多的教授、学生们致以谢意!

首先要感谢的是刘献君教授、欧阳康教授、李汉育教授、何锡章教授、吴廷俊教授、张廷国教授、徐长生教授、张金龙教授、张永祥教授、马天俊教授等等,他们在项目研究的设计阶段,对理论界定、整体思维方式都曾提出了许多宝贵的指导意见。

社会学系的师生共同进行了前期的资料检索、问卷设计等工作,他们是张小山副教授、周清平讲师、鄢庆丰讲师、孙秋云教授、吴中宇教授以及二十余位硕士研究生。他们两个月的工作,形成了调查内容和调查方案的基本思路和框架的基础,整个项目研究得益于他们的工作和专业学识。

社会学系的张小山副教授、郑丹丹副教授、魏科科讲师、朱玲怡副教授、周清平讲师、孙秋云教授、李少文副教授、吴中宇教授、陈恢忠副教授、鄢庆丰讲师、高顺文讲师以及大学生调查研究中心的魏平教授等和我一起,合理抽取和选择了具体的调查地点,克服了经费紧张的窘态,精心组织了多个调查队的工作,顺利实施了调查。本书未有他们的署名,但有他们辛勤、艰苦、细致的工作和贡献。

社会学系和大学生调查研究中心的 128 位硕士生和本科生参与了此项研究的调查。当年夏季是全国范围的酷暑之季,且时运不佳,从南到北各调查队所到的调查地区,都撞上当地几十年一遇的高温天气。同学们在酷热中认真入户调查,采集到宝贵的数据,十分艰辛,我真诚地向这些记得和不记得名字的同学们道一声谢谢!

参与调查后期工作的社会学系硕士研究生们,承担了问卷整理、输入、统计分析和调查报告初稿的撰写。在朱玲怡副教授的具体组织和指导下,他们输入了几百万个数据,经统计分析生成几千万个数据,又依大纲撰写了150万字的调查报告初稿,参与调查报告初稿写作的学生有:周星、杨世菁、奚春华、郭杨、祝丽怜、晁国庆、彭红艳、王友华、宛恬伊、关亚歌、郭小鹏、宋涛、陈爱萍、龚文娟、山国艳、陈晶、蒋涛、邓敏、刘华珍、陈果、赵晓歌、钱红丽、严晓静、蓝海、张芳、刘影、赵瑞芳、胡小美、钱博、严欣、朱鹏、卢海清、易勇等等。特别是彭红艳同学,花费了大量的时间,对全稿的格式作了编排和订正。整个工作历时6个月,其时间之长、工作量之大是我系科研项目研究中前所未有的。

本书经多次修改出版时,无法一一署上上述诸多教师和学生的名字,但他们的工作是出版此研究成果的基础,此书中有他们切实的贡献。

项目研究和报告定稿的整个过程中,栗志刚副教授做了大量的联络和具体工作,我心存诸多的感激之意。

本书中有大量的数据,粘贴数据和修改中不免使数据发生错误,责任编辑和校对同志认真、严谨、辛勤的工作,避免了数据的错误,我要真诚地向他们道一声谢谢,辛苦了!

弘扬中华民族精神课题组在杨叔子院士、欧阳康教授、刘献君教授的统一组织下,我主持了此子项目的整体设计、调查实施,编写了调查报告大纲及本书的大纲,进行了此书的部分撰写及修改和定稿,但必须声明:此书是团队集体的结晶。我再一次对课题组和团队中的诸多教师、记得和不记得名字的学生致以真诚的谢意。由于诸多的客观条件及本人的学识、能力所限,我对本书存有不少的遗憾,当然难免也有一些不足。但是,该书不失为展示和记载当代中国民族精神状况的硕果。

主编于喻家山

2007 年 8 月

责任编辑:夏　青

图书在版编目(CIP)数据

社会理想与精神追求——民族精神的实证研究/雷　洪　主编.
-北京:人民出版社,2009.9
(民族精神研究丛书)
ISBN 978 - 7 - 01 - 007771 - 0

Ⅰ.社…　Ⅱ.雷…　Ⅲ.中华民族-民族精神-研究报告　Ⅳ.C955.2

中国版本图书馆 CIP 数据核字(2009)第 029379 号

社会理想与精神追求
SHEHUI LIXIANG YÜ JINGSHEN ZHUIQIU
——民族精神的实证研究

雷　洪　主编

人民出版社 出版发行
(100706　北京朝阳门内大街 166 号)

北京集惠印刷有限责任公司印刷　新华书店经销

2009 年 9 月第 1 版　2009 年 9 月北京第 1 次印刷
开本:710 毫米×1000 毫米 1/16　印张:22.5
字数:344 千字　印数:0,001 - 3,000 册

ISBN 978 - 7 - 01 - 007771 - 0　定价:50.00 元

邮购地址 100706　北京朝阳门内大街 166 号
人民东方图书销售中心　电话 (010)65250042　65289539